The Civil Law and Daily Life

民法与生活

主　编　张雅萍

副主编　莫　然　朱　玛

　　　　向　凌　高　菲

暨南大学出版社

JINAN UNIVERSITY PRESS

图书在版编目（CIP）数据

民法与生活/张雅萍主编．—广州：暨南大学出版社，2022.2（2023.1 重印）
ISBN 978 - 7 - 5668 - 3310 - 5

Ⅰ．①民…　Ⅱ．①张…　Ⅲ．①民法—中国—高等学校—教材　Ⅳ．①D923

中国版本图书馆 CIP 数据核字（2021）第 257347 号

民法与生活
MINFA YU SHENGHUO
主　编：张雅萍

出 版 人：张晋升
责任编辑：曾鑫华　彭琳惠
责任校对：苏　洁　黄亦秋
责任印制：周一丹　郑玉婷

出版发行：暨南大学出版社（511443）
电　　话：总编室（8620）37332601
　　　　　营销部（8620）37332680　37332681　37332682　37332683
传　　真：（8620）37332660（办公室）　37332684（营销部）
网　　址：http：//www.jnupress.com
排　　版：广州市天河星辰文化发展部照排中心
印　　刷：广东广州日报传媒股份有限公司印务分公司
开　　本：787mm×1092mm　1/16
印　　张：17.25
字　　数：287 千
版　　次：2022 年 2 月第 1 版
印　　次：2023 年 1 月第 2 次
印　　数：5001—10000 册
定　　价：49.80 元

序

"人民对美好生活的向往，就是我们的奋斗目标。""千头万绪的事，说到底是千家万户的事。"——习近平同志的铿锵金句，道出了中国共产党人的初心，发出了社会主义制度的宣言。

民法者，民事法也。举凡财产、合同、人格、家庭、继承等，皆有断定，皆有依归。良法善治，天下方能太平。

广东金融学院组织的、由张雅萍教授主持、有众多专家学者参与的拓展课程"民法与生活"，为青年学子、社会公众揭示了国泰与民安的关系，描绘了创业与和谐的愿景，立德树人，情真意切，生动活泼。

古人云："一叶落而知天下秋。"即通过细微现象，可了解事物发展趋向。唯物论、辩证法启示人们，把握历史大势，创造美好世界。《民法与生活》以例说法，微言大义，正合时宜。

调整民事关系，保护民事主体的合法权益，维护正常的社会经济秩序需要法；追究违约、侵权等不当行为需要法。

法在纸上只是文，法在心中方为法。必须尊法、执法、守法、护法，形成权利—义务—责任一条链。

新时代，新征程。

新观念，新起色。

我们为建设社会主义现代化强国而不懈努力，在中国特色社会主义法治道路上勇毅前行。

祝《民法与生活》光耀社会！

愿《民法与生活》造福人类！

诗曰：

美好风光奋斗求，

千家万户挂心头。

相知尤感和为贵，

烟火人间一叶秋。

程言和

2022.1.7

前　言

"一个民族、一个国家、一部民法典"，作为中华人民共和国第一部以法典命名的《民法典》，承载着亿万人民的期许，反映着中国特色、时代精神，融入我们每个人的生活之中。汲取了中华民族 5 000 多年优秀法律文化的《民法典》所倡导和追求的平等、自由、公平、诚实信用、公序良俗、绿色环保等基本原则，是中华民族的价值观体现，更是人民有序生活的重要保障。

很多非法学专业的学生可能会问这三个问题：为何要学习民法？如何学习民法？《民法典》能解决我们遇到的哪些问题？《民法与生活》将尝试解答以上问题。

无论你在学校里学的是什么专业，你日后将从事什么职业，你将有什么样的生活，民法都与你息息相关。《民法典》被称为日常生活的法律"百科全书"或民事权利"宣言书"——它是你迷茫徘徊时的指路明灯，是你为自身权利抗争时的亲密战友，更是你认识生活、观察世界的重要途径。

既然我们离不开《民法典》，那应该通过什么方式走近它、了解它？本书便是针对社会公众的实际需求，通俗化解读《民法典》的一种尝试。我们选择了与人们生活密切相关的鲜活案例，在简要介绍案情的基础上，提炼案件涉及的核心法律要点，结合最新的学术理论和相关的《民法典》具体条文，对案例进行生活化的解读与分析。案例所涉问题涵盖了《民法典》七编的核心内容，每一篇案例的选取都兼顾相关法律部门的篇章体例与主要制度。读者通过阅读这些案例及其精准的知识点解析和法条链接，既可了解《民法典》中的难点和创新点，又可全面了解《民法典》的整体框架；既可静态了解法律法规的具体内容，又可透视这些制度的司法运作过程，点面结合、动静相宜；既可见树木，又可见森林。

《民法典》的颁布实属不易，历经几代法学家和法务工作者的付出和努力，如同培育珍贵的兰花，耗尽不少心血，终见花开之日。《民法典》的颁布，宣告了我国从此进入了社会主义新时代背景下的民法典时代，同时也意味着此前的《婚姻法》《继承法》《民法通则》《收养法》《担保法》《合同法》《物权法》《侵权责任法》《民法总则》将同时废止。不愧为"诸法汇一典，一典废九法"。

对于我们而言，打开《民法典》的正确方式就是自己身边充满烟火气息的现实生活，用现实生活充实完善《民法典》，用《民法典》引导保障日常生活。我们深知民法的根源在于生活，法典的生命在于实践。因此，本书中我们对《民法典》的解读固然要接受未来司法实践的检验，同时也要接受人们日常生活、社会公序良俗及对真善美朴素追求的检验。

我们期待与读者一起翻开本书，去感受《民法典》的体例之美，内容之善。

张雅萍

2022 年 1 月 17 日于广州

目　录

第一章　民法总则

第一节　民法概述

一、民法概念

民法是调整平等主体的自然人、法人和非法人组织之间人身关系和财产关系的法律规范的总和。[①] 实质意义上的民法是指所有调整民事关系的法律规范的总称。在我国，形式意义上的民法是指《民法典》，它是中华人民共和国成立以来第一部以"典"命名的法律，分为七编，共 1 260 条。习近平总书记指出："民法典在中国特色社会主义法律体系中具有重要地位，是一部固根本、稳预期、利长远的基础性法律。"

《民法典》是我国市场经济的基本法，也是行政执法和司法的基本遵循。作为私法的《民法典》更是社会生活的百科全书，它与我们每个人的生活息息相关。一个人从出生到死亡，均受到《民法典》的保护，都将在民法慈母般安抚的眼神下走完自己的人生旅程。

二、民法的基本原则

民法的基本原则是民事立法的准则，也是民事主体进行民事活动的基本准则，更是裁判者对民事法律、法规进行解释和裁判的基本依据。《民法典》确立了平等原则、自愿原则、公平原则、诚实信用原则、公序良俗原则以及绿色原则。

[①] 王利明．民法上册［M］.北京：中国人民大学出版社，2020.

（一）平等原则

平等原则，也称为法律地位平等原则，是指在具体的民事法律关系中，民事主体互不隶属，各自能独立地表达自己的意志，其合法权益平等地受到法律的保护。平等原则是市场经济的本质特征和内在要求在民法上的具体体现，是民法最基础、最根本的一项原则，是民法的前提，是国家立法规范民事法律关系的逻辑起点，是民法区别于其他部门法的主要标志。

课堂案例

大学生王某于2018年6月参加了省级公务员考试，笔试和面试成绩均名列第一，在随后的体检中被查出患有乙肝。当年9月，省人事厅宣布王某因体检不合格不予录用。10月，王某提起行政复议但被驳回。11月，王某以"歧视乙肝患者"为由，将省人事厅告上法庭。请问：法院会支持王某的诉讼请求吗？

案例解析

平等原则，包含了两方面内容：一是适用法律平等；二是立法平等。平等原则并不禁止实施合理的区别对待，但必须要有正当理由。本案中，就公务员的工作岗位性质而言，并不需要其工作人员必须不是乙肝病毒携带者。因此，本案被告省人事厅违反了民法的平等原则，法官应支持原告的诉讼请求。

法条链接

《民法典》

第四条　民事主体在民事活动中的法律地位一律平等。

第十四条　自然人的民事权利能力一律平等。

（二）自愿原则

自愿原则，又称意思自治原则，是指法律确认民事主体可以自由地基于其意志去进行民事活动的基本准则。具体而言，就是民事主体在处理私人事务时，可以按照自己的意愿或者彼此共同的意愿自主地决定民事行为，不受外在因素的干扰和影响，尤其是不受公权力的干预。任何人都不受强迫，同时也不能强迫他人。当然，自愿原则并非绝对，而是要受到必要限制，民事主体在自主处理私法事务时，不得违反强行法规定，也不得违反公序良俗以及公平原则。[①] 自愿原则要求民事主体在行使权利的同时，自觉履行约定或者法定的义务，并承担相应的法律后果。[②]

⚖ 课堂案例

张某男与王某女于 2020 年 8 月相识，2021 年 5 月张某男提出与王某女结婚，但王某女予以拒绝。2021 年 9 月，张某男借给王某女一张信用卡供其使用，并多次借钱给王某女，共计 15 万元。后来，张某男以不偿还15 万元借款及透支信用卡为由，多次对王某女进行语言恐吓，要求王某女必须与他结婚。王某女无奈于 2021 年 12 月与张某男登记结婚。请问：张某男与王某女的婚姻违背了什么民法原则？

📋 案例解析

本案违背了民法原则中的自愿原则。结婚必须男女双方完全自愿，不允许任何一方对另一方加以强迫。因胁迫结婚的，受胁迫一方可以向婚姻登记机关或人民法院请求撤销该婚姻。张某男以不偿还借款、透支信用卡、语言恐吓等手段，迫使对方违背自身意志，同意与其结婚，张某男的行为已构成胁迫结婚，依法应当撤销该婚姻。

---

① 龙卫球．中华人民共和国民法典总则编释义［M］．北京：中国法制出版社，2020.
② 杜涛．中华人民共和国民法典学习问答［M］．北京：中国法制出版社，2020.

法条链接

《民法典》

第五条　民事主体从事民事活动，应当遵循自愿原则，按照自己的意思设立、变更、终止民事法律关系。

第一千零四十六条　结婚应当男女双方完全自愿，禁止任何一方对另一方加以强迫，禁止任何组织或者个人加以干涉。

（三）公平原则

公平原则是指在民事活动中以利益均衡作为价值判断标准，在民事主体之间发生利益关系摩擦时，以权利和义务是否均衡来平衡双方的利益。公平原则是进步和正义的道德观在法律上的体现，是对自愿原则的有益补充。[①] 法官在处理民事案件时，在法律没有明文规定或者规定不明确，当事人也没有约定的情况下，应当严格依照公平理念做出判断。[②]

课堂案例

2018 年 10 月 24 日傍晚，某市流云餐厅发生爆炸，造成 2 人死亡，14 人受伤，肇事者当场死亡。爆炸起因是肇事者自带伪装成酒水的炸弹。其中一位死者是张某的儿子，张某的妻子则失去脾脏和左手。张氏夫妇向法院提起诉讼，向被告流云餐厅索赔医疗费、丧失爱子等赔偿金共计人民币 405 万元。被告方认为，该案的损害结果并非餐厅侵权或违约所致，餐厅也有巨大损失。问：张氏夫妇的损失能够得到法院的支持吗？

① 王利明．民法上册［M］．北京：中国人民大学出版社，2020.
② 杨立新．中国民法总则研究［M］．北京：中国人民大学出版社，2017.

案例解析

本案中的损害结果并非被告流云餐厅侵权或违约所致，故不能以此为由判令其给予赔偿。但流云餐厅为营利而接受顾客自带酒水到餐厅消费，从而导致肇事者自带伪装成酒水的炸弹到餐厅消费的事实，其营业行为与爆炸案的发生有客观事实结果的联系。法院认为，为平衡当事人的损害结果，贯彻民法的公平原则，应酌情由流云餐厅补偿张氏夫妇30万元人民币。

法条链接

《民法典》

第六条 民事主体从事民事活动，应当遵循公平原则，合理确定各方的权利和义务。

（四）诚实信用原则

诚实信用原则是最低限度的道德要求在法律上的体现。在民法上，诚实信用原则是指民事主体进行民事活动的意图必须诚实、善意，行使权利不得侵害他人与社会的利益，履行义务要信守承诺和法律规定。诚实信用原则有助于增进人与人之间的信赖，营造和谐的社会关系，有助于培育良好的市场信用，维护交易安全，降低交易费用，从而推动社会的良性运转以及市场经济的良性发展。[1] 同时，当人民法院在司法审判实践中遇到立法未预见的新情况、新问题时，可直接依据诚实信用原则调整当事人之间的权利义务关系。诚实信用原则成为法官据以追求社会公平公正的依据。[2]

---

[1] 王利明.民法上册［M］.北京：中国人民大学出版社，2020.
[2] 龙卫球.中华人民共和国民法典总则编释义［M］.北京：中国法制出版社，2020.

⚖️ 课堂案例

甲："老王承诺，高价收购我的火锅店。我把其他买家都拒绝了，现在他又不买了。原来他是故意让我的店卖不出去。"请问：甲能够找老王承担民事责任吗？

📋 案例解析

本案中的老王违反了诚实信用原则，应当承担缔约过失责任。诚实信用原则作为民法的基本原则，被称为民法的"帝王条款"，是市场活动的基本准则，是保障交易秩序的重要法律原则。

📖 法条链接

《民法典》

第七条　民事主体从事民事活动，应当遵循诚信原则，秉持诚实，恪守承诺。

第五百条　当事人在订立合同过程中有下列情形之一，造成对方损失的，应当承担赔偿责任：

（一）假借订立合同，恶意进行磋商；

（二）故意隐瞒与订立合同有关的重要事实或者提供虚假情况；

（三）有其他违背诚信原则的行为。

（五）公序良俗原则

公序良俗，是公共秩序和善良风俗的合称。公序良俗原则，是指民事主体的行为应当遵守公共秩序，符合善良风俗，不得违反国家的公共秩序和社会的一般道德。违反公序良俗的行为一般包括危害国家公共秩序行为、危害家庭关系行为、违反道德行为、违反人权和人格尊严行为等。公序良俗原则具有填补法律漏洞的功能，同时也赋予了法官自由裁量权，在确保国家一般利益、社会道德秩序，以及协调各种利益冲突、保护弱者、维护社会正义等方面发挥重要作用。①

⚖ 课堂案例

2018 年 5 月 19 日，已婚男子张某与女青年李某订立双方协议。该协议约定：张某借给李某 100 万元，用于购买苏州市某房产，李某必须承诺终身不嫁他人，一生只做张某的情人。如果李某违反协议，则应当返还借款。如果张某提出解除情人关系，则李某有权不归还借款，将该笔借款充抵作精神赔偿款和生活补助款。同年 6 月 6 日，张某与李某再次订立补充协议，该协议约定张某已经出资 70 万元，以李某名义购买苏州市某房产，该房产的按揭余款由张某支付。李某自愿做张某的情人，如果李某违反承诺，则应退还张某已经支付的 70 万元以及按揭余款。如果张某提出解除与李某的情人关系，则李某有权不退还张某已经支付的 70 万元以及按揭余款。后两人感情不和，2019 年 2 月 9 日，张某一纸诉状将李某告到法院，请求确认双方之间的协议无效，要求李某归还借款 70 万元。问：张某能不能要回这 70 万元？

📄 案例解析

在本案中，双方的协议虽然用了"借"这个字，但两者实质上并不是正常的借贷关系，而是附条件的赠与关系，即张某以李某与其保持情人关系为条件而成立的赠与合同。判断该合同是否有效，不仅要依据该协议表面的约定，还需要深入理解民法的公序良俗原则。张某无视夫妻感情和道德规范，与李某订立情人协议，欲以金钱来维系、制约双方的情人关系，该协议的内容和目的损害了社会公德，破坏了公共秩序，违反了公序良俗原则，应属法律无效行为，李某所得财产应当返还。因此，张某要求李某返还 70 万元的请求符合法律规定，法院予以支持。

---

① 梁慧星.民法总论［M］.北京：法律出版社，2011.

法条链接

《民法典》

第八条 民事主体从事民事活动，不得违反法律，不得违背公序良俗。

第一百五十三条第二款 违背公序良俗的民事法律行为无效。

（六）绿色原则

绿色原则，是指民事主体从事民事活动，应当有利于节约资源、保护生态环境。绿色原则体现了党的十八大以来的新发展理念，是具有重大意义的创举。这项原则既传承了天地人和、人与自然和谐相处的传统文化理念，又体现了新的发展思想，有利于缓解我国不断增长的人口与资源生态紧张的矛盾。《民法典》物权编"物尽其用"的立法宗旨、合同编"鼓励交易"的立法宗旨和侵权责任编的环境污染侵权等相关法律制度都体现了绿色原则。绿色原则通过指导《民法典》的立法，在民事主体从事民事活动的全过程中发挥着重要作用，绿色原则的确立是民法社会化的重要体现，是重大的立法创新。[①]

课堂案例

妻子说："对面商场广告牌的霓虹灯夜里也不关闭，照得咱们家灯火通明的，真是影响睡眠啊。怎么办呢？"丈夫说："这应该属于光污染，现在都提倡绿色环保，我们先向环保部门投诉吧。"

案例解析

作为城市建设中的一种新型污染，光污染的危害是多方面的。对于大型霓虹灯、广告牌等光污染，居民可以拨打城管服务热线举报，城管部门

---

① 王轶. 民法典编撰与国家治理现代化［J］. 中国人民大学学报，2020（4）：11－18.

将根据相关规定协调商家规范灯光的亮度、开关灯时间等。

法条链接

《民法典》

第九条　民事主体从事民事活动，应当有利于节约资源、保护生态环境。

第二百九十四条　不动产权利人不得违反国家规定弃置固体废物，排放大气污染物、水污染物、土壤污染物、噪声、光辐射、电磁辐射等有害物质。

三、民事法律关系

（一）民事法律关系概念

民事法律关系是民事法律规范调整所形成的以民事权利和民事义务为核心内容的社会关系，是民法所调整的平等主体之间的人身关系和财产关系，是民法的基本概念。

（二）民事法律关系分类

1. 人身法律关系和财产法律关系

根据民法调整对象的不同，民事法律关系可分为人身法律关系和财产法律关系。人身法律关系是指与民事主体的人身不可分离、为满足民事主体的人身利益所形成的民事法律关系，如因人的姓名、肖像、名誉、隐私而发生的关系，属于人身法律关系。财产法律关系是指因财产的所有和流转所形成的、满足民事主体财产利益需要的民事法律关系，如财产所有权关系、买卖关系等。

2. 绝对法律关系和相对法律关系

根据民事法律关系义务主体范围的不同，民事法律关系可分为绝对法律关系和相对法律关系。绝对法律关系是指与权利人相对应的义务人是权利人以外一切不特定人的民事法律关系。权利人无需义务人的积极协助，就可以直接行使和实现其权利，如所有权关系、人格权关系。相对法律关系是指与权利人相对应的义务人是特定人的民事法律关系，其中，权利人必须由具体的义务人积极协助才能实现其权利，如债权关系。

3. 物权关系和债权关系

根据权利实现方式的不同，财产法律关系可进一步区分为物权关系和债权关系。物权关系是指权利人可以直接支配物，不需要义务人实施某种积极行为与配合即可行使并实现其权利的民事法律关系。债权关系是指权利人必须有义务人的一定行为配合，才能行使和实现其权利的民事法律关系。

（三）民事法律关系要素

民事法律关系包含三个要素：主体、客体和内容。

（1）民事法律关系主体，是指参加民事法律关系、享受权利和承担义务的具有民事主体资格的人。即民事法律关系的参与者、权利的享有者和义务的承担者。民事法律关系主体主要有自然人、法人、非法人组织，在特定情况下还包括国家。

（2）民事法律关系客体，是指民事权利和民事义务所指向的对象。民事法律关系的客体有以下几种：物、行为、智力成果以及商业标志、人身利益和权利等。其中，物权法律关系的客体是物；债权法律关系的客体是行为；人身权法律关系的客体是人身利益；知识产权法律关系的客体是智力成果以及商业标志等。

（3）民事法律关系内容，是指民事主体享有的权利和承担的义务。在民事法律关系中，权利和义务既是相互对立的，也是相互联系的，往往一方的权利就是另一方的义务，一方的义务就是另一方的权利，而且通常是等价有偿和对等互利的。

（四）民事法律事实

民事法律事实，是指民法认可的，能够引起民事法律关系产生、变更和消灭的客观现象。民事法律规范本身并不能在当事人之间引起民事上的权利义务关系，而只是表明民事主体享有权利和承担义务的可能性。但是，法律可以根据需要规定一些事实条件，在发生这些事实时，就使民事法律关系产生、变更和消灭。这些由法律规定的、能够产生一定法律后果的事实，就是法律事实。如人的死亡使夫妻关系终止、继承关系发生，死亡即是法律事实。

第二节　民事法律关系的主体

一、自然人

自然人是最为重要的民事法律关系主体之一，是指基于出生而取得民事主体资格的人，包括本国公民、外国公民及无国籍人。

（一）自然人的民事权利能力和民事行为能力

（1）自然人的民事权利能力，是指法律赋予自然人能够享有民事权利、承担民事义务的资格。自然人的民事权利能力是自然人取得民事权利、承担民事义务的前提，具有普遍性、平等性、不可转让性等特征，与自然人的人身密不可分。

（2）自然人的民事行为能力，是指自然人能够通过自己独立的意思表示，从事民事行为的能力。民事行为能力受年龄、智力、精神健康状况等因素影响。《民法典》将自然人的民事行为能力划分为：①完全民事行为能力，是指自然人能够依自己的意思表示独立享有权利、承担义务和责任的能力。依《民法典》的规定，具体包括两类人：年满18周岁且智力与精神状态正常的成年人；16周岁以上能够以自己的劳动收入作为主要生活来源的未成年人，视为完全民事行为能力人。②限制民事行为能力，是指自然人能够在法律许可的范围内或者经法定代理人同意独立进行民事活动的能力。限制民事行为能力人包括：8周岁以上的未成年人、不能完全辨认自己行为的成年人。但是，限制民事行为能力人可以独立实施纯获利益的民事法律行为或者与其年龄、智力、精神健康状况相适应的民事法律行为。③无民事行为能力，是指自然人不能以自己独立的意思表示进行民事法律行为的能力。无民事行为能力人具体包括：不满8周岁的未成年人、8周岁以上但不能辨认自己行为的未成年人、不能辨认自己行为的成年人。

无民事行为能力人由其法定代理人代其实施民事法律行为。

（二）监护

监护，是指为保护无民事行为能力人和限制民事行为能力人的合法权益，由特定主体对其予以保护、监督并代为实施相关民事法律行为的制度。履行监督、保护职责的主体，称为监护人；被监督和保护的无民事行为能力人和限制民事行为能力人，称为被监护人。

《民法典》中规定的监护方式包括：①法定监护，是指由法律直接规定监护人的监护。如《民法典》第27条规定："父母是未成年子女的监护人。""未成年人的父母已经死亡或者没有监护能力的，由下列有监护能力的人按顺序担任监护人：（一）祖父母、外祖父母；（二）兄、姐；（三）其他愿意担任监护人的个人或者组织，但是须经未成年人住所地的居民委员会、村民委员会或者民政部门同意。"②遗嘱监护。《民法典》第29条规定："被监护人的父母担任监护人的，可以通过遗嘱指定监护人。"被监护人可以是未成年人或不具备完全民事行为能力的成年人。父母通过遗嘱设定监护人时，父母双方须达成一致意愿，而且需要指定的监护人同意履行监护责任。③协议监护。《民法典》第30条规定："依法具有监护资格的人之间可以协议确定监护人。协议确定监护人应当尊重被监护人的真实意愿。"为了最大程度尊重监护人的意愿，法律允许监护人之间先进行内部协商，选出监护意愿和能力最强的监护人。但是，如果约定是有监护资格的人之间以规避法律、推脱责任为目的而约定的，该约定无效，仍应由有监护资格的人负监护责任。④指定监护。《民法典》第31条规定："对监护人的确定有争议的，由被监护人住所地的居民委员会、村民委员会或者民政部门指定监护人，有关当事人对指定不服的，可以向人民法院申请指定监护人；有关当事人也可以直接向人民法院申请指定监护人。""居民委员会、村民委员会、民政部门或者人民法院应当尊重被监护人的真实意愿，按照最有利于被监护人的原则在依法具有监护资格的人中指定监护人。""监护人被指定后，不得擅自变更；擅自变更的，不免除被指定的监护人的责任。"⑤意定监护。《民法典》第33条规定："具有完全民事行为能力的成年人，可以与其近亲属、其他愿意担任监护人的个人或者组织事先协商，以书面形式确定自己的监护人，在自己丧失或者部分丧失民事行为能力时，由该监护人履行监护职责。"

监护人的职责主要包括：代理被监护人实施民事法律行为，保护被监护人的人身权利、财产权利以及其他合法权益等；担任被监护人的法定代理人；教育和照顾被监护人。①

（三）宣告失踪和宣告死亡

1. 宣告失踪

宣告失踪是指自然人下落不明达到法定期限，经利害关系人申请，由人民法院根据法定的条件和程序，宣告其为失踪人的民事法律制度。宣告失踪制度的目的在于通过司法判决结束失踪人身份关系和财产关系的不稳定状态，设定财产代管人维护与失踪人有关的权利义务关系。

申请宣告失踪须具备如下条件：①自然人下落不明已满 2 年。一般情况下，下落不明应当从自然人音讯消失之日起开始计算，若是战争导致的下落不明，则从战争结束之日或有关机关确定的下落不明之日起计算。②利害关系人向人民法院提出申请。利害关系人包括被申请宣告失踪人的配偶、父母、子女、兄弟姐妹、祖父母、外祖父母、孙子女、外孙子女以及其他与被申请人有民事权利义务关系的人。以上人员申请时没有法定顺序的限制。③人民法院依照法定的程序进行宣告。人民法院在法定的公告期 3 个月期满后，根据具体情况裁定终结审理或判决宣告失踪并同时指定失踪人的财产代管人。

宣告失踪的法律后果是被宣告失踪人建立财产代管制度。财产代管人的范围包括失踪人的配偶、成年子女、父母或其他愿意担任代管人的人；若没有以上规定的代管人，或代管人之间有争议，或以上规定的代管人没有代管能力，则由人民法院指定的人进行代管。

2. 宣告死亡

宣告死亡是指自然人下落不明达到法定期限，经利害关系人申请，由人民法院根据法定的条件和程序，宣告其死亡的民事法律制度。宣告死亡的制度目的在于通过司法判决结束下落不明人所处的身份关系和财产关系的不稳定状态，维护正常的社会秩序。

---

① 王利明. 民法上册［M］.北京：中国人民大学出版社，2020.

申请宣告死亡须具备如下条件：①自然人下落不明达到法定期间。一般情况下，下落不明已满 4 年；因意外事故下落不明的，从事故发生之日起满 2 年；因意外事故下落不明，经有关机关证明该自然人不可能生存的，可立即申请宣告死亡。意外事故是指非因民事主体的过错而偶然发生的事故，例如遭遇海难、空难等。②利害关系人向人民法院提出申请。利害关系人包括被申请宣告死亡人的配偶、父母、子女、兄弟姐妹、祖父母、外祖父母、孙子女、外孙子女以及其他与被申请人有民事权利义务关系的人。以上人员申请时没有法定顺序的限制。③人民法院依照法定的程序进行宣告。人民法院在受理利害关系人的申请后，应当发出寻找失踪人的公告，公告期间为 1 年；因意外事故下落不明并经有关机关证明该公民不可能生存的，公告期间为 3 个月。期间届满之后，法院根据具体情况裁定终结审理或者判决宣告死亡。

⚖ 课堂案例

17 岁的谢某于某日晚上 9 点多在甲公司开办的游泳池游泳时溺水身亡，谢某父母将甲公司起诉至法院，要求其承担丧葬费等合计九万余元费用。谢某父母主张，被告开办的游泳池未按规定配备相关设施，救生员也不在现场值班，以致谢某溺水后得不到及时救助而死亡。谢某交费进入被告开办的游泳池游泳，双方已形成服务合同关系，被告有义务保障谢某的人身安全。谢某因被告提供的服务有瑕疵而死亡，被告应当承担违约责任。被告主张，谢某是未成年人，原告作为其监护人，晚上 9 点多后仍允许谢某出去游玩，未履行监护义务，应对谢某之死承担监护不到位的民事责任。谢某出事后，被告已垫付部分费用，故不同意支付原告在诉讼中主张的相关费用。

受案法院查明：被告虽为游泳池配备了足额的救生员，但未按规定配备医务人员、建立抢救溺水事故的应急制度、配备安全防护器材和急救药品；事故发生当晚，游泳池的灯光较暗，不能从较远处见到池底，照明不符合规定的要求，且事故发生时，救生员不在瞭望高台上观察游泳池动态，以致没有救生员看到死者的溺水过程。

📋 案例解析

本案中，被告未尽保障游泳者人身安全的合同义务，是可以认定的事实。问题在于，原告作为死者监护人，是否尽到相应的监护义务，应否减轻被告的责任？对此，受案法院认为，谢某年满十六周岁，其年龄、智力说明其已具备预见游泳的危险性和进行自我保护的能力。谢某去游泳池游泳，无需征得其监护人同意。被告同意谢某进游泳池游泳，说明该公司也认可谢某具有相应的民事行为能力。被告既然接受了未成年人进游泳池游泳，作为经营者，理应对未成年人的人身安全给予更多的注意。被告以原告监护不到位、谢某未经监护人同意就去游泳本身有过错为由，主张自己无需承担本案的民事责任，该理由不能成立，法院不予支持。最终在抵扣被告已支付费用的基础上，法院支持了原告主张的丧葬费请求。

> **LAW 法条链接**
>
> ### 《民法典》
>
> 第二十七条　父母是未成年子女的监护人。
>
> 未成年人的父母已经死亡或者没有监护能力的，由下列有监护能力的人按顺序担任监护人：
>
> （一）祖父母、外祖父母；
>
> （二）兄、姐；
>
> （三）其他愿意担任监护人的个人或者组织，但是须经未成年人住所地的居民委员会、村民委员会或者民政部门同意。
>
> 第二十八条　无民事行为能力或者限制民事行为能力的成年人，由下列有监护能力的人按顺序担任监护人：
>
> （一）配偶；
>
> （二）父母、子女；
>
> （三）其他近亲属；
>
> （四）其他愿意担任监护人的个人或者组织，但是须经被监护人住所地的居民委员会、村民委员会或者民政部门同意。

二、法人

法人是具有民事权利能力和民事行为能力，依法独立享有民事权利和承担民事义务的组织。在现代社会的各类经济活动中，法人是最为重要的主体。法人具有如下特征：①法人是依法成立的社会组织；②法人拥有独立的财产或经费；③法人具有独立的法律人格，能以自己的名义参加民事活动；④法人依法独立承担民事责任。

《民法典》将法人分为营利法人、非营利法人、特别法人。《民法典》第76条规定："以取得利润并分配给股东等出资人为目的成立的法人，为营利法人。""营利法人包括有限责任公司、股份有限公司和其他企业法人等。"第87条规定："为公益目的或者其他非营利目的成立，不向出资人、设立人或者会员分配所取得利润的法人，为非营利法人。""非营利法人包括事业单位、社会团体、基金会、社会服务机构等。"第96条规定："本节规定的机关法人、农村集体经济组织法人、城镇农村的合作经济组织法人、基层群众性自治组织法人，为特别法人。"

三、非法人组织

非法人组织是不具有法人资格，但是能够依法以自己的名义从事民事活动的组织。非法人组织包括个人独资企业、合伙企业、不具有法人资格的专业服务机构等。

⚖ 课堂案例

原告甲村民组与被告乙公司因《拆除补偿协议》的履行发生争议，把被告乙公司起诉至法院。诉讼中，被告提出的抗辩理由之一为，乙方没有在《拆除补偿协议》尾部盖公章，而是乙方所在的村民委员会在乙方处加盖公章，时任甲村民组组长的龚某在乙方处签名并加盖私章，故乙方不具有诉讼主体资格及合同权利资格。

对此，法院采信村委会出具的两份证明，确认乙方具有诉讼主体资格及合同权利资格。证明载明："村委会管辖的组就有甲村民组，系依法设立，该组具有独立财产……现甲村民组仍存在""甲村民组前任组长龚某代表村民组与乙公司签订《拆除补偿协议》、认购书、临时交房协议、商品房买卖合同。因甲村民组对外没有公章，本村委会作为该村民组的直接管理人，因此接受该村民组的委托，在与乙公司签署的协议中加盖公章。"镇人民政府在两份证明签署"属实"意见并盖章确认。

📑 **案例解析**

非法人组织是《民法典》确认的民事主体之一。从本案中的签约主体资格看，虽然《拆除补偿协议》尾部加盖的是村委会公章，但在协议前部填写的是原告甲村民组，根据村委会、镇政府出具的两份证明可知，之所以由村委会盖章系因该村民组无公章，故村委会的盖章行为仅系代理性质，而真正的当事人是甲村民组。甲村民组作为合法成立、有一定的组织机构和财产的非法人组织，享有民事权利能力，主体适格。

法条链接

《民法典》

第一百零二条　非法人组织是不具有法人资格，但是能够依法以自己的名义从事民事活动的组织。

非法人组织包括个人独资企业、合伙企业、不具有法人资格的专业服务机构等。

第一百零三条　非法人组织应当依照法律的规定登记。

设立非法人组织，法律、行政法规规定须经有关机关批准的，依照其规定。

第一百零五条　非法人组织可以确定一人或者数人代表该组织从事民事活动。

第三节　民事法律行为

一、民事法律行为概述

（一）民事法律行为的概念和特征

民事法律行为是民事主体通过意思表示设立、变更、终止民事法律关系的行为。民事法律行为的特征是：①以意思表示为核心；②以设立、变更和终止民事法律关系为目的。

（二）民事法律行为的类型

民事法律行为依据不同标准，可分为不同类型：①以民事法律行为的成立所需意思表示的数量为标准，区分为单方民事法律行为和多方民事法律行为。②以民事法律行为是否应当或者必须依据法律或行政法规采用特定的形式为标准，区分为要式行为和不要式行为。③以民事法律行为之间的相互依从关系为标准，区分为主民事法律行为和从民事法律行为。④在财产给予行为中，以民事法律行为与其原因的关系为标准，区分为有因民事法律行为和无因民事法律行为。

在《民法典》中，民事法律行为既包括合法的民事法律行为，也包括无效、可撤销和效力待定的民事法律行为。

二、意思表示

民事法律行为是以意思表示为核心要素的表示行为。意思表示是指行为人将其期待某种法律效果的内心意愿通过特定方式表现出来的行为。

意思表示的特征为：①意思表示的表意人具有旨在产生、变更、终止法律上的权利义务关系的意图。该意图不违反法律、行政法规的强制性规定和公序良俗，因而发生当事人所预期的效力。从这个意义上说，意思表示是实现意思自治的工具。②意思表示是一个意思由内到外的表示过程。单纯停留在内心的主观意思是没有法律意义的，该意思必须表示于外部才能够为人所知晓。③意思表示的依据是否符合生效要件，法律赋予其不同的效力。符合法定生效要件的意思表示可以发生当事人预期的法律效果，不符合法定生效要件的意思表示发生的法律效果可能与当事人的意思不尽一致，如无效、效力待定、可撤销。

三、民事法律行为的成立与生效

（一）民事法律行为的成立

民事法律行为的成立，是指符合民事法律行为构成要素的客观情况。民事法律行为的成立属于事实和形式判断范畴，是民事法律行为产生法律效力的前提。

一般情况下，民事法律行为成立的要件包括：①当事人，即进行民事法律行为的民事主体。在单方民事法律行为中，存在一方当事人即可；在双方民事法律行为中，需要有双方当事人；在共同民事法律行为中，需要有两方以上当事人；在决议行为中，需要有某一组织的成员或内部机构参与表决。②当事人作出意思表示。单方民事法律行为，当事人意思表示完成，法律行为即告成立；双方民事法律行为，互相意思表示一致时，法律行为方告成立。③标的须确定并且可能。标的的确定，指关于标的表示须达到能被具体认定的程度。标的的可能，指标的在客观上须具有实现的现实性。特殊情况下，民事法律行为还要具备其他特殊成立要件。例如在实践性的民事法律行为中，物之交付就是特殊成立要件，民事法律行为在交付完成前不成立。

（二）民事法律行为的生效

民事法律行为的生效，是指已经成立的民事法律行为因符合法定有效要件而取得认可的效力。民事法律行为成立并不必然生效，已成立的民事法律行为可能存在不同的效力状态，对应不同的法律效果及救济路径。例如，重大误解、欺诈、胁迫等情形下签订的合同可能被撤销，从而不产生预定的后果。未经批准的合同因欠缺法律规定的特别生效要件，故属于未生效状态，例如国有企业转让国有资产合同、矿产资源转让合同等。

⚖️ **课堂案例**

2018 年 3 月 11 日，甲矿业公司与乙签订《矿权转让合同》，约定甲公司将丙石矿的采矿权有偿转让给乙。乙依约支付了采矿权转让费 550 万元，并在接收采矿区后对矿区进行了初步设计并开始了采矿工作。但甲公司未按照《矿权转让合同》的约定，为乙办理矿权转让手续，双方发生争议。请问，本案中的《矿权转让合同》生效了吗？

📋 **案例解析**

本案中，甲矿业公司与乙签订的《矿权转让合同》，系双方当事人真实意思表示，该合同已经依法成立。但根据《中华人民共和国矿产资源法》的规定，勘查、开采矿产资源，必须依法分别申请、经批准取得探矿权、采矿权，并办理登记。本案中的合同属于须经行政机关履行行政审批手续后生效的合同，而当事人并未履行该义务并办理相关手续，故合同未生效。

📖 **法条链接**

《民法典》

第一百三十六条　民事法律行为自成立时生效，但是法律另有规定或者当事人另有约定的除外。

行为人非依法律规定或者未经对方同意，不得擅自变更或者解除民事法律行为。

四、民事法律行为的效力

（一）有效的民事法律行为

一般情况下，民事法律行为的有效要件包括：①行为主体适格。民事法律行为的主体在实施具体的民事法律行为时必须具有相应的民事法律行为能力。②行为人意思表示真实。民事法律行为的主体表现于外部的表示与其内心的真实意愿一致。③民事法律行为不违反法律、行政法规的强制规定，也不违背公序良俗。特殊情况下，需要具备法律法规规定的特别生效要件。

（二）无效的民事法律行为

无效的民事法律行为是指因欠缺民事法律行为的有效条件而不产生法律效力的民事行为。民法理论又称其为"绝对无效的民事行为"。

无效的民事法律行为具有如下特征：①可能具备了民事法律行为的成立要件，但不具备生效要件，因此不被法律认可、不能发生当事人预期的法律后果；②无效民事法律行为是绝对无效的；③无效民事法律行为自始不发生法律效力。

《民法典》规定的无效民事法律行为有：①无民事行为能力人实施的民事法律行为无效。②行为人与相对人以虚假的意思表示实施的民事法律行为无效。③违反法律、行政法规的强制性规定的民事法律行为无效。但是，该强制性规定不导致该民事法律行为无效的除外。④违背公序良俗的民事法律行为无效。⑤行为人与相对人恶意串通，损害他人合法权益的民事法律行为无效。

民事法律行为自始没有法律约束力。但是，民事法律行为部分无效，不影响其他部分效力的，其他部分仍然有效。民事法律行为无效后，行为人因该行为取得的财产，应当予以返还；不能返还或者没有必要返还的，应当折价补偿。有过错的一方应当赔偿对方由此所受到的损失；各方都有过错的，应当各自承担相应的责任。法律另有规定的，依照其规定执行。

（三）可撤销的民事法律行为

可撤销的民事法律行为是指当事人依照法律规定针对欠缺有效条件而请求人民法院或者仲裁机关予以撤销的民事行为。在民法理论上，可撤销的民事法律行为又被称为"相对无效的民事行为"。

根据《民法典》的相关规定，导致民事法律行为可撤销的包括以下情形：①基于重大误解实施的民事法律行为。②一方以欺诈手段，使对方在违背真实意思的情况下实施的民事法律行为。③第三人实施欺诈行为，使一方在违背真实意思的情况下实施的民事法律行为，对方知道或者应当知道该欺诈行为的。④一方或者第三人以胁迫手段，使对方在违背真实意思的情况下实施的民事法律行为。⑤一方利用对方处于危困状态、缺乏判断能力等情形，致使民事法律行为成立时显失公平的。

根据《民法典》第 152 条的规定，有下列情形之一的，撤销权消灭：①当事人自知道或者应当知道撤销事由之日起一年内、重大误解的当事人自知道或者应当知道撤销事由之日起九十日内没有行使撤销权；②当事人受胁迫，自胁迫行为终止之日起一年内没有行使撤销权；③当事人知道撤销事由后明确表示或者以自己的行为表明放弃撤销权。当事人自民事法律行为发生之日起五年内没有行使撤销权的，撤销权消灭。

（四）效力待定的民事法律行为

效力待定的民事法律行为，是指法律行为成立后，能否生效尚不确定，只有经由特定当事人的行为，才能确定生效或不生效的民事法律行为。

效力待定的民事法律行为的特征是：①效力待定的民事法律行为于其行为成立时是否有效还处于不能确定的状态。②效力待定的民事法律行为既可能成为有效民事法律行为，也可能成为无效民事法律行为。③效力待定的民事法律行为的最终效力，需要其他行为或者事实使之确定。

《民法典》中规定的效力待定的民事法律行为主要包括：①限制民事行为能力人所实施的依法不能独立实施的民事法律行为。但是，限制民事行为能力人实施的纯获利益的民事法律行为或者与其年龄、智力、精神健康状况相适应的民事法律行为有效。②无权代理人以被代理人名义实施的民事法律行为。③无处分权人与相对人所为的处分他人的物品或权利的行为。

《民法典》第 145 条第 2 款和第 171 条第 2 款规定了关于限制民事行为能力人、无权代理人实施的效力待定民事法律行为的法律后果，即相对人可以催告法定代理人或被代理人自收到通知之日起三十日内予以追认。法定代理人或被代理人未作表示的，视为拒绝追认。民事法律行为被追认前，善意相对人有撤销的权利。撤销应当以通知的方式作出。第 597 条规定了无权处分人实施的效力待定民事法律行为的法律后果，即因出卖人未取得处分权致使标的物所有权不能转移的，买受人可以解除合同并请求出卖人承担违约责任。

⚖ 课堂案例

13 周岁的于某实名注册了网络游戏用户账号，玩起了付费网络游戏。2020 年 2 月至 4 月，于某在家上网课期间，在家长不知情的情况下，用自己实名认证的网络游戏用户账号，向游戏运营商 H 公司一次性充值 100 元，向 T 公司累计充值 15 000 余元。同年 6 月，于某父亲获知此事后，向 H 公司、T 公司申请退款无果，于某父母以于某的名义起诉这两家游戏公司。

📋 案例解析

13 周岁的于某系限制民事行为能力人，可以独立实施纯获利益的或者与其智力、年龄相适应的民事法律行为。于某玩付费网络游戏，多次充值累计 15 000 余元的行为，既不属于纯获利益的行为，也不属于与其智力、年龄相适应的行为，应属于效力待定的法律行为。只有事后获得法定代理人的同意或追认，该行为才有效。但本案中，于某父亲提起诉讼，显然未认可于某的行为，故于某充值的行为无效，被告游戏公司应将充值金额返还。同时根据我国《关于防止未成年人沉迷网络游戏的通知》规定，对 8 周岁以上未满 16 周岁的用户，单次充值金额不得超过 50 元人民币，每月充值金额累计不得超过 200 元人民币。本案中，经法官耐心细致的释法说理工作，开庭前，被告 H 公司、T 公司主动将于某的付费如数退还，并对未成年人付费服务作出了限制性设置，于某的法定代理人撤回起诉。

📖 法条链接

《民法典》

第一百四十五条　限制民事行为能力人实施的纯获利益的民事法律行为或者与其年龄、智力、精神健康状况相适应的民事法律行为有效；实施的其他民事法律行为经法定代理人同意或者追认后有效。

相对人可以催告法定代理人自收到通知之日起三十日内予以追认。法定代理人未作表示的，视为拒绝追认。民事法律行为被追认前，善意相对人有撤销的权利。撤销应当以通知的方式作出。

五、民事法律行为的附条件和附期限

民事法律行为可以附条件或期限，当然，根据其性质不得附条件或附期限的除外。

附条件的民事法律行为，是指当事人在民事法律行为中设立了一定的事由作为条件，以该条件是否发生作为决定该民事法律行为生效或解除的根据的民事法律行为。所附条件有如下特点：①条件应当为将来发生的事实，而非已经发生的事实；②条件应是将来可能发生也可能不发生的事实，而非肯定能发生或肯定不能发生的事实；③条件应是当事人商定的事实，而非法律规定的或基于行为性质所决定的事实；④条件应符合法律的规定，而非违法的事实。

附期限的民事法律行为，是指双方当事人在民事法律行为中约定一定的期限，以期限的到来决定其效力发生或者终止的民事法律行为。所附期限是当事人可以预知且必然到来的。根据期限的法律效力，将期限分为延缓期限和解除期限。延缓期限是指在民事法律行为中规定的期限到来之前，该民事法律行为所确定的民事权利和民事义务不发生法律效力的期限。解除期限是指在民事法律行为中规定的期限到来时，该民事法律行为所确定的民事权利和民事义务的法律效力即行消灭的期限。

课堂案例

某网店为吸引客户，推出购物返利促销活动，网页宣传广告称只要购买其商品，便给予10%的返利。通过浏览，李某发现其中恰有一款自己梦寐以求的笔记本电脑，标价15 000元，当即下单购买。但网店却对本来许诺的10%返利迟迟不予给付。李某几次催促，网店一开始以生意太忙推脱，后来干脆不接电话，不回复网上质询。请问，网店许诺的"给予10%返利"何时生效？

案例解析

本案中，购物返利是一种附条件的民事行为，即网店返利的前提是消费者购物，消费者一旦购物便属于条件成就。李某依约完成下单购买，附带的条件已经成就，故"给予10%返利"已经生效，李某完全有权要求网店兑现承诺。

> **LAW 法条链接**
>
> ### 《民法典》
>
> 第一百五十八条　民事法律行为可以附条件，但是根据其性质不得附条件的除外。附生效条件的民事法律行为，自条件成就时生效。附解除条件的民事法律行为，自条件成就时失效。
>
> 第一百五十九条　附条件的民事法律行为，当事人为自己的利益不正当地阻止条件成就的，视为条件已经成就；不正当地促成条件成就的，视为条件不成就。

第四节　代理

一、代理概述

（一）代理的概念和特征

代理是指代理人在代理权限内以被代理人的名义与第三人实施的民事行为，其法律效力直接归属于被代理人。在代理制度中，以他人名义为他人实施民事法律行为的人，称为代理人。由他人代为实施民事法律行为的人，称为被代理人，也称本人。与代理人实施民事法律行为的人，称为第三人。

代理的特征是：①代理人必须以被代理人的名义实施民事法律行为。②代理人必须在代理权限内实施民事法律行为。③代理行为的法律后果直接归属于被代理人。④代理人所代理的行为必须是民事法律行为。

（二）代理的类型

代理的种类繁多，按照不同的标准划分为不同的类型。《民法典》根据代理权产生的原因不同，将代理分为委托代理和法定代理。《民法典》第163条规定："代理包括委托代理和法定代理。""委托代理人按照被代理人的委托行使代理权。法定代理人依照法律的规定行使代理权。"

1. 委托代理

《民法典》第 165 条规定："委托代理授权采用书面形式的，授权委托书应当载明代理人的姓名或者名称、代理事项、权限和期限，并由被代理人签名或者盖章。"在委托代理中，代理人原则上应履行亲自执行代理事务的义务，不得转委托他人处理代理事务。但是，《民法典》第 169 条规定："代理人需要转委托第三人代理的，应当取得被代理人的同意或者追认。""转委托代理经被代理人同意或者追认的，被代理人可以就代理事务直接指示转委托的第三人，代理人仅就第三人的选任以及对第三人的指示承担责任。""转委托代理未经被代理人同意或者追认的，代理人应当对转委托的第三人的行为承担责任；但是，在紧急情况下代理人为了维护被代理人的利益需要转委托第三人代理的除外。"一般认为，所谓"紧急情况"是指由于急病、通信联络中断等特殊原因，委托代理人自己不能办理代理事项，又不能与被代理人及时取得联系，如不及时转委托他人代理，会导致给被代理人的利益造成损失或者扩大损失的情形。

2. 法定代理

法定代理关系中的代理人可以是自然人，也可以是法人。法定代理的类型主要有：①监护关系。监护人是限制民事行为能力人和无民事行为能力人的法定代理人。②失踪人的财产代管关系。失踪人的财产依法被他人代管，财产代管人就成为失踪人的法定代理人。③法律的其他规定。根据有关法律规定，在特定条件下，工会、妇联等群众团队有权代理职工、妇女参加某些民事活动或民事诉讼。

二、代理行为及其效果

（一）代理行为的适用范围

《民法典》第 161 条第 1 款规定："民事主体可以通过代理人实施民事法律行为。"可以说，凡是民事主体之间有关民事权利义务的设立、变更、消灭的民事法律行为，都可以适用代理制度。但第 161 条第 2 款又规定："依照法律规定、当事人约定或者民事法律行为的性质，应当由本人亲自实施的民事法律行为，不得代理。"这意味着，并不是所有的民事法律行为都适用代理。

不可以适用代理的民事法律行为具体包括：①依照法律规定应当由本人亲自实施的民事法律行为。如结婚、遗赠抚养协议等。②依照当事人约定应当由本人亲自实施的民事法律行为。如服务合同中约定必须本人亲自提供服务。③依据民事法律行为的性质，应当由本人亲自实施的民事法律行为。这类行为往往是具有人身性质的民事法律行为，如与当事人的艺术风格、创作能力等密不可分的。④违法行为。法律不允许利用代理制度去侵害他人利益和社会公共利益。

（二）代理行为的法律效果

（1）合法有效的代理行为的法律效果直接由被代理人承担。《民法典》第 162 条规定："代理人在代理权限内，以被代理人名义实施的民事法律行为，对被代理人发生效力。"

（2）代理违法事项的法律效果由被代理人和代理人承担连带责任。《民法典》第 167 条规定："代理人知道或者应当知道代理事项违法仍然实施代理行为，或者被代理人知道或者应当知道代理人的代理行为违法未作反对表示的，被代理人和代理人应当承担连带责任。"

（3）表见代理的法律效果由被代理人承担。《民法典》第 172 条规定："行为人没有代理权、超越代理权或者代理权终止后，仍然实施代理行为，相对人有理由相信行为人有代理权的，代理行为有效。"

三、代理的终止

（一）委托代理终止的原因

《民法典》第 173 条规定："有下列情形之一的，委托代理终止：（一）代理期限届满或者代理事务完成；（二）被代理人取消委托或者代理人辞去委托；（三）代理人丧失民事行为能力；（四）代理人或者被代理人死亡；（五）作为代理人或者被代理人的法人、非法人组织终止。"

（二）法定代理终止的原因

《民法典》第 175 条规定："有下列情形之一的，法定代理终止：（一）被代理人取得或者恢复完全民事行为能力；（二）代理人丧失民事行为能力；（三）代理人或者被代理人死亡；（四）法律规定的其他情形。"

（三）被代理人死亡后的代理行为

《民法典》第 174 条第 1 款规定："被代理人死亡后，有下列情形之一的，委托代理人实施的代理行为有效：（一）代理人不知道且不应当知道被代理人死亡；（二）被代理人的继承人予以承认；（三）授权中明确代理权在代理事务完成时终止；（四）被代理人死亡前已经实施，为了被代理人的继承人的利益继续代理。"

课堂案例

李某受单位委派到某国考察，王某听说后委托李某代买一种该国产的名贵药材。李某考察归来后将所买的价值 3 500 元的药送至王某家中。但王某的儿子告诉李某，其父已于不久前去世，这药本来就是给他治病的，现在父亲已去世，药也就不要了，请李某自己处理。李某非常生气，认为不管王某是否活着，这药王家都应该收下。请问，李某的说法正确吗？

案例解析

本案中，李某购买名贵药材是受王某的委托才进行的，其行为应属于民事代理。虽然购买的药材是为了给王某治病用的，但王某的病情并未作为条件出现在代理关系中。因此，本案中无论王某是否过世，王某的儿子都应该收下这个药，并且支付价款。

法条链接

《民法典》

第一百六十二条　代理人在代理权限内，以被代理人名义实施的民事法律行为，对被代理人发生效力。

第五节　民事责任

一、民事责任概述

（一）民事责任的概念和特征

民事责任是指当事人不履行民事义务所应承担的民法上的后果。①《民法典》第 176 条规定："民事主体依照法律规定或者按照当事人约定，履行民事义务，承担民事责任。"该规定强调了权利、义务和责任的统一。

民事责任具有以下特征：①民事责任主要是财产责任。②民事责任具有补偿性。③民事责任是具有强制性的法律责任。

（二）民事责任的承担方式

《民法典》第 179 条规定："承担民事责任的方式主要有：（一）停止侵害；（二）排除妨碍；（三）消除危险；（四）返还财产；（五）恢复原状；（六）修理、重作、更换；（七）继续履行；（八）赔偿损失；（九）支付违约金；（十）消除影响、恢复名誉；（十一）赔礼道歉。法律规定惩罚性赔偿的，依照其规定。本条规定的承担民事责任的方式，可以单独适用，也可以合并适用。"

（三）民事责任的分类

（1）财产责任和非财产责任。以民事责任的承担是否具有财产内容为划分标准。

（2）违约责任、侵权责任和缔约过失责任。以违反义务的性质不同为划分标准。

（3）单独责任和共同责任。以民事责任承担主体的数量和内在关系不同为划分标准。单独责任是指仅有一个民事主体单独承担的民事责任；而共同责任则是指有数个民事主体共同承担的民事责任。

---

① 王利明.民法总则研究［M］.北京：中国人民大学出版社，2018.

（4）按份责任和连带责任。根据责任的依据、性质不同，共同责任可以分为按份责任和连带责任。《民法典》第 177 条规定："二人以上依法承担按份责任，能够确定责任大小的，各自承担相应的责任；难以确定责任大小的，平均承担责任。"第 178 条规定："二人以上依法承担连带责任的，权利人有权请求部分或者全部连带责任人承担责任。""连带责任人的责任份额根据各自责任大小确定；难以确定责任大小的，平均承担责任。实际承担责任超过自己责任份额的连带责任人，有权向其他连带责任人追偿。""连带责任，由法律规定或者当事人约定。"

二、免责事由

（一）不可抗力

《民法典》第 180 条规定："因不可抗力不能履行民事义务的，不承担民事责任。法律另有规定的，依照其规定。""不可抗力是不能预见、不能避免且不能克服的客观情况。"

（二）正当防卫

《民法典》第 181 条规定："因正当防卫造成损害的，不承担民事责任。""正当防卫超过必要的限度，造成不应有的损害的，正当防卫人应当承担适当的民事责任。"

（三）紧急避险

《民法典》第 182 条规定："因紧急避险造成损害的，由引起险情发生的人承担民事责任。""危险由自然原因引起的，紧急避险人不承担民事责任，可以给予适当补偿。""紧急避险采取措施不当或者超过必要的限度，造成不应有的损害的，紧急避险人应当承担适当的民事责任。"

三、侵害英雄烈士等人格利益的民事责任

《民法典》第 185 条规定："侵害英雄烈士等的姓名、肖像、名誉、荣誉，损害社会公共利益的，应当承担民事责任。"

四、民事责任的竞合和聚合

《民法典》第186条规定："因当事人一方的违约行为，损害对方人身权益、财产权益的，受损害方有权选择请求其承担违约责任或者侵权责任。"该条规定的是民事责任的竞合，赋予了当事人自由选择权。

《民法典》第187条规定："民事主体因同一行为应当承担民事责任、行政责任和刑事责任的，承担行政责任或者刑事责任不影响承担民事责任；民事主体的财产不足以支付的，优先用于承担民事责任。"该条规定的是民事责任的聚合，规定了民事责任的优先性，体现了国家对民事主体的优先考虑，充分保护了民事主体的权益。

课堂案例

张某下班回家，快到达自己家所在楼层时，隐约听见有女孩的哭叫声。他赶紧冲上去，发现邻居李某家大门下方缝隙，正冒出浓烟，原来房子失火了，哭声正是从李某家中传出来的。听着小朋友的哭叫声越来越弱，张某来不及报警，决定先救孩子。这时另一户邻居王某开门查看，张某冲入王某家里，左右一看，发现了王某的一件大衣，急忙用水浸湿，顶着湿的大衣冲进李某家中将小朋友抢救出来。火被扑灭后，查明火灾是李某小女儿单独在家不小心引起的。整个调查结束后，王某找到了张某，称这件大衣是他在英国旅游时买的奢侈品牌的纯羊绒大衣，价值1万元。现在大衣已经烧得不能穿了，他向张某提出赔偿。张某拒绝，认为大衣被烧毁是为了救孩子，自己不应该承担赔偿责任。请问，张某是否应该承担这件贵重的纯羊绒大衣的赔偿责任？王某的损失应由谁赔偿？

案例解析

本案中，张某为了救出火灾中的孩子，使得王某的纯羊绒大衣被烧毁。虽然大衣价值很高，但孩子的生命是不可用价值来衡量的。因此，张某的行为是紧急避险。案例中的火险是李某的小女儿引起的，张某不应承担纯羊绒大衣的赔偿责任，应由李某对王某承担损失赔偿责任。

法条链接

《民法典》

第一百八十二条 因紧急避险造成损害的，由引起险情发生的人承担民事责任。

危险由自然原因引起的，紧急避险人不承担民事责任，可以给予适当补偿。

紧急避险采取措施不当或者超过必要的限度，造成不应有的损害的，紧急避险人应当承担适当的民事责任。

第六节 诉讼时效和期间

一、诉讼时效概述

（一）诉讼时效的概念和特征

所谓诉讼时效，是指权利人在法定期间内不行使权利即导致义务人有权提出拒绝履行的抗辩权的法律制度。[①]

诉讼时效的特征是：①具有法定性。诉讼时效由法律明确规定，与当事人的意志无关。②具有强制性。《民法典》第197条规定："诉讼时效的期间、计算方法以及中止、中断的事由由法律规定，当事人约定无效。""当事人对诉讼时效利益的预先放弃无效。"③体现了义务人的时效利益。所谓时效利益，是指诉讼时效期间届满以后，权利人丧失了请求法院依诉讼程序强制义务人履行义务的权利，义务人因此可以不履行义务，继而获得其本来不应该获得的利益。[②]

---

① 王利明.民法总则研究［M］.北京：中国人民大学出版社，2018.
② 王利明.民法上册［M］.北京：中国人民大学出版社，2020.

（二）诉讼时效的适用范围

《民法典》第188条规定："向人民法院请求保护民事权利的诉讼时效期间为三年。法律另有规定的，依照其规定。"这里所说的民事权利也就是诉讼时效的适用范围。《最高人民法院关于审理民事案件适用诉讼时效制度若干问题的规定》第1条规定："当事人可以对债权请求权提出诉讼时效抗辩。"实际上明确了诉讼时效的适用范围原则上限于债权请求权。

但并不是所有的请求权都可以适用诉讼时效。《民法典》第196条规定："下列请求权不适用诉讼时效的规定：（一）请求停止侵害、排除妨碍、消除危险；（二）不动产物权和登记的动产物权的权利人请求返还财产；（三）请求支付抚养费、赡养费或者扶养费；（四）依法不适用诉讼时效的其他请求权。"

（三）诉讼时效期间的种类

（1）普通诉讼时效期间。《民法典》第188条第1款规定："向人民法院请求保护民事权利的诉讼时效期间为三年。法律另有规定的，依照其规定。"

（2）特别诉讼时效期间。在我国现行民事立法中，有关特别诉讼时效的规定散见于《民法典》和民事单行法。例如《民法典》第594条规定："因国际货物买卖合同和技术进出口合同争议提起诉讼或者申请仲裁的时效期间为四年。"

（3）最长诉讼时效期间。《民法典》第188条第2款规定："自权利受到损害之日起超过二十年的，人民法院不予保护，有特殊情况的，人民法院可以根据权利人的申请决定延长。"

（四）诉讼时效的起算、中止、中断和延长

1. 诉讼时效的起算

根据《民法典》第188条的规定，诉讼时效期间自权利人知道或者应当知道权利受到损害以及义务人之日起计算。此外，《民法典》还规定了几种特殊的起算情形：①第189条规定："当事人约定同一债务分期履行的，诉讼时效期间自最后一期履行期限届满之日起计算。"②第190条规定："无民事行为能力人或者限制民事行为能力人对其法定代理人的请求权的诉讼时效期间，自该法定代理终止之日起计算。"③第191条规定："未成年人遭受性侵害的损害赔偿请求权的诉讼时效期间，自受害人年满十八周岁之日起计算。"

2. 诉讼时效的中止

《民法典》第194条规定："在诉讼时效期间的最后六个月内，因下列障碍，不能行使请求权的，诉讼时效中止：（一）不可抗力；（二）无民事行为能力人或者限制民事行为能力人没有法定代理人，或者法定代理人死亡、丧失民事行为能力、丧失代理权；（三）继承开始后未确定继承人或者遗产管理人；（四）权利人被义务人或者其他人控制；（五）其他导致权利人不能行使请求权的障碍。自中止时效的原因消除之日起满六个月，诉讼时效期间届满。"

3. 诉讼时效的中断

《民法典》第195条规定："有下列情形之一的，诉讼时效中断，从中断、有关程序终结时起，诉讼时效期间重新计算：（一）权利人向义务人提出履行请求；（二）义务人同意履行义务；（三）权利人提起诉讼或者申请仲裁；（四）与提起诉讼或者申请仲裁具有同等效力的其他情形。"

4. 诉讼时效的延长

《民法典》第188条第2款规定："自权利受到损害之日起超过二十年的，人民法院不予保护，有特殊情况的，人民法院可以根据权利人的申请决定延长。"

（五）诉讼时效届满的后果

《民法典》第192条规定："诉讼时效期间届满的，义务人可以提出不履行义务的抗辩。""诉讼时效期间届满后，义务人同意履行的，不得以诉讼时效期间届满为由抗辩；义务人已经自愿履行的，不得请求返还。"

二、期间

期间，是指民事法律关系发生、变更和终止的时间。《民法典》第200条规定："民法所称的期间按照公历年、月、日、小时计算。"

（一）期间的计算

《民法典》第 201 条规定："按照年、月、日计算期间的，开始的当日不计入，自下一日开始计算。""按照小时计算期间的，自法律规定或者当事人约定的时间开始计算。"第 202 条规定："按照年、月计算期间的，到期月的对应日为期间的最后一日；没有对应日的，月末日为期间的最后一日。"第 203 条规定："期间的最后一日是法定休假日的，以法定休假日结束的次日为期间的最后一日。""期间的最后一日的截止时间为二十四时；有业务时间的，停止业务活动的时间为截止时间。"第 204 条规定："期间的计算方法依照本法的规定，但是法律另有规定或者当事人另有约定的除外。"

（二）除斥期间

除斥期间，是指法律规定或当事人约定的形成权等权利的存续期间。①不行使权利，一旦期限届满，就发生权利消灭的后果。《民法典》第 199 条规定："法律规定或者当事人约定的撤销权、解除权等权利的存续期间，除法律另有规定外，自权利人知道或者应当知道权利产生之日起计算，不适用有关诉讼时效中止、中断和延长的规定。存续期间届满，撤销权、解除权等权利消灭。"

⚖ 课堂案例

张某在 2013 年 7 月 20 日借给王某 20 万元，两人约定借期一年，按银行同期利率还款。王某按照约定的内容，给张某写了借条。2014 年 7 月 20 日借款到期，张某找到王某要求其还款，王某说自己最近手头比较紧，实在没钱，请张某宽限些日子。张某就同意了。2016 年 1 月 20 日，张某又找到王某要求还款，王某还是没钱，后张某就没有再找过王某。直到 2017 年底，张某急需用钱，想起了借王某的这笔欠款。2017 年 12 月 2 日，张某找到王某要求还款，王某拒绝，并且告诉张某，他们之间的借款已经过了诉讼时效，自己不用还了。请问，张某和王某之间的借款的诉讼时效是否已过期？

---

① 王利明．民法总则研究［M］．北京：中国人民大学出版社，2018.

案例解析

本案中，张某和王某之间借款的诉讼时效并没有过期。张某和王某的借款在 2014 年 7 月 20 日到期，诉讼时效期间应从此时开始计算。但根据《民法典》的规定，权利人向义务人提出履行请求，诉讼时效中断。诉讼时效中断的，诉讼时效重新计算。每一次张某积极行使自己的权利，找到王某要求还款时，诉讼时效就发生了中断。因此，本案中张某最后一次要求王某还款是 2016 年 1 月 20 日，到 2017 年 12 月 2 日时诉讼时效期间显然没有届满。

法条链接

《民法典》

第一百八十八条　向人民法院请求保护民事权利的诉讼时效期间为三年。法律另有规定的，依照其规定。

诉讼时效期间自权利人知道或者应当知道权利受到损害以及义务人之日起计算。法律另有规定的，依照其规定。但是，自权利受到损害之日起超过二十年的，人民法院不予保护，有特殊情况的，人民法院可以根据权利人的申请决定延长。

第一百九十五条　有下列情形之一的，诉讼时效中断，从中断、有关程序终结时起，诉讼时效期间重新计算：

（一）权利人向义务人提出履行请求；

（二）义务人同意履行义务；

（三）权利人提起诉讼或者申请仲裁；

（四）与提起诉讼或者申请仲裁具有同等效力的其他情形。

课后习题

1. 甲遗失贵重物品，登报称：拾得人送还遗失物时，给付报酬 1 万元。乙将拾得的该物送给甲，甲以登报给付酬金是出于无奈，不是真实意思表示为由，拒绝给付酬金。甲的行为（　　）。

A. 违反公序良俗原则　　　　　　B. 违反自愿原则

C. 违反诚实信用原则　　　　　　D. 违反公平原则

2. 下列事实中，不能引起民事法律关系发生的是（　　）。

A. 刘某将电脑送给好友　　　　　B. 老张因病去世

C. 小李每天坚持跑步　　　　　　D. 王某将许某打伤

3. 下列客观现象属于民事法律事实中的非行为事件有（　　）。

A. 失踪人下落不明

B. 病人死亡

C. 权利人不行使权利致使时效过期

D. 试管婴儿出生

4. 17 周岁的中学生李某在一次抽奖活动中获得 8 万元大奖。李某用该笔款项不仅缴纳了自己的学费，还帮助父亲偿还了 3 万元欠款。李某是（　　）。

A. 完全民事行为能力人　　　　　B. 限制民事行为能力人

C. 视为限制民事行为能力人　　　D. 视为完全民事行为能力人

5. 甲外出务工多年未与家中联系，经其配偶乙申请，法院宣告甲死亡。甲的好友丙替甲偿还了欠丁的 1 万元。后乙与丙组成家庭。一日，甲返乡。对此，下列说法正确的是（　　）。

A. 甲和乙之间的婚姻关系自动恢复

B. 乙和丙之间的婚姻关系自动解除

C. 乙、丙婚后，丙可向乙主张 1 万元债权

D. 无论甲、乙是否恢复婚姻关系，丙均有权要求甲偿还 1 万元债务

6. 下列选项中，不属于无效民事法律行为的是（　　）。

A. 6 周岁的明明自己决定将压岁钱 100 元捐赠给希望工程

B. 李某因认识上的错误为其儿子买回一双不能穿的鞋

C. 甲企业的业务员黄某自己得到乙企业给予的回扣款 1 000 元而代理

甲企业向乙企业购买了 10 吨劣质煤

  D. 丙公司向丁公司转让一辆无牌照的走私车

  7. 2021 年 2 月 1 日，甲与乙签订了买卖合同，合同约定，至 2021 年 9 月 1 日该合同自动失效。这是一个（ ）的合同。

  A. 附生效条件的合同   B. 附失效条件的合同

  C. 附生效期限的合同   D. 附失效期限的合同

  8. 因重大误解导致的可撤销的民事行为，当事人自知道或者应当知道撤销事由之日起超过（ ）才请求撤销的，人民法院不予保护。

  A. 六个月   B. 一年

  C. 九十日   D. 三年

第二章　物权法

第一节　物权概述

一、物权概念及特征

（一）物权的概念

物权与债权是构成大陆法系民法财产权的两大基石。1986年的《民法通则》虽然没有使用"物权"一词，但在第五章第一节中对"财产所有权和与财产所有权有关的财产权"加以规定，初步构成了我国的物权制度。2007年颁布的《物权法》正式使用了物权的概念，2020年《民法典》继续使用这一概念。《民法典》第114条第2款规定："物权是权利人依法对特定的物享有直接支配和排他的权利，包括所有权、用益物权和担保物权。"

（二）物权的特征[①]

1. 物权是直接支配物的绝对权

绝对权，又称对世权，是指无须义务人为积极行为进行协助，仅由权利人合法支配行为即能实现的权利。物权人可以在法律规定范围内以自己的意志和行为直接支配物，而无须借助他人的行为。

2. 物权是直接支配特定的独立之物的权利

物权的客体是特定物，而其他的权利客体，如行为、精神财富等不能

---

① 杨立新. 物权法［M］.7版. 北京：中国人民大学出版社，2020.

作为物权的客体，这是物权与债权、知识产权、人身权相区别的一个显著特征。此外，物只有独立，物权人才能对其完全行使直接支配的权利，对不独立的物无法确定其物权。

3. 物权是以对物的直接支配并享有其利益为内容的权利

对物权进行支配，不是物权人的目的而是物权人的手段，物权人的目的在于通过对物的支配而取得物的利益。因而，在民法保护下直接享受物的使用价值和交换价值所带来的各种利益，是物权的本质和核心，是物权区别于其他财产权的最基本特征。

4. 物权是具有排他性的权利

物权排他性的含义是：①一物之上不得同时成立两个内容不相容的物权。就所有权来说，一物之上不能有两个所有权，这就是一物一权原则。②在对外关系上，物权必有排除他人干涉，以维护物权人对物所享有的独占的、排他的利益。相比之下，债权并无排他性，依据债权平等原则，同一标的物上可以并存两个或两个以上相同内容的债权。

⚖ 课堂案例

张某拥有一套别墅、一辆汽车，家中藏有一幅明代知名古画，拥有多家上市公司的股票，他是公司的技术工程师，拥有3项发明专利，平时爱好绘画，有不少作品在拍卖市场上卖到高价。两年前，张某的一位老同学向他借款200万元，并将家中价值300万元的宋代瓷器质押给他。张某的别墅是通过贷款购买的，尚有银行贷款500万元没有还清。请问：张某享有哪些财产权？哪些是物权？

📑 案例解析

案例中，张某享有的财产权包括房屋所有权和国有土地使用权、汽车的所有权、名画的所有权、股权、专利权、绘画作品的著作权、瓷器的质权、200万元的债权。其中，房屋所有权和国有土地使用权、汽车的所有权、名画的所有权、瓷器的质权是物权。

法条链接

《民法典》

第一百一十四条　民事主体依法享有物权。

物权是权利人依法对特定的物享有直接支配和排他的权利，包括所有权、用益物权和担保物权。

二、物权法的基本原则

物权法的基本原则是民法基本原则在物权法中的具体化，但物权法的基本原则不是民法基本原则的简单翻版，而是要依据物权法的基本内容确定的。一般认为，物权法的基本原则有以下四个，即平等保护原则、物权法定原则、一物一权原则和公示公信原则。

（一）平等保护原则

《民法典》第113条规定："民事主体的财产权利受法律平等保护。"第207条规定："国家、集体、私人的物权和其他权利人的物权受法律平等保护，任何组织或者个人不得侵犯。"据此，平等保护原则并不是指物权主体地位平等，而是指物权本身的地位平等，强调的是私人的权利和其他权利人的物权受到平等保护。

（二）物权法定原则

《民法典》第116条规定："物权的种类和内容，由法律规定。"物权法定原则又称为物权法定主义，是物权法区别于合同法的重要标志，是指物权只能依据法律设定，禁止当事人自由创设物权，也不得变更物权的种类、内容、效力和公示方法。[①]

---

① 王利明.物权法论［M］.北京：中国政法大学出版社，1998.

（三）一物一权原则

一物一权原则，是指在一个物上仅能存在一个所有权，一个所有权的客体仅为一个物。[①] 一物的"物"，说的是独立的有体物，是指法律观念上的物，可以是单一物或者合成物。一权的"权"，说的是所有权，而不包括他物权。一物一权原则并不排斥在一个物上设立几个他物权，但这些他物权不能相互冲突、相互矛盾。

（四）公示公信原则

《民法典》第208条规定："不动产物权的设立、变更、转让和消灭，应当依照法律规定登记。动产物权的设立和转让，应当依照法律规定交付。"这一条规定的就是物权的公示公信原则。物权公示原则，是指物权的变动即物权的产生、变更或消灭，必须通过特定的、可以从外部察知的方式即公示表现出来。物权公信原则，是指物权变动中公示形式所产生的公信力，即采用法定方式进行公示的物权能够为社会公众所信赖，相信物权公示而进行交易的善意第三人的利益受法律特别保护。

课堂案例

原告张某与被告李某是夫妻关系，双方于2015年5月12日登记结婚。2017年3月21日两人生育儿子小张。婚后双方因为性格不合，于2018年9月20日登记离婚。原告、被告双方在2018年9月20日签订的《离婚协议书》中载明："双方共有的财产是两居室商品房一套。双方离婚后，此房屋各得一半，南侧一间归男方，北侧一间归女方。"2019年1月，原告张某向人民法院起诉，要求确认离婚协议中有关房屋的约定无效，请求依法分割。请问：《离婚协议书》中有关房屋的约定是否有效？一套房屋能否分出两个所有权？为什么？

案例解析

根据一物一权原则，一套房屋只能有一个所有权。因此，一套房屋可

---

① 陈华彬. 物权法［M］. 北京：国家行政学院出版社，1998.

以由两个以上的人共有，但不能分别拥有该套房屋里的不同房间的所有权。原告、被告的《离婚协议书》中关于房屋的约定违反了一物一权原则，该约定无效。原告、被告双方可以按房屋的评估价或市场价进行重新分割，由一方取得所有权和土地使用权，另一方则可按照房屋评估价或市场价的一半作价补偿。

法条链接

《民法典》

第一百一十六条　物权的种类和内容，由法律规定。

三、物权的分类

（一）自物权与他物权

根据物权的权利主体是否是财产的所有人，物权可以分为自物权与他物权。自物权，是指权利人依法对自己的所有物享有占有、使用、收益、处分的权利。所有权是唯一的自物权种类。他物权，是指非所有人根据法律或合同的规定，对他人财产享有的物权，也称为限制物权。所有权以外的物权均为他物权。区分两者的意义在于，自物权是一种完全物权，是最重要、最基本的权利，是他物权的源泉。他物权是一种不完全物权，是以自物权的一定权能为内容形成的独立权利，是自物权的派生物。

（二）用益物权与担保物权

根据设立的目的不同，他物权还可以进一步分为用益物权和担保物权。用益物权，是指以物的利用价值为内容的物权，着重于对他人之物的使用和收益，如土地承包经营权、建设用地使用权、宅基地使用权等。担保物权，是指以物的交换价值为内容的物权，即通过支配他人之物的交换价值，以保证债务的履行、债权的实现，如抵押权、质押权、留置权等。

区分两者的意义在于，能够明确不同他物权的设立目的不同，权利内容也就不同。

（三）主物权和从物权

根据物权是否具有独立性或从属性，物权可以分为主物权和从物权。主物权，是指本身能单独存在，不需从属于其他权利的物权，如所有权、建设用地使用权等。从物权，是指从属于其他权利，并为所从属的权利服务的物权，如抵押权、质押权等。区分两者的意义在于，主物权能够独立存在，从物权的存在则须以它所从属的权利的存在为前提，主物权消灭，从物权也随之消灭。

（四）动产物权和不动产物权

根据物权的标的物是动产还是不动产，分为动产物权和不动产物权。以动产为标的物的物权是动产物权，如动产所有权、留置权、质押权等。以不动产为标的物的物权是不动产物权，如不动产所有权、地上权、地役权等。区分两者的意义在于，两者的取得方法、成立要件和效力不同。

四、物权的效力

物权的本质在于对物的支配权和排他权。基于此，物权具有以下特殊的效力：

（一）物权的排他效力

物权的排他效力，又称物权的排他性，是指同一物上不得成立两个所有权或成立两个在内容上相互矛盾的物权。物权的排他效力是物权最原始、最基本的特性，但物权的排他效力并不否认在同一物之上并存数个内容并不矛盾的物权。

（二）物权的优先效力

物权的优先效力，又称为物权的优先性，包括两种情况：①物权相互之间的优先效力，这是物权的对内效力。一般而言，在多个物权并存的情况下，先设定的物权优先于后设定的物权。②物权优先于债权的效力，这是物权的对外效力。一般而言，在同一标的物上物权与债权并存时，物权有优先于债权的效力。

（三）物权的追及效力

物权的追及效力，是指物权的标的物不管辗转流通到什么人手中，所有权人都可以依法向物的占有人索取，请求其返还财物。当然，物权的追及效力并不是绝对的，它会受到善意取得制度的限制。第三人如果取得该财产是善意、无过失的，则取得财物的所有权不受物权追及效力的拘束。

（四）物上请求权

物上请求权，又称为物权请求权，是指物权的权利人在其权利的实现上遇到某种妨害时，有权对造成妨害的人请求排除妨碍。物上请求权具体包括排除妨碍、返还原物、恢复原状等。此外，物权人在其标的物受到损害时，有请求侵害人赔偿损失的权利，这是一种债权请求权。物上请求权的目的在于恢复权利人对物的支配权，而损害赔偿请求权的目的在于使权利人所受的损失得到及时补偿。

⚖ 课堂案例

甲的自行车被乙盗窃，乙骑了一段时间后将车丢弃，丙拾得该车并赠与丁，丁死亡后该车被戊继承，戊经营旧车商店，将车放在店里售卖，被甲发现。请问：该车的所有权归谁？甲是否有权从戊处要回自行车？

📄 案例解析

本案中，甲依据所有权可以直接从戊处取回自行车，这是物权追及效力的体现。乙的盗窃是无权占有、恶意占有，其抛弃行为并未导致甲的所有权消灭。丙拾得该车并未得到所有权，其赠与无效，丁也没有所有权，因此戊的继承也无效，得不到所有权。

法条链接

《民法典》

第二百三十五条　无权占有不动产或者动产的，权利人可以请求返还原物。

第三百一十四条　拾得遗失物，应当返还权利人。拾得人应当及时通知权利人领取，或者送交公安等有关部门。

五、物权的变动

《民法典》物权编第二章"物权的设立、变更、转让和消灭"，即指物权变动。物权变动的实质，就是人与人之间关于物权客体的归属和支配的法律关系变化。

（一）不动产登记

《民法典》第 209 条第 1 款规定："不动产物权的设立、变更、转让和消灭，经依法登记，发生效力；未经登记，不发生效力，但是法律另有规定的除外。"该条明确了登记是不动产物权变动的基本原则。

1. 不动产登记簿

《民法典》第 216 条规定："不动产登记簿是物权归属和内容的根据。""不动产登记簿由登记机构管理。"第 217 条规定："不动产权属证书是权利人享有该不动产物权的证明。不动产权属证书记载的事项，应当与不动产登记簿一致；记载不一致的，除有证据证明不动产登记簿确有错误外，以不动产登记簿为准。"

2. 更正登记和异议登记

《民法典》第 220 条规定："权利人、利害关系人认为不动产登记簿记载的事项错误的，可以申请更正登记。不动产登记簿记载的权利人书面同意更正或者有证据证明登记确有错误的，登记机构应当予以更正。""不动产登记簿记载的权利人不同意更正的，利害关系人可以申请异议登记。登记机构予以异议登记，申请人自异议登记之日起十五日内不提起诉讼的，异议登记失效。异议登记不当，造成权利人损害的，权利人可以向申请人请求损害赔偿。"更正登记后，原权利人在异议登记期间，对该不动产做出的处分，登记更正后的权利人未追认的，不发生效力。

3. 预告登记

《民法典》第221条规定："当事人签订买卖房屋的协议或者签订其他不动产物权的协议，为保障将来实现物权，按照约定可以向登记机构申请预告登记。预告登记后，未经预告登记的权利人同意，处分该不动产的，不发生物权效力。""预告登记后，债权消灭或者自能够进行不动产登记之日起九十日内未申请登记的，预告登记失效。"

（二）动产交付

《民法典》第224条规定："动产物权的设立和转让，自交付时发生效力，但是法律另有规定的除外。"动产交付可以分为现实交付和观念交付两大类。现实交付是传统的动产物权交易的占有转移，是动产交易中交付的常态。观念交付是交付本身并不导致实物占有的转移，仅发生观念上占有的转移。

观念交付主要包括以下三种情形：①简易交付。《民法典》第226条规定："动产物权设立和转让前，权利人已经占有该动产的，物权自民事法律行为生效时发生效力。"②指示交付，又称"返还请求权的让与"。《民法典》第227条规定："动产物权设立和转让前，第三人占有该动产的，负有交付义务的人可以通过转让请求第三人返还原物的权利代替交付。"③占有改定。《民法典》第228条规定："动产物权转让时，当事人又约定由出让人继续占有该动产的，物权自该约定生效时发生效力。"

⚖ 课堂案例

为解决子女读书问题，张某购买了李某的一套学区房。双方于2021年1月1日签订了房屋买卖合同，1月5日完成了购房款的全额支付，并约定于1月8日一同去不动产登记中心办理过户登记。但是，1月6日李某打电话告诉张某，其突发疾病需要做手术，要等病情痊愈后再一起去办理房屋的过户登记。张某认为该套学区房十分紧俏，怀疑李某是假借生病，想把房子卖给其他出价更高的买家。请问：该房屋买卖合同生效了吗？张某可以采取什么方法保护自已的权益？

案例解析

本案中，双方的房屋买卖合同已经生效。但由于尚未完成过户登记，李某仍然是房屋的所有权人，可以将房屋卖给他人并办理过户登记，这就是通常所说的"一房二卖"现象。一旦该学区房被过户给其他人，张某就无法取得房屋所有权，只能根据购房合同追究违约责任。为防止这一情况的发生，张某可以要求与李某先一同前往不动产登记中心办理预告登记，待李某病愈出院后再办理过户登记。需要注意的是，预告登记对买家的保护是有期限的。

法条链接

《民法典》

第二百零九条　不动产物权的设立、变更、转让和消灭，经依法登记，发生效力；未经登记，不发生效力，但是法律另有规定的除外。

依法属于国家所有的自然资源，所有权可以不登记。

第二百一十五条　当事人之间订立有关设立、变更、转让和消灭不动产物权的合同，除法律另有规定或者当事人另有约定外，自合同成立时生效；未办理物权登记的，不影响合同效力。

第二百二十一条　当事人签订买卖房屋的协议或者签订其他不动产物权的协议，为保障将来实现物权，按照约定可以向登记机构申请预告登记。预告登记后，未经预告登记的权利人同意，处分该不动产的，不发生物权效力。

预告登记后，债权消灭或者自能够进行不动产登记之日起九十日内未申请登记的，预告登记失效。

第二节　所有权

一、所有权概述

（一）所有权的概念和特征

所有权，是所有权人对其不动产或动产，依法享有占有、使用、收益和处分的权利。所有权是物权制度的基本形态，是其他各种物权的源泉，所有权以外的物权都是由所有权派生出来的。它除了具有物权的共性外，还具有以下特征：

（1）所有权具有完全性，又称全面性。所有权是所有权人对其所有物进行全面支配的最完全的、最充分的物权。所有权的完全性，使其成为他物权的基础。他物权设定后，仅就占有、使用、收益的某一特定方面享有对物直接支配的权利，只能以所有权的部分权能为其基本内容。

（2）所有权具有整体性，又称单一性。所有权是一种对物的概括支配的权利，而并非占有、使用、收益、处分等各种权能量上的总和。因此，在所有物上设定他物权，并非将所有权分部分予以转让，他物权的设定对所有权的完整性存在毫无影响。

（3）所有权具有弹力性，又称归一性。这是指所有权的四项基本权能可以部分或者全部脱离所有权人而以他物权的形式为他人所享有，而在他物权消灭之时，所有权即恢复其完满状态。这种独特的弹力性对所有权人充分发挥财产的经济利益和社会效益有非常重要的作用。

（4）所有权具有永久性，又称恒久性。这是指所有权随所有物的存在而存在，其存续期间不得预先加以确定，也不因时效而消灭。而他物权以及知识产权都具有一定存续期间，期限届满，这些权利即失去其效力。

（二）所有权的权能

"权能"是权利作用的具体表现，所有权的不同权能表现了所有权的不同作用形式。《民法典》第240条规定："所有权人对自己的不动产或者动产，依法享有占有、使用、收益和处分的权利。"

1. 所有权的积极权能

所有权的积极权能，是指所有权人以自己的积极行为支配所有物而获得利益的行为。具体包括：①占有权能。所有权人有权对所有物进行事实上的控制和管理，对物的占有是对其进行使用、收益和处分的前提。②使用权能。所有权人有权按照所有物的性能和用途对之加以利用，以满足生产、生活的需要。③收益权能。所有权人有权通过对所有物的利用或经营而获得收益。④处分权能。所有权人有权对所有物进行事实上和法律上的处置。处分权能是所有权中带有根本性的一项权能，通常只有所有权人才能享有。

2. 所有权的消极权能

所有权的消极权能，是指所有权人有权排除他人对其所有物的不法侵夺、干扰或妨害，其权利表现就是物权请求权。由于这种权能并不是所有权人对物施加的积极行为，在没有他人干涉时，此项权能无需体现出来，故被称为消极权能。《民法典》第207条规定："国家、集体、私人的物权和其他权利人的物权受法律平等保护，任何组织或者个人不得侵犯。"这种不得侵犯的义务，就是所有权的消极权能。

（三）所有权的取得

所有权是法律赋予的权利，没有法律根据或者违反法律规定而取得财产，是违法取得，取得人不能得到财产的所有权。所有权的取得，有原始取得、继受取得两种方式。

（1）原始取得，也称最初取得，是指直接依照法律的规定，通过某种方式或行为取得所有权。原始取得主要有以下几种方式：①劳动生产。这是合法取得所有权的最基本、最重要的方式。②收取孳息。孳息因产生原因不同，分为天然孳息和法定孳息。按照习惯，孳息在没有与原物分离以前，由原物所有权人享有，原物所有权转移后，孳息的所有权随之转移。③善意取得，又称为即时取得。这是指无权处分他人财产的财产占有人，在不法将其占有的财产转让给第三人以后，受让人如果在取得该财产时出于善意，即依法取得该财产的所有权，原财产所有权人不得要求受让人返还财产的制度。《民法典》第311条第1款规定："无处分权人将不动产或者动产转让给受让人的，所有权人有权追回；除法律另有规定外，符合下列情形的，受让人取得该不动产或者动产的所有权：（一）受让人受让该不动产或者动产时是善意；（二）以合理的价格转让；（三）转让的不动产或者动产依照法律规定应当登记的已经登记，不需要登记的已经交付给受让人。"具备善意取得的构成要件，即发生善意取得的法律效力，受让人即时取得受让财产的所有权，原所有权人对该财产的所有权归于消灭，并不得向善意受让人请求返还原物。④国家强制。这是指在法律规定的特定场合下，国家从公共利益出发，不顾及所有权人的意志和权利，直接采取没收、征收、国有化、税收等强制手段取得所有权的方式。⑤取得无主财产。无主财产分为三种：无人认领的遗失物；漂流物、埋藏物和隐藏物；无人继承又无人受遗赠的财产。⑥先占。无主动产由最先占有者取得所有权，是各国民法公认的一项规则。⑦添附。这是指不同所有权人的物被结合、混合在一起成为一个新物，或者利用他人之物加工成为新物的状态。

（2）继受取得，也称为传来取得，是指财产所有权人通过某种法律事实，从原所有权人处取得财产所有权。继受取得主要有以下几种方式：①买卖；②互易；③赠与；④继承与遗赠。如前所述，《民法典》第 208 条、第 209 条和第 224 条明确规定，动产以交付为继受取得所有权的标志，不动产以登记为继受取得所有权的标志。

（四）所有权的类型

1. 国家所有权

这是我国社会主义全民所有制在法律上的表现，是国家对国有财产享有的占有、使用、收益、处分的权利。《民法典》第 246 条规定："法律规定属于国家所有的财产，属于国家所有即全民所有。""国有财产由国务院代表国家行使所有权。法律另有规定的，依照其规定。"《民法典》第 247 条至第 259 条对国家所有权的范围及行使作出了具体规定。

2. 集体所有权

这是我国公有制的另一种法律形态，是指集体经济组织对集体所有财产享有的占有、使用、收益、处分的权利。《民法典》第 265 条第 1 款规定："集体所有的财产受法律保护，禁止任何组织或者个人侵占、哄抢、私分、破坏。"《民法典》第 260 条至第 265 条对集体所有权的范围及行使作出了具体规定。

3. 私人所有权

前两种所有权属于公有形态的所有权，而私人所有权是私人对其所有的财产享有占有、使用、收益、处分的权利。《民法典》第 266 条规定："私人对其合法的收入、房屋、生活用品、生产工具、原材料等不动产和动产享有所有权。"第 267 条规定："私人的合法财产受法律保护，禁止任何组织或者个人侵占、哄抢、破坏。"《民法典》第 266 条至第 270 条对私人所有权作出了具体规定。

二、建筑物区分所有权

（一）建筑物区分所有权的概念和特征

根据《民法典》第 271 条的规定，建筑物区分所有权是指"业主对建筑物内的住宅、经营性用房等专有部分享有所有权，对专有部分以外的共有部分享有共有和共同管理的权利"。

建筑物区分所有权的特征是：①权利内容具有复合性。建筑物区分所有权由专有权、共有权及管理权组成。②权利客体具有整体性。建筑物区分所有权是在整体的建筑物上区分所有的所有权形式。③权利本身具有统一性。建筑物区分所有权不是权利的组合，而是一个独立、统一的权利。专有权、共有权和管理权是这个统一权利的内容和组成部分，离开了建筑物区分所有权，这些权利内容都不会独立存在。④专有权具有主导性。在建筑物区分所有权的权利内容结构中，专有权是主导的权利，业主拥有专有权，就必然拥有共有权、管理权。

（二）专有权

根据《民法典》第 272 条的规定，建筑物区分所有权的专有权是"业主对其建筑物专有部分享有占有、使用、收益和处分的权利"。专有权是建筑物区分所有权的核心部分，是区分所有权单独性的灵魂。[①]

根据《最高人民法院关于审理建筑物区分所有权纠纷案件适用法律若

---

① 杨立新. 物权法［M］. 7 版. 北京：中国人民大学出版社，2020.

干问题的解释》（以下简称《建筑物区分所有权司法解释》）第2条第1款的规定，建筑区划内符合以下三个条件的房屋，以及车位、摊位等特定空间，应当认定为专有部分：①具有构造上的独立性，能够明确区分；②具有利用上的独立性，可以排他使用；③能够登记成为特定业主所有权的客体。该条第2款规定，规划上专属于特定房屋，且建设单位销售时已经根据规划列入该特定房屋买卖合同中的露台等，也应当认定为专有部分的组成部分。并特别指出，该条第1款所称房屋，包括整栋建筑物。

（三）共有权

根据《民法典》第273条的规定，共有权是业主对建筑物专有部分以外的共有部分享有的权利总称，且业主"不得以放弃权利为由不履行义务"。

关于共有部分的范围，《民法典》第274条规定："建筑区划内的道路，属于业主共有，但是属于城镇公共道路的除外。建筑区划内的绿地，属于业主共有，但是属于城镇公共绿地或者明示属于个人的除外。建筑区划内的其他公共场所、公用设施和物业服务用房，属于业主共有。"第275条第2款规定："占用业主共有的道路或者其他场地用于停放汽车的车位，属于业主共有。"此外，根据《建筑物区分所有权司法解释》第3条的规定，建筑区划内的以下部分，也应当认定为共有部分：①建筑物的基础、承重结构、外墙、屋顶等基本结构部分，通道、楼梯、大堂等公共通行部分，消防、公共照明等附属设施、设备，避难层、设备层或者设备间等结构部分；②其他不属于业主专有部分，也不属于市政公用部分或者其他权利人所有的场所及设施等。建筑区划内的土地，依法由业主共同享有建设用地使用权，但属于业主专有的整栋建筑物的规划占地或者城镇公共道路、绿地占地除外。

（四）管理权

管理权，是区分所有建筑物的业主作为整栋建筑物所有人团体成员之一所享有的权利。

（1）管理权的内容，包括表决权、选举权和被选举权、监督权等。《民法典》第278条详细规定了必须由业主共同决定的事项，并且明确了业主行使表决权的规则。第 280 条进一步规定："业主大会或者业主委员会的决定，对业主具有法律约束力。""业主大会或者业主委员会作出的决定侵害业主合法权益的，受侵害的业主可以请求人民法院予以撤销。"

（2）管理组织。根据《民法典》第 277 条的规定，业主可以设立业主大会，选举业主委员会。《民法典》第 284 条规定："业主可以自行管理建筑物及其附属设施，也可以委托物业服务企业或者其他管理人管理。""对建设单位聘请的物业服务企业或者其他管理人，业主有权依法更换。"

（3）管理内容，具体包括：①物的管理。根据《民法典》第 281 条的规定，建筑物及其附属设施的维修资金，属于业主共有。经业主共同决定，可以用于电梯、屋顶、外墙、无障碍设施等共有部分的维修、更新和改造。修筑物及其附属设施的维修资金的筹集、使用情况应当定期公布。关于建筑物及其附属设施的费用分摊及收益分配等事项，《民法典》第 283 条明确规定：有约定的，按照约定；没有约定或者约定不明确的，按照业主专有部分面积所占比例确定。②人的管理。《民法典》第 279 条规定："业主不得违反法律、法规以及管理规约，将住宅改变为经营性用房。业主将住宅改变为经营性用房的，除遵守法律、法规以及管理规约外，应当经有利害关系的业主一致同意。"

三、相邻关系

（一）相邻关系的概念和特征

相邻关系，是指不动产相邻各方在行使所有权或其他物权时，因相互间应当给予方便或接受限制而发生的权利义务关系。

相邻关系的特征：①相邻关系规范的目的在于保证不动产利用的基本需求。相邻关系是对相邻不动产的利用所进行的最低限度的调节。②相邻关系的规范具有强制性。不动产相邻各方当事人的权利义务直接根据法律规定产生，无须借助当事人的同意，故其规范具有强制性的特点。③相邻关系不被视为一种用益物权。我国《民法典》将相邻关系规定于"所有权编"，意味着相邻关系不是一种独立的物权，而是权利的延伸。

（二）相邻权关系的基本种类

（1）相邻用水、排水关系。《民法典》第290条规定："不动产权利人应当为相邻权利人用水、排水提供必要的便利。""对自然流水的利用，应当在不动产的相邻权利人之间合理分配。对自然流水的排放，应当尊重自然流向。"

（2）相邻土地通行关系。《民法典》第291条规定："不动产权利人对相邻权利人因通行等必须利用其土地的，应当提供必要的便利。"

（3）因建造、修缮建筑物以及铺设管线而产生的相邻关系。《民法典》第292条规定："不动产权利人因建造、修缮建筑物以及铺设电线、电缆、水管、暖气和燃气管线等必须利用相邻土地、建筑物的，该土地、建筑物的权利人应当提供必要的便利。"

（4）因通风、采光和日照而产生的相邻关系。《民法典》第293条规定："建造建筑物，不得违反国家有关工程建设标准，不得妨碍相邻建筑物的通风、采光和日照。"

（5）相邻环保关系。《民法典》第294条规定："不动产权利人不得违反国家规定弃置固体废物，排放大气污染物、水污染物、土壤污染物、噪声、光辐射、电磁辐射等有害物质。"

（6）因挖掘土地、建造建筑物等发生的相邻关系。《民法典》第295条规定："不动产权利人挖掘土地、建造建筑物、铺设管线以及安装设备等，不得危及相邻不动产的安全。"

（三）相邻关系的法律调整

（1）处理相邻关系的原则。《民法典》第288条规定："不动产的相邻权利人应当按照有利生产、方便生活、团结互助、公平合理的原则，正确处理相邻关系。"

（2）利用相邻不动产应注意的义务。《民法典》第296条规定："不动产权利人因用水、排水、通行、铺设管线等利用相邻不动产的，应当尽量避免对相邻的不动产权利人造成损害。"

四、共有

（一）共有的概念和特征

共有是指两个或两个以上民事主体共同享有一项财产所有权的法律状态。《民法典》第297条规定："不动产或者动产可以由两个以上组织、个人共有。"

共有的特征是：①共有的主体是两个或两个以上。②共有财产关系的客体为一项特定的统一财产。在共有存续期间，既不能分割，也不能由各个共有人分别对共有物的某一部分行使所有权，每个共有人的权利都基于整个共同财产。③共有物上的所有权具有单一性。共有是两个或两个以上的主体分享一个所有权，这是所有权在量上的分割，实质上仍然是一个所有权。④对共有物的支配须根据共有人的共同意志。在单独所有的情形下，所有权的行使仅凭所有权人自己的意思即可。但在共有的情形下，所有权的行使必须符合全体共有人的意思。

（二）共有的分类

（1）按份共有，又称分别共有。《民法典》第298条规定："按份共有人对共有的不动产或者动产按照其份额享有所有权。"第308条规定："共有人对共有的不动产或者动产没有约定为按份共有或者共同共有，或者约定不明确的，除共有人具有家庭关系等外，视为按份共有。"第309条规定："按份共有人对共有的不动产或者动产享有的份额，没有约定或者约定不明确的，按照出资额确定；不能确定出资额的，视为等额享有。"

（2）共同共有，是两个或两个以上的共有人基于某种共同关系，对同一项财产不分份额地共同享有权利、承担义务的共有关系。《民法典》第299条规定："共同共有人对共有的不动产或者动产共同享有所有权。"

（三）共有的内部关系和外部关系

1. 共有财产的管理

《民法典》第300条规定："共有人按照约定管理共有的不动产或者动产；没有约定或者约定不明确的，各共有人都有管理的权利和义务。"

2. 共有财产的处分

《民法典》第 301 条规定："处分共有的不动产或者动产以及对共有的不动产或者动产作重大修缮、变更性质或者用途的，应当经占份额三分之二以上的按份共有人或者全体共同共有人同意，但是共有人之间另有约定的除外。"

3. 共有费用的承担

《民法典》第 302 条规定："共有人对共有物的管理费用以及其他负担，有约定的，按照其约定；没有约定或者约定不明确的，按份共有人按照其份额负担，共同共有人共同负担。"

4. 按份共有人的优先购买权

《民法典》第 305 条规定："按份共有人可以转让其享有的共有的不动产或者动产份额。其他共有人在同等条件下享有优先购买的权利。"

5. 共有的债权债务

《民法典》第 307 条规定："因共有的不动产或者动产产生的债权债务，在对外关系上，共有人享有连带债权、承担连带债务，但是法律另有规定或者第三人知道共有人不具有连带债权债务关系的除外；在共有人内部关系上，除共有人另有约定外，按份共有人按照份额享有债权、承担债务，共同共有人共同享有债权、承担债务。偿还债务超过自己应当承担份额的按份共有人，有权向其他共有人追偿。"

（四）共有物的分割

1. 共有物的分割原则

《民法典》第 303 条规定："共有人约定不得分割共有的不动产或者动产，以维持共有关系的，应当按照约定，但是共有人有重大理由需要分割的，可以请求分割；没有约定或者约定不明确的，按份共有人可以随时请求分割，共同共有人在共有的基础丧失或者有重大理由需要分割时可以请求分割。因分割造成其他共有人损害的，应当给予赔偿。"

2. 共有物的分割方式

《民法典》第 304 条规定："共有人可以协商确定分割方式。达不成协议，共有的不动产或者动产可以分割且不会因分割减损价值的，应当对实物予以分割；难以分割或者因分割会减损价值的，应当对折价或者拍卖、变卖取得的价款予以分割。""共有人分割所得的不动产或者动产有瑕疵的,其他共有人应当分担损失。"

⚖️ 课堂案例

业主小明常年在小区的公共绿地上种菜,并经常给邻居送菜,分享劳动成果,但是仍有部分业主对小明种菜的行为表示不满,认为其侵犯了业主对公共绿地的共有权利。同时,小明还将其处于一层的两个四居室共300多平方米用于创办公司,经营儿童托管、培训、服务等项目,孩子们的吵闹声使得该栋住户无法安宁。业主们向居委会投诉,面对邻居的反对声,小明表示自己的房子想怎么用就怎么用,不需要征得任何人同意。请问:小区业主可以在公共绿地种菜吗?小明是否有权自主决定用自己的房子创办公司?

📄 案例解析

《民法典》规定业主对小区的共有部分享有共有权和共同管理的权利,单个业主不能独占使用共有部分。本案中的公共绿地不属于城镇公共绿地,也未在购房合同中明确约定归于小明专有,因此应属于全体业主共有,由全体业主共同管理。此外,《民法典》第279条对业主改变住宅用途的行为作出了限制,小明要用自己的房子开公司除了要遵守法律、法规及管理规约外,还需要得到有利害关系业主的一致同意,否则无权开设。

📖 法条链接

《民法典》

第二百七十四条 建筑区划内的道路,属于业主共有,但是属于城镇公共道路的除外。建筑区划内的绿地,属于业主共有,但是属于城镇公共绿地或者明示属于个人的除外。建筑区划内的其他公共场所、公用设施和物业服务用房,属于业主共有。

第二百七十九条 业主不得违反法律、法规以及管理规约,将住宅改变为经营性用房。业主将住宅改变为经营性用房的,除遵守法律、法规以及管理规约外,应当经有利害关系的业主一致同意。

第三节 用益物权

一、用益物权概述

（一）用益物权的概念和特征

根据《民法典》第 323 条的规定，用益物权是指"对他人所有的不动产或者动产，依法享有占有、使用和收益的权利"。

除具备他物权的一般特征之外，用益物权还具有以下重要特征：①用益物权的权利客体限于不动产。虽然根据我国《民法典》第 323 条的定义，用益物权既可以设定于不动产，也可以设定于动产，但动产用益物权实际上并不存在。②用益物权以使用和收益为权利内容。用益物权的根本内容就是对物的使用和收益，取得他人所有之物的使用价值。③用益物权是独立物权。用益物权虽然是以他人的所有权为前提而存在的他物权，但在法律上仍具有独立性。用益物权一旦依当事人约定或法律直接规定设立，用益物权人便能独立地对标的物进行占有、使用和收益。

（二）我国的用益物权体系

《民法典》规定了五种用益物权，即土地承包经营权、建设用地使用权、宅基地使用权、居住权和地役权。另外，也确认了海域使用权、探矿权、采矿权、取水权、养殖权和捕捞权的（准）用益物权性质。这些（准）用益物权皆适用于特别法，如海域使用管理法、水法、矿产资源法等的规定。特别法未规定时，适用《民法典》的规定。此外，它们皆设立于土地之外的其他自然资源上，系民事主体依法定程序，经有关行政主管机关许可后而享有的对自然资源进行占有、使用、收益及一定处分的权利。因这些权利须经行政特许方能设立，故又称为"特许物权"。①

---

① 江平．中国物权法教程［M］．北京：知识产权出版社，2007.

二、土地承包经营权

（一）土地承包经营权的概念和特征

根据《民法典》第331条的规定，土地承包经营权是指"土地承包经营权人依法对其承包经营的耕地、林地、草地等享有占有、使用和收益的权利"。

土地承包经营权的特征是：①主体具有特殊性。土地承包经营权的主体是从事农业生产的自然人或集体，具有强烈的身份性质和社会属性。②标的物具有特殊性。土地承包经营权的标的物是土地，但仅限于集体所有或国家所有由集体使用的以种植、畜牧等农业生产为经营目的的土地。③目的具有特殊性。土地承包经营权的目的具有特殊性，是在集体所有或国家所有由集体使用的土地上进行农业活动。不以从事农业活动为目的而使用他人土地的，土地承包经营权不成立。④产生方式具有特殊性。土地承包经营权是基于土地承包合同而产生的，其具体内容和土地承包经营权的期限都是由承包经营合同确立的。因而，在现实生活中，土地承包经营权纠纷大多依据《民法典》合同编的基本规则来处理。但通过合同这种特定方式建立的土地承包经营权在《民法典》物权编又被界定为用益物权，受到物权的保护。

（二）土地承包经营权的取得

1. 通过土地承包经营权合同取得

《民法典》第333条规定："土地承包经营权自土地承包经营权合同生效时设立。""登记机构应当向土地承包经营权人发放土地承包经营权证、林权证等证书，并登记造册，确认土地承包经营权。"因此，土地承包经营权自合同成立并生效时取得。

2. 通过招标、拍卖、公开协商等方式取得

对"四荒"土地，即荒山、荒沟、荒丘、荒滩等农村土地，可以通过招标、拍卖、公开协商等方式进行承包经营。

3. 通过土地承包经营权流转而取得

《民法典》第334条规定："土地承包经营权人依照法律规定，有权将

土地承包经营权互换、转让。未经依法批准，不得将承包地用于非农建设。"第 335 条规定："土地承包经营权互换、转让的，当事人可以向登记机构申请登记；未经登记，不得对抗善意第三人。"

（三）土地经营权

土地经营权，是指享有土地承包经营权的农村集体经济组织成员，保留自己的土地承包经营权，将其承包的土地流转给他人经营，在土地承包经营权上设立的。土地经营权的性质仍然是用益物权，但不同的是，一般的用益物权是建立在所有权之上的，而土地经营权是建立在用益物权之上的用益物权，在他物权上设置的他物权，因而成为"用益用益物权"，是"他他物权"。① 设立的土地经营权超过 5 年的，可以进行登记，未经登记，不得对抗善意第三人。

《民法典》第 339 条规定："土地承包经营权人可以自主决定依法采取出租、入股或者其他方式向他人流转土地经营权。"第 342 条规定："通过招标、拍卖、公开协商等方式承包农村土地，经依法登记取得权属证书的，可以依法采取出租、入股、抵押或者其他方式流转土地经营权。"

三、地上权

（一）地上权概述

地上权，是指在他人的土地上营造建筑、隧道、沟渠等工作物而使用他人该土地的权利。我国的建设用地使用权和宅基地使用权都是为建设而使用国家、集体土地的用益物权，符合地上权的特征，是地上权。

（二）建设用地使用权

《民法典》第 344 条规定："建设用地使用权人依法对国家所有的土地享有占有、使用和收益的权利，有权利用该土地建造建筑物、构筑物及其附属设施。"

---

① 杨立新. 物权法［M］.7 版. 北京：中国人民大学出版社，2020.

1. 建设用地使用权的设立

《民法典》第 347 条规定："设立建设用地使用权，可以采取出让或者划拨等方式。""工业、商业、旅游、娱乐和商品住宅等经营性用地以及同一土地有两个以上意向用地者的，应当采取招标、拍卖等公开竞价的方式出让。""严格限制以划拨方式设立建设用地使用权。"

2. 建设用地使用权的内容

（1）建设用地使用权人的权利。《民法典》第 353 条规定："建设用地使用权人有权将建设用地使用权转让、互换、出资、赠与或者抵押，但是法律另有规定的除外。"

（2）建设用地使用权人的义务。《民法典》第 350 条规定："建设用地使用权人应当合理利用土地，不得改变土地用途；需要改变土地用途的，应当依法经有关行政主管部门批准。"第 351 条规定："建设用地使用权人应当依照法律规定以及合同约定支付出让金等费用。"

3. 建设用地使用权的转让

建设用地使用权转让时，其地上物所有权应当一并转移，即应遵循"地随房走、房随地走"的原则。《民法典》第 356 条规定："建设用地使用权转让、互换、出资或者赠与的，附着于该土地上的建筑物、构筑物及其附属设施一并处分。"第 357 条规定："建筑物、构筑物及其附属设施转让、互换、出资或者赠与的，该建筑物、构筑物及其附属设施占用范围内的建设用地使用权一并处分。"

4. 建设用地使用权的消灭

建设用地使用权的期限届满，建设用地使用权即消灭。《民法典》第 360 条规定："建设用地使用权消灭的，出让人应当及时办理注销登记。登记机构应当收回权属证书。"但关于住宅建设用地使用权，第 359 条第 1 款规定："住宅建设用地使用权期限届满的，自动续期。续期费用的缴纳或者减免，依照法律、行政法规的规定办理。"

（三）分层地上权

分层地上权，也称区分地上权、空间权或者空间地上权，是指在他人所有的土地的上、下一定空间所设定的地上权。① 《民法典》第345条规定："建设用地使用权可以在土地的地表、地上或者地下分别设立。"其中，在地表设立的，是建设用地使用权；在地上或者地下设立的，就是分层地上权。

分层地上权的特征是：①性质上是用益物权。分层地上权不是土地之上、下空间的所有权，而是在他人所有的土地的上、下空间建立的他物权。②客体是他人所有的土地的地上或地下空间。普通的地上权设置在土地的地表，但是随着科技的高度发展，在土地的上空和地下还可以建立分层地上权。③可以与普通地上权并存的他物权。这是指在一个他人的土地上设立了普通地上权之后，还可以在该地的上、下空间再设定分层地上权，只要界定好它们之间的垂直空间距离就不会发生权利冲突。

（四）宅基地使用权

《民法典》第362条规定："宅基地使用权人依法对集体所有的土地享有占有和使用的权利，有权依法利用该土地建造住宅及其附属设施。"

宅基地使用权的特征是：①宅基地使用权是我国农村居民因建造住宅而享有的地上权。②宅基地使用权与农村集体经济组织成员的资格和福利不可分离。③宅基地使用权是特定主体在集体土地上设定的用益物权。④集体经济组织的成员只能申请一处宅基地。但是，《民法典》第364条规定："宅基地因自然灾害等原因灭失的，宅基地使用权消灭。对失去宅基地的村民，应当依法重新分配宅基地。"

四、居住权

（一）居住权的概念和特征

居住权，是指自然人为满足生活居住的需要，按照合同的约定，在他人所有的住宅享有的占有、使用的用益物权。《民法典》第366条规定："居住权人有权按照合同约定，对他人的住宅享有占有、使用的用益物权，以满足生活居住的需要。"

---

① 陈祥建.空间地上权研究［M］.北京：法律出版社，2009.

居住权的特征是：①居住权的基本属性是他物权，具有用益性。居住权是在他人所有的房屋所有权之上设立的他物权，设立的目的是解决房屋的占有和使用问题。②居住权是为特定自然人基于生活用房而设立的物权，具有人身性。居住权的设立是为了解决自然人的赡养、抚养等需要，满足自然人的生活用房的特定生活需要。其主体一般都是具有特定身份的自然人，而不是法人或者非法人组织。③居住权是一种物权而不是债权，居住权期限由设立居住权的合同约定。如果没有约定居住权的期限，则推定居住权的期限至居住权人死亡时止。居住权的最长期限，不应当超过居住权人的终身。④居住权的设定是一种恩惠行为，具有不可转让性。居住权的设立通常是无偿的，居住权人取得居住权一般不必支付对价。《民法典》第 368 条规定："居住权无偿设立，但是当事人另有约定的除外。"第369 条规定："居住权不得转让、继承。设立居住权的住宅不得出租，但是当事人另有约定的除外。"

（二）居住权的设立

（1）依据合同的方式设立。《民法典》第 367 条第 1 款规定："设立居住权，当事人应当采用书面形式订立居住权合同。"

（2）依据遗嘱的方式设立。《民法典》第 371 条规定："以遗嘱方式设立居住权的，参照适用本章的有关规定。"

（3）居住权登记。《民法典》第 368 条后半段规定："设立居住权的，应当向登记机构申请居住权登记。居住权自登记时设立。"

（三）居住权的消灭

《民法典》第 370 条规定："居住权期限届满或者居住权人死亡的，居住权消灭。居住权消灭的，应当及时办理注销登记。"

五、地役权

（一）地役权的概念和特征

地役权，是指在他人的土地之上设立的以供自己土地便利使用的他物权。《民法典》第 372 条规定："地役权人有权按照合同约定，利用他人的不动产，以提高自己的不动产的效益。""前款所称他人的不动产为供役地，自己的不动产为需役地。"

地役权的特征是：①地役权是存在于他人土地之上的他物权。地役权的标的物是土地，而不是其他不动产，更不是动产。所谓"他人的土地"，既包括他人所有的土地，也包括他人享有用益物权的土地。②地役权是利用他人土地的用益物权。所指的"利用"，主要是以限制供役地的所有权或使用权为内容，即只是在他人土地上设置一定的负担，只需要供役地人的不作为。③地役权是为需役地的便利而设定的他物权。需役地的便利，包括在供役地上通行、取水、排水、铺设管线、眺望等，以及其他需要供役地人负容忍或者不作为义务的便利。④地役权具有从属性和不可分性。地役权虽然是一种独立的用益物权，但必须从属于需役地而存在。地役权必须存在于需役地和供役地的全部，不能被分割为各个部分或仅仅在一部分上单独存在。

（二）地役权的取得

（1）依约定取得。《民法典》第 373 条第 1 款规定："设立地役权，当事人应当采用书面形式订立地役权合同。"

（2）依法定取得。《民法典》第 380 条规定："地役权不得单独转让。土地承包经营权、建设用地使用权等转让的，地役权一并转让，但是合同另有约定的除外。"

（三）地役权的效力

（1）地役权人权利义务。《民法典》第 376 条规定："地役权人应当按照合同约定的利用目的和方法利用供役地，尽量减少对供役地权利人物权的限制。"

（2）供役地人权利义务。《民法典》第 375 条规定："供役地权利人应当按照合同约定，允许地役权人利用其不动产，不得妨害地役权人行使权利。"

（四）地役权的消灭

《民法典》第 384 条规定："地役权人有下列情形之一的，供役地权利人有权解除地役权合同，地役权消灭：（一）违反法律规定或者合同约定，滥用地役权；（二）有偿利用供役地，约定的付款期限届满后在合理期限内经两次催告未支付费用。"

课堂案例

老王退休后觉得生活缺少乐趣，时常怀念当年上山下乡插队的经历，于是想回农村居住并开办一家农业公司，搞种植业。他和当地村民吴某签订了一份购房协议，约定购买吴某位于该村的3间房屋，村委会干部作为见证人也在协议书上签字确认，随后老王支付了购房款并翻新装修了该房屋。恰好，吴某的亲戚小明准备外出打工，要将承包地的经营权流转出去，这正符合老王的心意，两人已准备签合同。这时村里有人反对，说承包地只能在本村村民之间流转，有城市户口的人不能来农村种地。请问：老王是否取得了农村房子的所有权？是否可以与小明签订承包地的土地经营权流转合同？

案例解析

本案中，老王与吴某的购房协议是无效的。因为老王不是集体经济组织成员，无权取得宅基地使用权，也就无权获得农村房产的所有权。老王虽然拥有的是城市户口，但具有农业经营能力或资质，他可以和小明签订土地经营权流转合同，通过租赁、入股的方式获得小明承包地的经营权。

法条链接

《民法典》

第三百三十九条　土地承包经营权人可以自主决定依法采取出租、入股或者其他方式向他人流转土地经营权。

第三百六十二条　宅基地使用权人依法对集体所有的土地享有占有和使用的权利，有权依法利用该土地建造住宅及其附属设施。

第四节 担保物权

一、担保物权概述

（一）担保物权的概念和特征

根据《民法典》第386条的规定，担保物权是指担保物权人在债务人不履行到期债务或者发生当事人约定的实现担保物权的情形，依法享有就担保财产优先受偿的权利。

担保物权的特征：①从属性。担保物权以担保债权的实现为目的，故必须从属于债权而存在。②不可分性。被担保债权未被全部清偿前，担保物权人可就担保标的物的全部行使其权利。③补充性。担保物权是一种不一定实现的他物权，担保物权是对主债权实现的补充，即只有当主债权因债务人到期不履行债务而不能实现时，主债权人才有必要行使担保物权。④物上代位性。《民法典》第390条规定："担保期间，担保财产毁损、灭失或者被征收等，担保物权人可以就获得的保险金、赔偿金或者补偿金等优先受偿。被担保债权的履行期限未届满的，也可以提存该保险金、赔偿金或者补偿金等。"上述保险金、赔偿金或补偿金即为担保物权标的物的代位物，担保物权人可就其行使权利。

（二）担保物权的设立

（1）设立条件。《民法典》第387条第1款规定："债权人在借贷、买卖等民事活动中，为保障实现其债权，需要担保的，可以依照本法和其他法律的规定设立担保物权。"

（2）签订担保合同。《民法典》第388条第1款前半段规定："设立担保物权，应当依照本法和其他法律的规定订立担保合同。担保合同包括抵押合同、质押合同和其他具有担保功能的合同。"

（3）担保合同的效力。《民法典》第388条第1款后半段规定："担保合同是主债权债务合同的从合同。主债权债务合同无效的，担保合同无效，但是法律另有规定的除外。"

（4）反担保。《民法典》第 387 条第 2 款规定："第三人为债务人向债权人提供担保的，可以要求债务人提供反担保。反担保适用本法和其他法律的规定。"这是为了消除第三人对于自己承担担保责任后的追偿权的安全顾虑。

（三）担保物权的效力范围

（1）担保范围。这是指担保物权实现时，可优先受偿的债权范围。《民法典》第 389 条规定："担保物权的担保范围包括主债权及其利息、违约金、损害赔偿金、保管担保财产和实现担保物权的费用。当事人另有约定的，按照其约定。"

（2）不同担保形式之间的关系。《民法典》第 392 条规定："被担保的债权既有物的担保又有人的担保的，债务人不履行到期债务或者发生当事人约定的实现担保物权的情形，债权人应当按照约定实现债权；没有约定或者约定不明确，债务人自己提供物的担保的，债权人应当先就该物的担保实现债权；第三人提供物的担保的，债权人可以就物的担保实现债权，也可以请求保证人承担保证责任。提供担保的第三人承担担保责任后，有权向债务人追偿。"

（四）担保物权的消灭

根据《民法典》第 393 条的规定，担保物权消灭的情形有：①主债权消灭；②担保物权实现；③债权人放弃担保物权；④法律规定担保物权消灭的其他情形。

二、抵押权

（一）抵押权的概念和特征

根据《民法典》第 394 条的规定，抵押权是指"为担保债务的履行，债务人或者第三人不转移财产的占有，将该财产抵押给债权人的，债务人不履行到期债务或者发生当事人约定的实现抵押权的情形，债权人有权就该财产优先受偿"的权利。"前款规定的债务人或者第三人为抵押人，债权人为抵押权人，提供担保的财产为抵押财产"。

抵押权的特征是：①抵押权是一种担保物权，具有担保物权的一般特性，如从属性、不可分性、物上代位性等。②抵押权的标的物是债务人或者第三人的财产。提供的财产可以是不动产、动产或权利。③抵押权是不转移抵押财产占有的担保物权。抵押人仍可以占有标的物而对其予以使用、收益、处分，这是抵押权与质权的重要区别。

（二）抵押财产

抵押财产，也称为抵押权标的物或者抵押物。《民法典》第 394 条第 2 款后半段规定："提供担保的财产为抵押财产。"我国抵押财产的范围是由法律明确规定的，根据《民法典》第 395 条第 1 款的规定，债务人或者第三人有权处分的下列财产可以抵押：①建筑物和其他土地附着物；②建设用地使用权；③海域使用权；④生产设备、原材料、半成品、产品；⑤正在建造的建筑物、船舶、航空器；⑥交通运输工具；⑦法律、行政法规未禁止抵押的其他财产。

根据《民法典》第 397 条的规定，以建筑物抵押的，该建筑物占用范围内的建设用地使用权一并抵押。以建设用地使用权抵押的，该土地上的建筑物一并抵押。抵押人未依据前款规定一并抵押的，未抵押的财产视为一并抵押。这样规定体现了"房随地走、地随房走"的原则。此外，第 398 条规定："乡镇、村企业的建设用地使用权不得单独抵押。以乡镇、村企业的厂房等建筑物抵押的，其占用范围内的建设用地使用权一并抵押。"

基于公共利益、社会政策等各种因素考虑，法律禁止抵押的财产范围比较广，《民法典》第 399 条规定以下财产禁止抵押：①土地所有权；②宅基地、自留地、自留山等集体所有土地的使用权，但是法律规定可以抵押的除外；③学校、幼儿园、医疗机构等为公益目的成立的非营利法人的教育设施、医疗卫生设施和其他公益设施；④所有权、使用权不明或者有争议的财产；⑤依法被查封、扣押、监管的财产；⑥法律、行政法规规定不得抵押的其他财产。

（三）抵押权的取得和登记

1. 抵押权的设立

《民法典》第 400 条第 1 款规定："设立抵押权，当事人应当采用书面形式订立抵押合同。"

2. 抵押权的转让

《民法典》第 407 条规定："抵押权不得与债权分离而单独转让或者作为其他债权的担保。债权转让的，担保该债权的抵押权一并转让，但是法律另有规定或者当事人另有约定的除外。"

3. 抵押权的登记

（1）对不动产抵押权采取登记生效主义。《民法典》第 402 条规定："以本法第三百九十五条第一款第一项至第三项规定的财产或者第五项规定的正在建造的建筑物抵押的，应当办理抵押登记。抵押权自登记时设立。"

（2）对动产抵押权采取登记对抗主义。《民法典》第 403 条规定："以动产抵押的，抵押权自抵押合同生效时设立；未经登记，不得对抗善意第三人。"

（四）抵押权的效力

（1）抵押权对担保债权的效力。《民法典》第 389 条规定了担保物权的担保范围。

（2）抵押权对抵押财产的效力。抵押人提供抵押财产是为了担保债权，抵押权的效力当然及于抵押财产本身，除此之外，还及于抵押财产的从物、从权利、孳息、添附物、代位物等。要注意的是新增物，《民法典》第 417 条规定："建设用地使用权抵押后，该土地上新增的建筑物不属于抵押财产。该建设用地使用权实现抵押权时，应当将该土地上新增的建筑物与建设用地使用权一并处分。但是，新增建筑物所得的价款，抵押权人无权优先受偿。"

（3）抵押权对抵押权人的效力。①保全权。《民法典》第 408 条规定："抵押人的行为足以使抵押财产价值减少的，抵押权人有权请求抵押人停止其行为；抵押财产价值减少的，抵押权人有权请求恢复抵押财产的价值，或者提供与减少的价值相应的担保。抵押人不恢复抵押财产的价值，也不提供担保的，抵押权人有权请求债务人提前清偿债务。"②处分权。《民法典》第 407 条明确规定，抵押权不得与债权分离而单独转让或者作为其他债权的担保。这表明抵押权是可以转让的，但是必须随同所担保的主债权一并转让。此外，抵押权也可以被放弃。《民法典》第 409 条第 1 款规定："抵押权人可以放弃抵押权或者抵押权的顺位。抵押权人与抵押人可以协议变更抵押权顺位以及被担保的债权数额等内容。但是，抵押权的变更未经其他抵押权人书面同意的，不得对其他抵押权人产生不利影响。"③顺位权。根据《民法典》第 414 条的规定，同一财产向两个以上债权人抵押的，拍卖、变卖抵押财产所得的价款依照下列规定清偿：①抵押权已经登记的，按照登记的时间先后确定清偿顺序；②抵押权已经登记的先于未登记的受偿；③抵押权未登记的，按照债权比例清偿。

（4）抵押权对抵押人的效力。①出租权。《民法典》第 405 条规定："抵押权设立前，抵押财产已经出租并转移占有的，原租赁关系不受该抵押权的影响。"②转让权。《民法典》第 406 条第 1 款规定："抵押期间，抵押人可以转让抵押财产。当事人另有约定的，按照其约定。抵押财产转让的，抵押权不受影响。"③设定重复抵押的权利。财产抵押后，该财产的价值大于所担保债权的余额部分，可以再次抵押，这种抵押也叫作再抵押、重复抵押。

（5）抵押权对其他权利的效力。《民法典》第 415 条规定："同一财产既设立抵押权又设立质权的，拍卖、变卖该财产所得的价款按照登记、交付的时间先后确定清偿顺序。"

（五）特殊抵押

（1）共同抵押权。这是指为担保同一个债权而在数项不动产、动产或权利上设定的抵押权。这数项不动产、动产或权利可以属于同一个人，也可以分别属于不同人。《民法典》第 395 条第 2 款规定："抵押人可以将前款所列财产一并抵押。"

（2）浮动抵押权。这是指抵押人以其所有的全部财产包括现有的以及将有的财产为标的物而设立的抵押权。《民法典》第 396 条规定："企业、个体工商户、农业生产经营者可以将现有的以及将有的生产设备、原材料、半成品、产品抵押，债务人不履行到期债务或者发生当事人约定的实现抵押权的情形，债权人有权就抵押财产确定时的动产优先受偿。"

（3）最高额抵押权。根据《民法典》第 420 条规定，为担保债务的履行，债务人或者第三人对一定期间内将要连续发生的债权提供担保财产的，债务人不履行到期债务或者发生当事人约定的实现抵押权的情形，抵押权人有权在最高债权额限度内就该担保财产优先受偿。第421条规定："最高额抵押担保的债权确定前，部分债权转让的，最高额抵押权不得转让，但是当事人另有约定的除外。"第422条规定："最高额抵押担保的债权确定前，抵押权人与抵押人可以通过协议变更债权确定的期间、债权范围以及最高债权额。但是，变更的内容不得对其他抵押权人产生不利影响。"

（六）抵押权的实现

1. 抵押权实现的条件

根据《民法典》第410条规定，债务人不履行到期债务或者发生当事人约定的实现抵押权的情形，抵押权人可以与抵押人协议以抵押财产折价或者以拍卖、变卖该抵押财产所得的价款优先受偿。

2. 流押条款的效力

《民法典》第401条规定："抵押权人在债务履行期限届满前，与抵押人约定债务人不履行到期债务时抵押财产归债权人所有的，只能依法就抵押财产优先受偿。"这表明，即使在抵押合同中约定流押条款，也并非一律无效，而是后果与普通抵押权相同，抵押权人依法就抵押财产优先受偿。

3. 抵押财产拍卖或变卖后变价款的清偿

《民法典》第413条规定："抵押财产折价或者拍卖、变卖后，其价款超过债权数额的部分归抵押人所有，不足部分由债务人清偿。"根据第414条第1款的规定，同一财产向两个以上债权人抵押的，拍卖、变卖抵押财产所得的价款依照下列规定清偿：①抵押权已经登记的，按照登记的时间先后确定清偿顺序；②抵押权已经登记的先于未登记的受偿；③抵押权未登记的，按照债权比例清偿。第415条规定："同一财产既设立抵押权又设立质权的，拍卖、变卖该财产所得的价款按照登记、交付的时间先后确定清偿顺序。"

三、质权

（一）质权的概念和特征

质权，是指为担保债务的履行，债务人或者第三人将其动产或权利交由债权人占有，债务人到期不履行债务或发生当事人约定的实现质权的情形时，债权人有权就该动产或权利的变价优先受偿的权利。债务人或第三人为出质人，债权人为质权人，交付的动产或权利为质押财产。

质权的特征是：①质权是一种担保物权。质权是在质押财产之上设立的，具有担保物权的一般特征。②质权的客体包括动产和权利。在不动产上不能设立质权。③质权以质权人占有质押财产或办理出质登记为设立条件。以动产出质的，出质人必须将质押财产交付给质权人占有；以权利出质的，出质人必须将权利凭证交付给质权人或去有关部门办理出质登记。

（二）动产质权

《民法典》第425条规定："为担保债务的履行，债务人或者第三人将其动产出质给债权人占有的，债务人不履行到期债务或者发生当事人约定的实现质权的情形，债权人有权就该动产优先受偿。"

（1）动产质权的取得。《民法典》第427条规定："设立质权，当事人应当采用书面形式订立质押合同。"第429条规定："质权自出质人交付质押财产时设立。"

（2）质押财产。《民法典》第426条规定："法律、行政法规禁止转让的动产不得出质。"据此，能够成为质押财产的动产应具备可让与性和合法性。

（3）动产质权的效力。①对所担保的债权的效力。《民法典》第389条规定了担保物权的担保范围。②对质押财产的效力。质押人提供质押财产是为了担保债权，质押权的效力当然及于质押财产本身，除此之外，还及于质押财产的从物、从权利、孳息、添附物、代位物等。③对出质人的效力。《民法典》第432条第2款规定："质权人的行为可能使质押财产毁损、灭失的，出质人可以请求质权人将质押财产提存，或者请求提前清偿债务并返还质押财产。"④对质权人的效力。《民法典》第430条第1款规定："质权人有权收取质押财产的孳息，但是合同另有约定的除外。"第431条规定："质权人在质权存续期间，未经出质人同意，擅自使用、处分质押财产，造成出质人损害的，应当承担赔偿责任。"第432条第1款规定："质权人负有妥善保管质押财产的义务；因保管不善致使质押财产毁损、灭失的，应当承担赔偿责任。"此外，质权人也有保全权，第433条规定："因不可归责于质权人的事由可能使质押财产毁损或者价值明显减少，足以危害质权人权利的，质权人有权请求出质人提供相应的担保；出质人不提供的，质权人可以拍卖、变卖质押财产，并与出质人协议将拍卖、变卖所得的价款提前清偿债务或者提存。"关于转质，第434条规定："质权人在质权存续期间，未经出质人同意转质，造成质押财产毁损、灭失的，应当承担赔偿责任。"

（4）动产质权的实现。《民法典》第436条第2、3款规定："债务人不履行到期债务或者发生当事人约定的实现质权的情形，质权人可以与出质人协议以质押财产折价，也可以就拍卖、变卖质押财产所得的价款优先受偿。""质押财产折价或者变卖的，应当参照市场价格。"

（5）动产质权的消灭。《民法典》第436条第1款规定："债务人履行债务或者出质人提前清偿所担保的债权的，质权人应当返还质押财产。"第438条规定："质押财产折价或者拍卖、变卖后，其价款超过债权数额的部分归出质人所有，不足部分由债务人清偿。"

（6）最高额质权。《民法典》第439条规定："出质人与质权人可以协议设立最高额质权。""最高额质权除适用本节有关规定外，参照适用本编第十七章第二节的有关规定。"

（三）权利质权

《民法典》第440条规定："债务人或者第三人有权处分的下列权利可以出质：（一）汇票、本票、支票；（二）债券、存款单；（三）仓单、提单；（四）可以转让的基金份额、股权；（五）可以转让的注册商标专用权、专利权、著作权等知识产权中的财产权；（六）现有的以及将有的应收账款；（七）法律、行政法规规定可以出质的其他财产权利。"

（1）权利质权的设定。①有价证券质权。《民法典》第441条规定："以汇票、本票、支票、债券、存款单、仓单、提单出质的，质权自权利凭证交付质权人时设立；没有权利凭证的，质权自办理出质登记时设立。法律另有规定的，依照其规定。"②基金股份、股权质权。《民法典》第443条第1款规定："以基金份额、股权出质的，质权自办理出质登记时设立。"③知识产权质权。《民法典》第444条第1款规定："以注册商标专用权、专利权、著作权等知识产权中的财产权出质的，质权自办理出质登记时设立。"④应收账款质权。《民法典》第445条第1款规定："以应收账款出质的，质权自办理出质登记时设立。"

（2）权利质权的效力。①对担保债权的效力。《民法典》第389条规定了担保物权的担保范围。②对出质人的效力。《民法典》依照权利的不同，对出质人的处分权进行了相应的限制，具体体现在第442条至第445条。③对质权人的效力。《民法典》第446条规定："权利质权除适用本节规定外，适用本章第一节的有关规定。"因而，权利质权人的权利义务基本上与动产质权人的相同。

四、留置权

（一）留置权的概念和特征

根据《民法典》第447条的规定，留置权是指"债务人不履行到期债务，债权人可以留置已经合法占有的债务人的动产，并有权就该动产优先受偿"的权利，"前款规定的债权人为留置权人，占有的动产为留置财产"。

留置权的特征是：①留置权是一种法定担保物权。当事人自己不能约定留置权，这使其区别于抵押权和质权。②留置权的客体是动产。抵押权的客体是不动产、动产和权利；质权的客体是动产和权利。③留置权具有双重效力。留置权的第一重效力是留置的效力，发生在主债权无法实现时，留置权人可以留置债务人财产，促使债务人履行债务。留置权的第二重效力是优先受偿的效力，发生在债务人经过催告仍不履行债务时，留置权人可以实现留置权，以留置财产变价后所得价款优先受偿，清偿债务。

（二）留置权的成立要件

（1）债权人合法占有债务人的动产。这是留置权成立的最基本要件，且债权人的占有必须是合法占有。

（2）债权人占有的动产与债权应属于同一法律关系。《民法典》第448条规定："债权人留置的动产，应当与债权属于同一法律关系，但是企业之间留置的除外。"

（3）动产具有可转让性且可以被留置。《民法典》第449条规定："法律规定或者当事人约定不得留置的动产，不得留置。"

（4）留置动产的价值应与债权的金额相适应。《民法典》第450条规定："留置财产为可分物的，留置财产的价值应当相当于债务的金额。"

（5）债务人逾期不履行债务。

（三）留置权的效力

（1）留置权所担保的债权范围。《民法典》第389条规定了担保物权的担保范围。

（2）留置财产的范围。留置权对留置财产所及的效力范围，法律无明文规定，在解释上认为包括主物、从物、孳息和代位物等。

（3）对留置权人的效力。《民法典》第451条规定："留置权人负有妥善保管留置财产的义务；因保管不善致使留置财产毁损、灭失的，应当承担赔偿责任。"第452条第1款规定："留置权人有权收取留置财产的孳息。"

（4）对债务人的效力。《民法典》第454条规定："债务人可以请求留置权人在债务履行期限届满后行使留置权；留置权人不行使的，债务人可以请求人民法院拍卖、变卖留置财产。"

（5）对其他担保物权的效力。《民法典》第456条规定："同一动产上已经设立抵押权或者质权，该动产又被留置的，留置权人优先受偿。"

（四）留置权的实现

留置权的实现必须经过一定的程序和具备一定的条件。《民法典》第453条规定："留置权人与债务人应当约定留置财产后的债务履行期限；没有约定或者约定不明确的，留置权人应当给债务人六十日以上履行债务的期限，但是鲜活易腐等不易保管的动产除外。债务人逾期未履行的，留置权人可以与债务人协议以留置财产折价，也可以就拍卖、变卖留置财产所得的价款优先受偿。""留置财产折价或者变卖的，应当参照市场价格。"第454条规定："债务人可以请求留置权人在债务履行期限届满后行使留置权；留置权人不行使的，债务人可以请求人民法院拍卖、变卖留置财产。"第455条规定："留置财产折价或者拍卖、变卖后，其价款超过债权数额的部分归债务人所有，不足部分由债务人清偿。"

（五）留置权的消灭

留置权的消灭，与其他担保物权的消灭有所不同。《民法典》第457条规定："留置权人对留置财产丧失占有或者留置权人接受债务人另行提供担保的，留置权消灭。"

⚖ 课堂案例

张某因业务发展的需要向李某借款20万元，并以一辆价值50万元的轿车向李某设立了质权，双方签订了质权合同。张某将轿车交付给了李某，10天后，因保管不便，李某将该轿车还给了张某。随后，张某又向王某借款30万元，又将这辆车抵押给了王某，双方签订了抵押合同，但未办理登记。后因轿车出现了故障，张某将轿车送至小明处修理，因张某不支付修理费用，小明将轿车留置。请问，李某对轿车的质权、王某对轿车的抵押权、小明对轿车的留置权能否成立？他们能否对轿车行使权利，使自己的债务得到清偿？

📄 案例解析

本案中，留置权是法定担保物权，直接根据法律的规定而成立，不需要小明和张某之间达成留置协议。在张某不支付修理费用时，小明就依法取得了轿车的留置权，优先清偿自己的债权。而李某的质权、王某的抵押权都属于约定担保物权，通过与张某签订担保合同的方式设立。李某与张某签订了质权合同，转移了轿车占有，质权成立，但是后来李某将轿车返还给了张某，丧失了对轿车的占有，李某的质权随之消灭。因此，李某无法得到优先受偿。王某与张某签订了抵押合同，抵押权成立，但其不能对抗轿车的留置权，王某只能在留置权优先受偿后，就轿车的剩余财产价值得到优先受偿。

法条链接

《民法典》

第三百九十四条　为担保债务的履行，债务人或者第三人不转移财产的占有，将该财产抵押给债权人的，债务人不履行到期债务或者发生当事人约定的实现抵押权的情形，债权人有权就该财产优先受偿。

前款规定的债务人或者第三人为抵押人，债权人为抵押权人，提供担保的财产为抵押财产。

第四百零三条　以动产抵押的，抵押权自抵押合同生效时设立；未经登记，不得对抗善意第三人。

第四百二十五条　为担保债务的履行，债务人或者第三人将其动产出质给债权人占有的，债务人不履行到期债务或者发生当事人约定的实现质权的情形，债权人有权就该动产优先受偿。

前款规定的债务人或者第三人为出质人，债权人为质权人，交付的动产为质押财产。

第四百二十九条　质权自出质人交付质押财产时设立。

第四百四十七条　债务人不履行到期债务，债权人可以留置已经合法占有的债务人的动产，并有权就该动产优先受偿。

前款规定的债权人为留置权人，占有的动产为留置财产。

第四百五十六条　同一动产上已经设立抵押权或者质权，该动产又被留置的，留置权人优先受偿。

📝 课后习题

1. 下列情形违背一物一权原则的是(　　)。

A. 所有权与他物权并存

B. 在同一物上设立数个内容相同的担保物权

C. 甲以取得的出让土地使用权向乙银行设定抵押权以取得贷款

D. 甲乙共有一台笔记本电脑

2. 甲在乙的画展上看中一幅画,并提出购买,双方以5万元的价格成交。甲同意待画展结束后,再将属于自己的画取走。此种交付方式属于(　　)。

A. 现实交付　　　　　　　　　B. 简易交付

C. 指示交付　　　　　　　　　D. 占有改定

3. 小区王某等住户因车位问题与该小区的开发商甲公司发生争议。甲公司与王某等住户的购房合同规定:甲公司将为本楼住户提供地下停车场的停车车位。但王某等住户搬进小区后,发现甲公司已将该楼50多套房连同地下停车场卖给了乙公司。乙公司明确表示,地下停车场的车位仅供本楼本单位的职工使用,其他住户要停车必须按每天15元的标准缴费。下列说法中正确的是:(　　)。

A. 地下停车场属于业主共有部分,甲公司无权转让

B. 王某等住户可以根据其与甲公司的购房合同追究甲公司的违约责任

C. 王某等住户有权无偿使用地下停车场的停车车位

D. 乙公司是地下停车场的新的所有权人,有权决定停车场的使用方式

4. 某住宅小区旁新建一座化工厂,生产剧毒气体产品,小区居民对此提出强烈抗议,要求消除危险,他们行使的是(　　)。

A. 所有权　　　　　　　　　　B. 地役权

C. 相邻权　　　　　　　　　　D. 宅基地使用权

5. 除担保合同另有约定外,担保范围包括(　　)。

A. 主债权及利息　　　　　　　B. 违约金

C. 实现担保物权的费用　　　　D. 损害赔偿金

第三章　合同法

第一节　合同与合同法

一、合同概述

（一）合同的概念

合同也被称为契约，是民事主体之间设立、变更、终止民事法律关系的协议。在日常生活中，人们经常混用"合同""协议"和"契约"等概念，本书对此也不作区别而以同义使用。

（二）合同的特征

（1）合同是一种民事法律行为。民事法律行为不同于事实行为，它以发生一定的民事法律后果为目的，以当事人的意思表示为基本特征。因此，那些不以意思表示为要件且不能产生当事人预期法律效果的事实行为，比如侵权行为和拾得遗失物等不是合同。

（2）合同是当事人意思表示一致的协议。合同是当事人合意的结果，其必须包括三个要素，一是合同的当事人至少要有两个以上，任何单方的法律行为都无法构成合同；二是各方当事人须互相作出意思表示，即各方当事人从追求自身利益出发而互相作出意思表示；三是各方的意思表示须达成一致。

（3）合同的目的在于设立、变更、终止民事法律关系。当事人之间仅有纯粹的"合意"无法产生合同，合同还必须包含产生某种民事法律效果的目的，即这种目的必须能够产生民法上的权利与义务。从这个意义上说，合同＝纯粹的合意＋民事权利义务的目的。

（三）合同的分类

1. 双务合同和单务合同

这是以合同当事人是否互负义务而作的分类。双务合同是指合同当事人任何一方均向对方承担给付义务的合同，如买卖合同。单务合同是指合同双方只有一方负有给付义务而另一方只享有权利的合同，如赠与合同。

2. 有偿合同和无偿合同

这是以合同当事人之间有无对价的给付而作的分类。有偿合同是指当事人双方为取得合同利益而须支付对价的合同，如买卖合同。无偿合同是指当事人一方取得合同利益而无须支付对价的合同，如赠与合同。

3. 诺成合同与要物合同

这是以合同的成立于当事人的意思表示外是否尚需交付标的物而作的分类。诺成合同只需合同当事人意思表示一致，合同即告成立，如一方为金融机构的借款合同。要物合同又称实践合同，除了合同当事人意思表示一致外，还须交付合同标的物，合同才告成立。在我国《民法典》上，有三种合同属于要物合同：定金合同、自然人之间的借款合同和保管合同。

4. 有名合同与无名合同

这是以合同类型是否在民法典或者特别法中被赋予一定的名称并且有独立的法律规范规定而作的分类。有名合同又称典型合同，是指法律对其类型赋予一定的名称并且设有专门的规范规定的合同，如买卖合同、租赁合同等。无名合同又称非典型合同，是指法律未对其类型赋予特定名称也未特别加以规范，而由当事人自由创设的合同，如我国普遍存在的饮食合同。

5. 要式合同与不要式合同

这是以合同成立是否采取一定形式为标准而作的分类。要式合同是法律规定必须采用某种形式，其才告成立的合同，如抵押合同。对于不要式合同的成立，法律没有对其形式作严格的要求，如买卖合同。

6. 主合同与从合同

这是以合同相互间的主从关系为标准而作的分类。在两个相互关联的合同中，可以独立存在的合同为主合同，而须依赖其他合同的存在而存在的合同为从合同，如主债权债务合同为主合同，担保该债权债务的担保合同为从合同。

二、合同法概述

（一）合同法的概念

《民法典》合同编第 463 条规定："本编调整因合同产生的民事关系。"如果按此条款，合同法应该被定义为："合同法是调整平等主体之间因合同产生的民事法律关系的法律规范的总称。"但事实上，学术界有许多学者认为这一规定并不全面，因为在合同编中，不仅新编入了无因管理和不当得利这两种准合同，还编入了许多原属于传统民法的债的内容，这些都不能说是因合同产生的民事关系。因此，合同法的概念应该界定为："合同法是规定债的一般规则及调整除侵权行为之外的债的关系的法律规范的总称"①。

（二）合同法的调整范围

与合同法的调整对象密切相关的是合同法的适用范围问题。由于我国《民法典》的合同编并不是传统民法中纯粹的合同法律规范，合同编中所指的合同应该解释为除了侵权之债以外的"债合同"，合同编中的规范适用于因合同、无因管理、不当得利以及法律的其他规定所产生的债。

除此之外，合同编中的规则还可适用于物权、婚姻、继承以及特别法上的合意。对此，《民法典》第 464 条第 2 款规定："婚姻、收养、监护等有关身份关系的协议，适用有关该身份关系的法律规定；没有规定的，可以根据其性质参照适用本编规定。"第 468 条规定："非因合同产生的债权债务关系，适用有关该债权债务关系的法律规定；没有规定的，适用本编通则的有关规定，但是根据其性质不能适用的除外。"

（三）合同法的基本原则

鉴于合同法的基本原则是民法基本原则在合同领域的具体运用，其详

①　李永军. 合同法［M］. 北京：中国人民大学出版社，2020.

细内容可参见民法基本原则部分的介绍，本章只介绍三个极具合同特色的基本原则。

1. 契约自由原则

契约自由包含以下四个方面的含义：第一，契约是当事人相互同意的结果。第二，契约是当事人自由选择的结果。自由选择的范围包括是否缔约、与谁缔约、契约的内容和契约的形式。第三，契约神圣。契约产生的权利义务是神圣的，当事人不得违反，法律也应保证其得到履行。第四，契约效力的相对性。契约的权利义务只能根据当事人的自由意志而产生，其效力理应局限于表示愿意接受契约约束的当事人之间，而无法及于未加入契约关系的第三人。①

2. 鼓励交易原则

鼓励交易，是指当事人在不损害公共利益和不违反法律的前提下，鼓励当事人之间积极进行交易，促使合同订立与履行，最终达到提高经济效益的目的。②

3. 诚实信用原则

这是指当事人在从事民事活动时，应诚实守信，以善意的方式履行其义务，不得滥用权利及规避法律或合同规定的义务。③ 诚实信用原则在债法中常常被称为"帝王条款"，其要求合同当事人在合同的订立、履行、变更、解除的各个阶段，甚至在合同关系终止后，当事人都要严格依据诚实信用原则行使权利和履行义务。

第二节　合同的成立与效力

一、合同的成立

合同的成立，是指双方当事人依照有关法律对合同的内容和条款进行

---

① 李永军. 合同法 ［M］. 北京：中国人民大学出版社，2020.

② 胡惠婷. 民法典视野下合同编的理念、原则与内容发展 ［J］. 天津法学，2021（1）：81－88.

③ 王利明，崔建远. 合同法新论·总则 ［M］. 北京：中国政法大学出版社，1996.

协商并达成一致。《民法典》第471条规定："当事人订立合同，可以采用要约、承诺方式或者其他方式。"

（一）要约

1. 要约的概念

《民法典》第472条规定："要约是希望与他人订立合同的意思表示，该意思表示应当符合下列条件：（一）内容具体确定；（二）表明经受要约人承诺，要约人即受该意思表示约束。"发出要约的一方称为要约人，相对一方称为受要约人。

2. 要约和要约邀请

要约邀请，又称为"要约引诱"，是指一方"引诱"对方向自己发出要约。要约邀请只是希望他人向自己发出要约的表示，它既不能因相对人的承诺而成立合同，也不能因发出人自己作出某种承诺而约束自己。拍卖公告、招标公告、招股说明书、债券募集办法、基金招募说明书、商业广告和宣传、寄送的价目表等为要约邀请。

如何区别要约与要约邀请，根据我国司法理论和实践，主要根据当事人所表达的意愿、订约提议的内容是否包含了合同的基本要素以及交易习惯等予以区分。①

⚖ 课堂案例

F公司因建一栋大楼，急需水泥，便向本省的Q水泥厂、X水泥厂和J水泥厂发出函电，函电中称："我公司急需标号为150型号的水泥100吨，如贵厂有货，请速来函电，我公司愿派人前往购买。"三家水泥厂收到函电以后，都先后向F公司回复了函电，在函电中告知自己备有现货，且告知了水泥的价格。而J水泥厂在发出函电的同时，亦派车给F公司送去了50吨水泥。在该批水泥送达F公司之前，F公司得知X水泥厂所生产的水泥质优价好，因此便向X水泥厂再发去函电，称："我公司愿购买贵厂100吨150型号水泥，盼速送货，运费由我公司负担。"在发出函电后的第二天上午，X水泥厂回函称已准备发货。下午，J水泥厂的50吨水泥运至F公司，F公司告知J水泥厂，他

---

① 王利明. 合同法案例研习［M］. 北京：中国人民大学出版社，2019.

们公司已决定购买X水泥厂的水泥，因此不能接受J水泥厂送来的水泥。J水泥厂认为，F公司拒收货物已构成违约，双方因协商不成而诉至法院。请问：F公司向J水泥厂发出的函电内容属于要约邀请还是要约？

案例解析

属于要约邀请而非要约。具体理由如下：

（1）从当事人的意愿来看，属于要约邀请。在本案中，F公司函电称："如贵厂有货，请速来函电，我公司愿派人前往购买。""请速来函电"表明F公司希望J水泥厂向自己发出要约，"我公司愿派人前往购买"表明F公司会派人前往缔约并购买，况且在尚未知晓水泥价格和质量的情况下，F公司不能确定一定会选择J水泥厂供货并前往提货，而后面F公司和X水泥厂之间的交易也印证了这一点。

（2）从函电的内容是否包含了合同的主要条款来看，函电属于要约邀请。一般认为，要约要成立，要求其至少具备当事人条款、标的物条款、数量条款和价格条款。在本案中，F公司的函电缺少了价格条款，其目的显然是希望J水泥厂告知其价格，再与其协商是否购买。

（3）从交易习惯上看，也不足以认定函电为要约。市面上至少有三家水泥厂供货，水泥也并不是紧缺物资，正常的市场主体无必要在不了解价格和质量的情况下贸然接受J水泥厂送来的水泥，函电认定为要约邀请更符合当时的交易环境和交易习惯。

法条链接

《民法典》

第四百七十一条 当事人订立合同，可以采取要约、承诺方式或者其他方式。

第四百七十二条 要约是希望与他人订立合同的意思表示，该意思表示应当符合下列条件：

（一）内容具体确定；

（二）表明经受要约人承诺，要约人即受该意思表示约束。

第四百七十三条　要约邀请是希望他人向自己发出要约的表示。拍卖公告、招标公告、招股说明书、债券募集办法、基金招募说明书、商业广告和宣传、寄送的价目表等为要约邀请。

商业广告和宣传的内容符合要约条件的，构成要约。

3. 要约的生效与失效

大陆法系的大多数国家和国际公约采用"到达说"，即要约到达受要约人（相对人）处即生效。至于何为"到达"？通说一般认为，意思表示的到达是指意思表示已经送达受领人的支配范围，受领人具有知悉的可能性，并且在通常情况下可以期待其知悉。[①]

我国《民法典》第137条第1款及第2款规定："以对话方式作出的意思表示，相对人知道其内容时生效。""以非对话方式作出的意思表示，到达相对人时生效。以非对话方式作出的采用数据电文形式的意思表示，相对人指定特定系统接收数据电文的，该数据电文进入该特定系统时生效；未指定特定系统的，相对人知道或者应当知道该数据电文进入其系统时生效。当事人对采用数据电文形式的意思表示的生效时间另有约定的，按照其约定。"

要约的效力主要表现在以下两个方面：一是对要约人的约束力。要约一经生效，要约人即受其拘束，一般不得撤回、撤销或更改，以保护受要约人的利益及交易安全。当然，在满足法律规定的条件下也可撤回或撤销要约。二是对受要约人的约束力。从法律效果上看，要约仅使受要约人获得承诺的权利，而无任何约束力。

要约生效后，有下列情形之一的，要约失效：①受要约人拒绝要约的通知到达要约人；②要约人依法撤销要约；③承诺期限届满，受要约人未作出承诺；④受要约人对要约的内容作出实质性变更。

---

① 邵建东. 论意思表示的生效时间：德国民法的启示 [J].外国法译评，1995（3）：7.

（二）承诺

1. 承诺的概念

《民法典》第479条规定："承诺是受要约人同意要约的意思表示。"即受要约人向要约人发出的无条件接受要约的内容，并决定以要约的内容与要约人订立合同的意思表示。在承诺之前，要约对受要约人无任何约束；承诺之后，就构成了对双方都有约束力的合同。

2. 承诺的构成要件

一项有效的承诺，必须具备以下构成要件：①作出承诺的人必须是受要约人。②承诺应当在要约规定的期限内作出。③承诺的内容应与要约的内容相吻合。《民法典》第488条规定："承诺的内容应当与要约的内容一致。受要约人对要约的内容作出实质性变更的，为新要约。有关合同标的、数量、质量、价款或者报酬、履行期限、履行地点和方式、违约责任和解决争议方法等的变更，是对要约内容的实质性变更。"第489条规定："承诺对要约的内容作出非实质性变更的，除要约人及时表示反对或者要约表明承诺不得对要约的内容作出任何变更外，该承诺有效，合同的内容以承诺的内容为准。"④承诺应向要约人作出。

3. 承诺的生效

在承诺生效的时间问题上，《民法典》同样采取"到达生效主义"，即承诺于承诺意思表示到达要约人时起生效。

承诺生效时合同成立，承诺生效的时间点就是合同成立的时间点，但也有四种例外：①法律另有规定或者当事人另有约定其他条件的，在该条件具备时成立；②当事人采用合同书形式订立合同的，自当事人均签名、盖章或者按指印时合同成立；③当事人采用信件、数据电文等形式订立合同要求签订确认书的，签订确认书时合同成立；④当事人一方通过互联网等信息网络发布的商品或者服务信息符合要约条件的，对方选择该商品或者服务并提交订单成功时合同成立，但是当事人另有约定的除外。

承诺生效的地点原则上为合同成立的地点。但如果采用数据电文形式订立合同的，收件人的主营业地为合同成立的地点；没有主营业地的，其住所地为合同成立的地点。当事人另有约定的，按照其约定。如果当事人采用合同书形式订立合同的，最后签名、盖章或者按指印的地点为合同成立的地点，但是当事人另有约定的除外。

（三）缔约过失责任

1. 缔约过失责任的概念

缔约过失责任，是指在合同订立过程中，一方因违背基于诚实信用原则所应尽的义务，致使合同未能成立或无效或被撤销，而使另一方的信赖利益受损，因此所应承担的损害赔偿责任。

信赖利益与因履行合同而可获得的履行利益不同，通常情况下，信赖利益损失主要体现为费用的支出，而履行利益损失主要体现为可得利益的损失。信赖利益损失限于直接损失，即相对人因信赖合同的成立和生效所支出的各种费用，具体包括：①因信赖对方要约邀请和有效的要约而与对方联系，赴实地考察以及检查标的物等行为所支出的各种合理费用。②因信赖对方将要缔约，为缔约做各种准备工作并为此支出了各种合理的费用。③为谈判所支出的劳务费用，以及为支出上述各种费用所失去的利息。上述各种费用必须是合理的，且和缔约过失行为有着直接因果关系。①

2. 缔约过失责任与违约责任、侵权责任的区别

（1）缔约过失责任与违约责任的区别。首先，责任基础不同。违约责任建立在合同有效的基础上，而缔约过失责任发生在合同未成立、合同无效或合同被撤销之后的阶段。其次，责任性质不同。违约责任违反了合同约定的义务，而缔约过失责任违反了诚实信用原则所发生的附随义务。最后，责任方式不同。非违约方可要求违约方承担继续履行或者赔偿损失责任，而缔约过失责任只能要求对方赔偿损失。

（2）缔约过失责任与侵权责任的区别。首先，关系人不同。侵权责任规范的是一般人之间的权利义务关系，而缔约过失责任规范的则是为订立合同而进行磋商或者接触的缔约人之间的权利义务关系。其次，责任基础不同。侵权责任发生在责任人对消极法定注意义务的违反，而缔约过失责任是责任人对基于诚实信用原则而发生的积极法定注意义务——附随义务的违反。最后，构成要件不尽相同。侵权责任可能建立在过错原则之上，也可能建立在无过错原则之上，而缔约过失原则只能以过错的存在为前提。

---

① 王利明．合同法案例研习［M］．北京：中国人民大学出版社，2019.

3. 缔约过失责任的类型

《民法典》第500条规定："当事人在订立合同过程中有下列情形之一，造成对方损失的，应当承担赔偿责任：（一）假借订立合同，恶意进行磋商；（二）故意隐瞒与订立合同有关的重要事实或者提供虚假情况；（三）有其他违背诚信原则的行为。"第501条规定："当事人在订立合同过程中知悉的商业秘密或者其他应当保密的信息，无论合同是否成立，不得泄露或者不正当地使用；泄露、不正当地使用该商业秘密或者信息，造成对方损失的，应当承担赔偿责任。"

⚖ 课堂案例

甲、乙同为玩具生产商。六一儿童节前夕，丙与甲商谈进货事宜。乙知道后向丙提出更优惠条件，并指使丁假借订货与甲接洽，报价高于丙以阻止甲与丙签约。丙经比较与乙签约，丁随即终止与甲的谈判，甲因此遭受损失。请问，谁应该对甲的损失承担赔偿责任？为什么？

📋 案例解析

丁假借订立合同，恶意与甲进行磋商，应对甲承担缔约过失责任。丁虽受乙的指使，但基于合同的相对性，应由丁承担责任。

📖 法条链接

《民法典》

第五百条 当事人在订立合同过程中有下列情形之一，造成对方损失的，应当承担赔偿责任：（一）假借订立合同，恶意进行磋商；（二）故意隐瞒与订立合同有关的重要事实或者提供虚假情况；（三）有其他违背诚信原则的行为。

第五百零一条 当事人在订立合同过程中知悉的商业秘密或者其他应当保密的信息，无论合同是否成立，不得泄露或者不正当地使用；泄露、不正当地使用该商业秘密或者信息，造成对方损失的，应当承担赔偿责任。

二、合同的内容与形式

（一）合同的内容

《民法典》第 470 条规定："合同的内容由当事人约定，一般包括以下条款：（一）当事人的姓名或者名称和住所；（二）标的；（三）数量；（四）质量；（五）价款或者报酬；（六）履行期限、地点和方式；（七）违约责任；（八）解决争议的方法。"

（二）合同的形式

当事人订立合同，有书面形式、口头形式和其他形式。《民法典》第469 条规定："当事人订立合同，可以采用书面形式、口头形式或者其他形式。书面形式是合同书、信件、电报、电传、传真等可以有形地表现所载内容的形式。以电子数据交换、电子邮件等方式能够有形地表现所载内容，并可以随时调取查用的数据电文，视为书面形式。"其他形式是指口头形式、书面形式以外的合同形式，比如推定形式，是当事人未用语言、文字表达其意思表示，而是仅用行为向对方要约，对方通过一定的行为作出承诺，从而使合同成立的形式。

三、合同的效力

（一）合同生效的概念

合同生效是指已成立的合同符合法定的生效要件，依法对当事人产生约束力。合同的生效与合同的成立是两个不同的概念，合同的成立仅仅是当事人之间的意思表示一致就可成立，而合同的生效则是法律对成立的合同按照一定的标准进行评价后所得出的肯定性结论。

合同生效的时间主要有以下四种情况：①依法成立的合同，自成立时生效。②法律、行政法规规定应当办理批准、登记等手续生效的，依照其规定办理批准、登记等手续后生效。③当事人对合同的效力可以约定附条件。附生效条件的合同，自条件成立时生效。附解除条件的合同，自条件成立时失效。当事人为自己的利益正当地阻止条件成立的，视为条件已成立；不正当地促成条件成立的，视为条件不成立。④当事人对合同的效力可以约定附期限。附生效期限的合同，自期限届满时生效。附终止期限的合同，自期限届满时失效。

（二）合同生效的要件

《民法典》第143条对民事法律行为生效要件的规定，可以使用于合同。由此，合同的生效要件包括：①行为人具有相应的民事行为能力。②意思表示真实。③不违反法律、行政法规的强制性规定，不违背公序良俗。

（三）合同效力瑕疵的类型

1. 无效合同

无效合同，是指合同因欠缺生效要件，自始绝对无效，不产生当事人预期的民事法律效果的合同。合同无效有以下情形：①无行为能力人订立的合同；②以虚假意思表示订立的合同；③违反效力性强制性规定订立的合同；④违背公序良俗的合同；⑤恶意串通损害第三人的合同。

2. 效力待定的合同

效力待定的合同，是指合同订立后尚未生效，须经权利人追认才能生效的合同。其主要包括以下几种类型：①无效代理人以他人名义订立的合同；②限制民事行为能力人订立的与其年龄、智力、精神状况不相适应的非纯获利益的合同；③附停止条件的合同等。

3. 可撤销合同

可撤销合同，是指因合同当事人意思表示存在瑕疵，撤销权人可以请求人民法院或者仲裁机构予以撤销的合同。可撤销合同的效力取决于有撤销权的一方当事人是否行使撤销权。合同可撤销的原因有：①因重大误解而订立的合同；②因合同当事人一方或第三人欺诈而订立的合同；③因合同当事人一方或第三人胁迫而订立的合同；④显失公平的合同。

撤销权的行使有一定的期限和限制，有下列情形之一的，撤销权消灭：①当事人自知道或者应当知道撤销事由之日起一年内、重大误解的当事人自知道或者应当知道撤销事由之日起九十日内没有行使撤销权；②当事人受胁迫，自胁迫行为终止之日起一年内没有行使撤销权；③当事人知道撤销事由后明确表示或者以自己的行为表明放弃撤销权。当事人自民事法律行为发生之日起五年内没有行使撤销权的，撤销权消灭。

（四）无效合同和合同被撤销的法律后果

合同无效或者被撤销后，因该合同取得的财产，应当予以返还；不能返还或者没有必要返还的，应当折价补偿；已被第三人善意取得而不能返还时，可用赔偿损失的方法抵偿。

合同被确认为无效后，有过错的一方当事人应赔偿对方因此而受到的损失。如果双方都有过错的，各自承担相应的责任。

无效合同或者可撤销合同在被认定无效或被撤销后自始没有法律约束力。合同部分无效，不影响其他部分效力的，其他部分仍然有效。合同无效，被撤销或者终止的，不影响合同中独立存在的有关解决争议方法的条款的效力。

第三节　合同的履行、保全与解除

一、合同的履行

（一）合同履行的概念

合同的履行，是指债务人按照合同约定，全面、适当地履行其合同义务，债权人的合同债权得以完成实现。合同的履行是缔约的真正目的和合同法的全部要义，合同的履行要按照法律规定的全面履行原则、诚实信用原则和绿色原则进行。

（二）不完全合同的履行补正规则

所谓不完全合同是指合同虽然成立并生效，但按照合同的约定却没有办法履行的合同。这可大致分为两种：一种是缺少个别条款的合同，比如缺少交货时间和地点的约定，但其他主要条款都具备的合同；另一种是除当事人、标的、数量和价格等合同基本要素外，其他内容什么都没有约定的合同。但无论是哪一种合同，都必须先对缺少的相关内容予以补正后才能履行，合同的补正需按以下方法次第进行：

1. 当事人协议补充

合同生效后，当事人就质量、价款或者报酬、履行地点等内容没有约定或者约定不明确的，可以协议补充，达成协议后就按照补充协议的约定执行。

2. 按照合同相关条款或者交易习惯确定

当事人不能达成补充协议的，按照合同相关条款或者交易习惯确定。

3. 适用法律规定

当事人就有关合同内容约定不明确，依据前述方法仍不能确定的，适用法律的直接规定，具体内容如下：

（1）质量要求不明确的，按照强制性国家标准履行；没有强制性国家标准的，按照推荐性国家标准履行；没有推荐性国家标准的，按照行业标准履行；没有国家标准、行业标准的，按照通常标准或者符合合同目的的特定标准履行。

（2）价款或者报酬不明确的，按照订立合同时履行地的市场价格履行；依法应当执行政府定价或者政府指导价的，依照规定履行。

（3）履行地点不明确，给付货币的，在接受货币一方所在地履行；交付不动产的，在不动产所在地履行；其他标的，在履行义务一方所在地履行。

（4）履行期限不明确的，债务人可以随时履行，债权人也可以随时请求履行，但是应当给对方必要的准备时间。

（5）履行方式不明确的，按照有利于实现合同目的的方式履行。

（6）履行费用的负担不明确的，由履行义务一方负担；因债权人原因增加的履行费用，由债权人负担。

（三）双务合同履行中的抗辩权

当事人为了维护自己的合法权益，在法定情况下可以对抗对方的请求权，且拒绝履行行为不构成违约，这些权利被称为抗辩权。《民法典》规定了三种抗辩权，都属于双务合同中针对履行请求权的抗辩权利。①同时履行抗辩权。《民法典》第525条规定："当事人互负债务，没有先后履行顺序的，应当同时履行。一方在对方履行之前有权拒绝其履行请求。一方在对方履行债务不符合约定时，有权拒绝其相应的履行请求。"②先履行抗辩权。《民法典》第526条规定："当事人互负债务，有先后履行顺序，应当先履行债务一方未履行的，后履行一方有权拒绝其履行请求。先履行一方履行债务不符合约定的，后履行一方有权拒绝其相应的履行请求。"
③不安抗辩权。《民法典》第527条规定："应当先履行债务的当事人，有确切证据证明对方有下列情形之一的，可以中止履行：（一）经营状况严重恶化；（二）转移财产、抽逃资金，以逃避债务；（三）丧失商业信誉；（四）有丧失或者可能丧失履行债务能力的其他情形。"但是，行使不安抗辩权时要注意，当事人没有确切证据即中止履行的，应当承担违约责任。

（四）情事变更抗辩权

情事变更抗辩权是指合同有效成立后，因不可归责于双方当事人的事由发生情事变更而致合同的基础动摇或丧失，若继续维持合同会显失公平，因此允许变更合同内容或解除合同的权利。因情事变更而受到利益损害者，可以请求法院或仲裁机构调整合同权利义务，在不能调整时，可以请求解除合同。

行使情事变更抗辩权应满足下列条件：①作为合同基础的客观情况发生了变化；②该变化是订立合同时无法预见的；③该变化不属于商业风险；④继续履行合同对于一方当事人显失公平或者不能实现合同目的。

⚖ 课堂案例

甲房地产开发有限公司与购房者乙达成商品房销售买卖合同，乙向甲支付了首付款60万元。后因国家出台房地产调控政策，乙不再具备购房资格，导致两者之间签订的商品房销售买卖合同无法继续履行。请问乙该如何处理此事？

📋 案例解析

乙可以请求解除合同，并要求甲返还首付款60万元及利息。法律规定，合同有效成立后，因不可归责于双方当事人的事由发生情事变更而致合同的基础动摇或丧失，若继续维持合同会显失公平的，此时允许变更合同内容或解除合同。本案中，因国家政策调整导致乙不具备购房资格，丧失了继续履行合同的基础，构成了情事变更，应允许其解除合同。合同解除后，双方应当互相返还财产。

> **法条链接**
>
> **《民法典》**
>
> 　　第五百三十三条　合同成立后，合同的基础条件发生了当事人在订立合同时无法预见的、不属于商业风险的重大变化，继续履行合同对于当事人一方明显不公平的，受不利影响的当事人可以与对方重新协商；在合理期限内协商不成的，当事人可以请求人民法院或者仲裁机构变更或者解除合同。
>
> 　　人民法院或者仲裁机构应当结合案件的实际情况，根据公平原则变更或者解除合同。

二、合同的保全

合同的保全，是指法律为防止因债务人的财产不当减少或该增加而不增加给债权人的债权带来危害，允许债权人对债务人或第三人的行为行使撤销权或代位权，以保护其债权。

（一）代位权

代位权，是指因债务人怠于行使其权利而危及债权人利益，债权人为保全债权，可以向人民法院请求以自己的名义代位行使债务人债权的权利。《民法典》第535条第1款规定："因债务人怠于行使其债权或者与该债权有关的从权利，影响债权人的到期债权实现的，债权人可以向人民法院请求以自己的名义代位行使债务人对相对人的权利，但是该权利专属于债务人自身的除外。"

代位权的成立要件包括：①债权人对债务人的债权合法；②债务人怠于行使其到期债权，对债权人造成危害；③债务人的债权已到期；④债权人的债权不是专属于债务人自身的债权，债务人自身债权包括基于扶养关系、抚养关系、赡养关系、继承关系产生的给付请求权和劳动报酬、退休金、养老金、抚恤金、安置费、人寿保险、人身伤害赔偿请求权等权利。

《民法典》第537条第1款规定："人民法院认定代位权成立的，由债务人的相对人向债权人履行义务，债权人接受履行后，债权人与债务人、债务人与相对人之间相应的权利义务终止。"

（二）撤销权

撤销权，是指对债务人实施的危及债权人利益的减少财产行为，债权人可以请求人民法院予以撤销的权利。《民法典》第 539 条规定："债务人以明显不合理的低价转让财产、以明显不合理的高价受让他人财产或者为他人的债务提供担保，影响债权人的债权实现，债务人的相对人知道或者应当知道该情形的，债权人可以请求人民法院撤销债务人的行为。"

债权人行使撤销权，应当具备以下条件：①债权人须以自己的名义行使撤销权；②债权人对债务人存在有效债权，债权人对债务人的债权可以到期，也可以不到期；③债务人实施了减少财产的处分行为；④债务人的处分行为有害于债权人的债权。

《民法典》第 541 条规定："撤销权自债权人知道或者应当知道撤销事由之日起一年内行使。自债务人的行为发生之日起五年内没有行使撤销权的，该撤销权消灭。"上述规定中的 5 年期间为除斥期间，不适用诉讼时效中止、中断或者延长的规定。《民法典》第 542 条规定："债务人影响债权人的债权实现的行为被撤销的，自始没有法律约束力。"

三、合同的解除

（一）协议解除

《民法典》第 562 条规定："当事人协商一致，可以解除合同。""当事人可以约定一方解除合同的事由。解除合同的事由发生时，解除权人可以解除合同。"由此，协议解除有两种情形：①协商解除。协商解除是指合同依法成立后而尚未全部履行前，当事人通过协商而解除合同。②约定解除。约定解除是指合同依法成立后而尚未全部履行前，当事人通过事先约定的解除条件成就时而解除合同。

（二）法定解除

法定解除又称单方解除，是指合同依法成立后而尚未全部履行前，根据法律直接规定的解除条件而解除合同。《民法典》第 563 条规定了法定解除的情形：①因不可抗力致使不能实现合同目的；②在履行期限届满前，当事人一方明确表示或者以自己的行为表明不履行主要债务；③当事人一方迟延履行主要债务，经催告后在合理期限内仍未履行；④当事人一方迟延履行债务或者有其他违约行为致使不能实现合同目的；⑤法律规定的其他情形。

当事人一方行使解除权时应当通知对方，自通知到达对方时，合同解除。对方有异议的，可以请求人民法院或者仲裁机构确认解除合同的效力。合同解除后，尚未履行的，终止履行。已经履行的，根据履行情况和合同性质，当事人可以要求恢复原状，采取其他补救措施，并有权要求赔偿损失。

第四节　违约责任

一、违约责任概述

（一）违约责任的概念和特征

违约责任，是指合同当事人不履行合同义务或者履行合同义务不符合约定时所承担的不利法律后果的民事责任。

违约责任的特征：①违约责任是一种民事责任；②违约责任是合同当事人不履行债务所产生的责任；③违约责任可以由当事人约定；④违约责任具有制裁性和补偿性双重属性。

（二）违约行为的形态

违约行为的形态简称为违约形态，是指对合同当事人的违约行为因违反了不同的合同义务所作的分类。违约形态不同，承担违约责任的形式也可能不同，故对违约形态的准确梳理对正确适用违约责任至关重要。

《民法典》第 577 条应是违约形态的核心内容，该规定将违约形态概括为"不履行合同义务"和"履行合同义务不符合约定"两种基本类型。具体而言，违约形态包括预期违约、不完全履行、履行不能、拒绝履行、迟延履行、瑕疵履行、加害履行等类型。

二、承担违约责任的方式

按照《民法典》合同编第八章的规定，承担违约责任的方式主要有继续履行、采取补救措施、赔偿损失、支付违约金、适用定金罚则等。《民法典》第577条规定："当事人一方不履行合同义务或者履行合同义务不符合约定的，应当承担继续履行、采取补救措施或者赔偿损失等违约责任。"

（一）继续履行

继续履行，是指债权人在债务人不履行合同义务时，可请求人民法院或者仲裁机构强制债务人实际履行合同义务。《民法典》第579条规定："当事人一方未支付价款、报酬、租金、利息，或者不履行其他金钱债务的，对方可以请求其支付。"第580条规定："当事人一方不履行非金钱债务或者履行非金钱债务不符合约定的，对方可以请求履行，但是有下列情形之一的除外：（一）法律上或者事实上不能履行；（二）债务的标的不适于强制履行或者履行费用过高；（三）债权人在合理期限内未请求履行。"

（二）采取补救措施

补救措施，是指债务人履行合同义务不符合约定，债权人在请求人民法院或者仲裁机构强制债务人实际履行合同义务的同时，可根据合同履行情况要求债务人采取的补救措施。《民法典》第582条规定："履行不符合约定的，应当按照当事人的约定承担违约责任。对违约责任没有约定或者约定不明确，依据本法第五百一十条的规定仍不能确定的，受损害方根据标的的性质以及损失的大小，可以合理选择请求对方承担修理、重作、更换、退货、减少价款或者报酬等违约责任。"

（三）赔偿损失

赔偿损失，是指违约方依据合同的约定或者法律的规定承担的赔偿对方当事人所受损失的责任。《民法典》第583条规定："当事人一方不履行合同义务或者履行合同义务不符合约定的，在履行义务或者采取补救措施后，对方还有其他损失的，应当赔偿损失。"

承担赔偿损失这种责任方式，须具备如下要件：①违约行为，包括不能履行、迟延履行、不完全履行、拒绝履行等违约形式。②债权人受损失，包括直接损失和间接损失。③违约行为与损失的发生有因果关系。

关于赔偿损失的范围，《民法典》第584条规定："当事人一方不履行合同义务或者履行合同义务不符合约定，造成对方损失的，损失赔偿额应当相当于因违约所造成的损失，包括合同履行后可以获得的利益；但是，不得超过违约一方订立合同时预见到或者应当预见到的因违约可能造成的损失。"

⚖ 课堂案例

甲乙公司签订买卖合同，由甲公司向乙公司提供一批总价为20万元的货物，且因该货物容易变质，必须妥善贮存。合同签订后，乙公司便开始寻找适合存储货物的仓库，初步选定了一个仓库，仓储费用需要1万元。在合同履行期限到来以后，乙公司准备与仓库签订仓储合同以便接受甲交付的货物。此时，乙收到了甲公司的通知，得知甲公司陷入经营困难，现已不可能向乙公司履行合同。此时，该批货物的市场价格已上涨至25万元。于是，乙公司便解除与甲公司的合同，请问：乙公司可请求甲公司赔偿多少钱？

📑 案例解析

在本案中，甲公司未能履行合同给乙公司造成的损失为5万元（25万元与20万元的价格差额），但乙公司不必支付本应支付的1万元仓储费，损益相抵，乙公司可请求4万元的赔偿。

📖 法条链接

《民法典》

第五百八十四条　当事人一方不履行合同义务或者履行合同义务不符合约定，造成对方损失的，损失赔偿额应当相当于因违约所造成的损失，包括合同履行后可以获得的利益，但是，不得超过违约一方订立合同时预见到或者应当预见到的因违约可能造成的损失。

（四）支付违约金

违约金，是指合同当事人在合同中约定，一方不履行合同或履行合同不符合约定时向另一方当事人支付一定数额的货币。违约金是我国合同违约责任中最常见的一种责任方式。《民法典》第585条规定："当事人可以约定一方违约时应当根据违约情况向对方支付一定数额的违约金，也可以约定因违约产生的损失赔偿额的计算方法。""约定的违约金低于造成的损失的，人民法院或者仲裁机构可以根据当事人的请求予以增加；约定的违约金过分高于造成的损失的，人民法院或者仲裁机构可以根据当事人的请求予以适当减少。"

（五）适用定金罚则

定金，是指订立合同时，为了保证合同的履行，约定由当事人一方先行给付另一方的一定数量的货币。《民法典》第586条第1款规定："当事人可以约定一方向对方给付定金作为债权的担保。定金合同自实际交付定金时成立。"因此，定金合同为实践合同而非诺成合同，从实际交付定金之日起生效。实际交付的数额多于或者少于约定数额，视为变更了定金合同，以实际交付的数量作为定金；收受定金一方提出异议并拒绝接受定金的，定金合同不生效。

《民法典》第587条规定："债务人履行债务的，定金应当抵作价款或者收回。给付定金的一方不履行债务或者履行债务不符合约定，致使不能实现合同目的的，无权请求返还定金；收受定金的一方不履行债务或者履行债务不符合约定，致使不能实现合同目的的，应当双倍返还定金。"这就是所谓的定金罚则。适用定金罚则应具备以下条件：①定金罚则适用于有效合同。②定金罚则适用于完全不履行，不能适用于迟延履行、瑕疵履行等。但当事人迟延履行或者有其他违约行为，致使合同达不到履行目的，即构成根本性违约时，可以适用定金罚则。③定金的数额由当事人约定；但是，不得超过主合同标的额的百分之二十，超过部分不产生定金的效力。实际交付的定金数额多于或者少于约定数额的，视为变更约定的定金数额。（《民法典》第586条第2款）。

《民法典》第588条规定："当事人既约定违约金，又约定定金的，一方违约时，对方可以选择适用违约金或者定金条款。""定金不足以弥补一方违约造成的损失的，对方可以请求赔偿超过定金数额的损失。"

三、免责事由

免责事由是指法律规定的或当事人约定的免除违约当事人承担违约责任的情形。免责事由包括法定免责事由和约定免责事由两种。

《民法典》第590条规定："当事人一方因不可抗力不能履行合同的，根据不可抗力的影响，部分或者全部免除责任，但是法律另有规定的除外。因不可抗力不能履行合同的，应当及时通知对方，以减轻可能给对方造成的损失，并应当在合理期限内提供证明。""当事人迟延履行后发生不可抗力的，不免除其违约责任。"因此，不可抗力为一般法定免责事由。

约定免责事由是指当事人以协议排除或限制其未来责任的合同条款。但对约定免责事由应作出以下限制：①免责条款不得免除造成对方人身伤害的责任，也不得免除因故意或者重大过失造成对方财产损失的责任。②格式化的免责条款，不得不合理地免除条款使用人的责任、加重对方的责任或者排除对方的主要权利。

四、违约责任和侵权责任的竞合

（一）违约责任和侵权责任的区别

违约责任与侵权责任的区别主要体现在不法行为人与受害人之间是否存在着合同关系，不法行为人违反的是约定义务还是法定义务，侵害的是债权还是物权、人身权等，以及是否造成受害人的人身伤害等。前者构成违约责任，后者则为侵权责任。

（二）违约责任和侵权责任竞合时的处理

我国已经明确了责任竞合的处理原则，即受损害方有权选择依照合同法要求其承担违约责任，或者依照其他法律要求其承担侵权责任。

⚖ 课堂案例

孙女士于2021年7月1日从某商场购买一套化妆品，使用后皮肤红肿出疹，就医不愈，花费巨大。2021年10月，经多次交涉无果后，孙女士将商场起诉至法院。请问：孙女士可以要求商场承担违约责任还是侵权责任？

案例解析

首先，商场交付的标的物有瑕疵，构成违约，孙女士可主张违约责任请求权。其次，商场违反不得侵害他人的消极义务，其交付的有瑕疵的标的物致孙女士皮肤出现问题，构成侵权，孙女士可主张侵权责任请求权。出现责任竞合的，孙女士可择一行使，但不得同时主张。

法条链接

《民法典》

第一百八十六条　因当事人一方的违约行为，损害对方人身权益、财产权益的，受损害方有权选择请求其承担违约责任或者侵权责任。

第五节　典型合同

典型合同，又称"有名合同"，是指法律对其类型赋予一定的名称，并且还设定了专门规则予以规范的合同。我国《民法典》合同编一共规定了19种典型合同，本书只选择介绍与同学们关系最为密切的买卖合同和租赁合同。

一、买卖合同

（一）买卖合同的概念与特征

买卖合同是当事人双方约定一方负有交付标的物并移转所有权于他方的义务，他方负有受领标的物并支付价款义务的合同。其中，依约定应交付财产取得价款的一方称为出卖人，应支付价款接受财产的一方称为买受人。买卖合同是典型的具有对待给付关系的合同，属双务、有偿、诺成、不要式合同。

（二）买卖合同的效力

买卖合同的效力指的是买卖合同成立后所发生的法律后果，其表现为当事人所享有的权利和承担的义务。买卖合同为双务合同，双方当事人互为权利义务主体。此处鉴于权利义务的相对性，仅从买卖合同当事人各自所负义务的角度阐述其效力内容。

（1）出卖人的主要义务。①交付标的物。②转移标的物所有权。《民法典》第598条规定："出卖人应当履行向买受人交付标的物或者交付提取标的物的单证，并转移标的物所有权的义务。"③瑕疵担保责任。出卖人对于合同标的物的品质与处分权的完整性具有担保义务。《合同法》第615条规定："出卖人应当按照约定的质量要求交付标的物。出卖人提供有关标的物质量说明的，交付的标的物应当符合该说明的质量要求。"第612条规定："出卖人就交付的标的物，负有保证第三人对该标的物不享有任何权利的义务，但是法律另有规定的除外。"④交付有关单证和资料。《民法典》第599条规定："出卖人应当按照约定或者交易习惯向买受人交付提取标的物单证以外的有关单证和资料。"

（2）买受人的主要义务。①支付价款。《民法典》第626条规定："买受人应当按照约定的数额和支付方式支付价款。对价款的数额和支付方式没有约定或者约定不明确的，适用本法第五百一十条、第五百一十一条第二项和第五项的规定。"②受领标的物。如果买受人无正当理由拒绝受领标的物的，出卖人可以用提存的方式交付。③检验义务。《民法典》第620条规定："买受人收到标的物时应当在约定的检验期限内检验。没有约定检验期限的，应当及时检验。"

（三）标的物风险负担规则

《民法典》第604条规定："标的物毁损、灭失的风险，在标的物交付之前由出卖人承担，交付之后由买受人承担，但是法律另有规定或者当事人另有约定的除外。"该条规定所确立的是标的物风险负担的一般规则。

法律就标的物风险转移所作出的特别规定主要包括如下情形：①因买受人的原因造成迟延交付。《民法典》第605条规定："因买受人的原因致使标的物不能按照约定的期限交付的，买受人应当自违反约定时起承担标的物毁损、灭失的风险。"②买卖在途标的物。第 606 条规定："出卖人出卖交由承运人运输的在途标的物，除当事人另有约定的以外，毁损、灭失的风险自合同成立时起由买受人承担。"③交付地点不明。第 607 条第 2 款规定："当事人没有约定交付地点或者约定不明确，依据本法第六百零三条第二款第一项的规定标的物需要运输的，出卖人将标的物交付给第一承运人后，标的物毁损、灭失的风险由买受人承担。"④买卖人违反受领标的物的义务。如果双方当事人约定了交付地点，根据《民法典》第 608 条规定："出卖人按照约定或者依据本法第六百零三条第二款第二项的规定将标的物置于交付地点，买受人违反约定没有收取的，标的物毁损、灭失的风险自违反约定时起由买受人承担。"如果当事人没有约定交付地点或者约定不明确，根据《民法典》第 603 条的规定，标的物需要运输的，出卖人应当将标的物交付给第一承运人以运交给买受人；标的物不需要运输，出卖人和买受人订立合同时知道标的物在某一地点的，出卖人应当在该地点交付标的物；不知道标的物在某一地点的，应当在出卖人订立合同时的营业地交付标的物。因此，如果出卖人已将标的物置于上述地点，而买受人未按约受领，标的物毁损、灭失的风险从买受人应受领而未受领标的物时转移。⑤出卖人违约。第 617 条规定："出卖人交付的标的物不符合质量要求的，买受人可以依据本法第五百八十二条至第五百八十四条的规定请求承担违约责任。"需要注意的是，如果标的物虽有瑕疵，但未影响合同目的的实现，即出卖人尚未构成重大或根本违约，此时买受人不得拒收，否则应当承担标的物毁损、灭失的风险。

（四）标的物的利益承受

标的物的利益承受，是指买卖合同成立后标的物所生孳息的归属。《民法典》第 630 条规定："标的物在交付之前产生的孳息，归出卖人所有，交付之后产生的孳息，归买受人所有。但是，当事人另有约定的除外。"利益承受与风险承担是两个相对的概念，前者解决的是买卖合同成立后标的物所生孳息的合理分配问题，后者解决的是合同成立后标的物意外毁损、灭失所致损失的合理分配问题。所以，根据权利义务相一致的原则，标的物所生之利益也应以交付为利益分配的标准。

（五）特殊买卖合同

1. 试用买卖合同

试用买卖又称为试验买卖，是指当事人双方约定由买受人试用或者检验标的物，并以买受人在约定期限内认可标的物为条件的买卖。试用期是一个时间段，其长短对当事人的利益至关重要。《民法典》第 637 条规定："试用买卖的当事人可以约定标的物的试用期限。对试用期限没有约定或者约定不明确，依据本法第五百一十条的规定仍不能确定的，由出卖人确定。"

对于试用买卖，买受人没有必须购买标的物的义务。为了平衡出卖人和买受人的利益，《民法典》第 638 条规定："试用买卖的买受人在试用期内可以购买标的物，也可以拒绝购买。试用期限届满，买受人对是否购买标的物未作表示的，视为购买。""试用买卖的买受人在试用期内已经支付部分价款或者对标的物实施出卖、出租、设立担保物权等行为的，视为同意购买。"

关于标的物在试用期限毁损、灭失的风险承担，由于试用买卖合同的特殊性，只有在试用买卖合同生效的情况下才存在标的物风险由谁承担的问题。具体而言，在买受人购买试用物品时，买卖合同生效，标的物风险应自出卖人交付标的物于买受人时发生转移；在买受人不购买试用物品时，因买卖合同根本未生效，所以不存在标的物风险转移的问题。《民法典》第 640 条规定："标的物在试用期内毁损、灭失的风险由出卖人承担。"但是，买受人承担妥善保管义务，若因买受人故意或过失导致标的物毁损、灭失的，出卖人可以请求侵权损害赔偿。

关于标的物在试用期间的费用和其他费用承担，原则上依当事人约定。若当事人未约定或者约定不明确且买受人拒绝购买标的物的，应视为买受人无需支付任何试用费用和其他费用承担。《民法典》第 639 条规定："试用买卖的当事人对标的物使用费没有约定或者约定不明确的，出卖人无权请求买受人支付。"

2. 凭样品买卖合同

凭样品买卖合同又称为货样买卖合同，是指当事人双方以一定的货物样本作为标的物质量判断标准的买卖合同。凭样品买卖是一种特殊的买卖，其特殊性表现在：出卖人交付的标的物以封存的样品来衡量其是否符合标准。换言之，样品是合同的"质量条款"。

《民法典》第635条规定："凭样品买卖的当事人应当封存样品，并可以对样品质量予以说明。出卖人交付的标的物应当与样品及其说明的质量相同。"第636条规定："凭样品买卖的买受人不知道样品有隐蔽瑕疵的，即使交付的标的物与样品相同，出卖人交付的标的物的质量仍然应当符合同种物的通常标准。"

3. 分期付款买卖合同

分期付款买卖合同，是指买受人将其应支付的总价款按照一定期限分批向出卖人支付的买卖合同。分期付款买卖是一种特殊的买卖形式，此种买卖的重要特征是：出卖人已经交付标的物于买受人占有、使用、收益，但买受人在接受标的物后并非一次性将价款支付于出卖人，而是按照约定，在一定期限内连续向出卖人支付价款直至全部价款支付完毕。

在分期付款买卖合同中出卖人常约定"所有权保留"条款，所谓"所有权保留"是指在买卖合同中，出卖人与买受人约定，买受人未完成特定条件或者义务时，所有权并不因标的物的交付而转移，而仍然属于出卖人所有。《民法典》第641条规定："当事人可以在买卖合同中约定买受人未履行支付价款或者其他义务的，标的物的所有权属于出卖人。""出卖人对标的物保留的所有权，未经登记，不得对抗善意第三人。"该条第2款将登记对抗主义运用到所有权保留买卖中，出卖人只有办理了登记，才能对抗善意第三人。

《民法典》第642条规定："当事人约定出卖人保留合同标的物的所有权，在标的物所有权转移前，买受人有下列情形之一，造成出卖人损害的，除当事人另有约定外，出卖人有权取回标的物：（一）未按照约定支付价款，经催告后在合理期限内仍未支付；（二）未按照约定完成特定条件；（三）将标的物出卖、出质或者作出其他不当处分。""出卖人可以与买受人协商取回标的物；协商不成的，可以参照适用担保物权的实现程序。"根据这一规定，所有权保留不仅仅限定于未履行价款支付义务，双方也可以约定其他义务的履行。买受人占有使用标的物，出卖人对标的物保留所有权，保留的应是所有权中的处分权，所有权保留可以更清晰地解释为"所有权的处分权保留"。此外，该条第2款进一步明确了取回标的物的程序参照适用担保物权的实现程序。因此，所有权保留条款实质已经具备了"担保物权"的功能，属于"其他具有担保功能的合同"和"其他可以登记的担保物权"。

⚖️ **课堂案例**

熊先生打算购买一辆二手车，于是在一个二手汽车买卖网站上找了一家名为"淘车"的网店（该网店已获得销售二手车许可证），下单预约购买一辆价值5万元的二手小轿车。该小轿车质量说明上标明"15项安全系统正常""14项轻微碰撞检测正常""14项内部配置正常"。该车为黎先生所有，委托"淘车"网店出售。该网站还承诺"没有中间商赚差价"。但熊先生在向"淘车"网站交费时，"淘车"网店提出需要另行支付4%的服务费和1 000元的过户费，并认为网站作出的承诺与网店无关。后经过多次协商，熊先生从"淘车"网店购买了该车，但也不得不支付了服务费和过户费。之后，熊先生在行驶过程中发现该车的发动机有问题，几次在高速上熄火抛锚，后将其送到修理店维修，花费了修理费2万元。熊先生于是要求"淘车"网店退车并赔偿2万元损失，同时要求返还4%的服务费和1 000元的过户费，并要求网站承担担保责任。"淘车"网店认为应该去找黎先生，网店是受他委托卖车的。黎先生则认为该汽车已卖给了"淘车"网店，出了问题应当由网店负责。请问："淘车"网店是否为合同当事人？谁该为汽车的质量问题承担责任？①

📑 **案例解析**

（1）"淘车"网店是该购车合同的当事人。法律规定，行纪合同是指行纪人以自己的名义为委托人从事贸易获得，委托人支付报酬的合同。在本案中，汽车归黎先生所有，但其委托"淘车"网店销售；"淘车"网店是以自己的名义销售汽车；购车款支付给了"淘车"网店，且还收取了4%的服务费；"淘车"网店取得了销售二手车的许可证；熊先生是因为相信网店的质量承诺才购买该汽车的。因此，黎先生委托"淘车"网店以网店自己的名义售车，"淘车"网店与第三人熊先生签订购车合同，熊先生为此还支付了服务费，故成立行纪关系，"淘车"网店是行纪人，是该购车合同的当事人之一。

（2）"淘车"网店应该对汽车的质量问题承担责任，在其承担责任后

---

① 王利明．合同法案例研习［M］．北京：中国人民大学出版社，2019.

有权向黎先生追偿。根据合同的相对性原则，"淘车"网店作为出卖人，对其售出的汽车负质量担保责任，对其交付的汽车不符合质量要求还应承担违约责任。当然，如果该虚假质量承诺是黎先生炮制的，"淘车"网店在赔偿后有权向其追偿。

（3）二手汽车买卖网站不应对该购车合同承担担保责任。关于电商平台的担保责任问题，主要应看其是何种平台？起何种作用？电商平台一般分为两种类型：一是提供纯粹的交易平台模式，买卖双方通过平台缔约，电商平台不仅提供订立合同的机会，还提供促成合同成立的服务，将其角色定位为中介人更为合适。但倘若该平台提供统一的支付服务，此时的角色就超出了一般中介人的角色，具有了担保履约的功能。二是自营模式，电商平台自己作为供货商与消费者缔约。在本案中，二手汽车买卖网站并不是自营模式，也不提供统一的支付服务，其仅提供订约机会和促成合同订立服务，其角色属于中介人角色，要求其对汽车质量承担担保责任并不合理。

> ### 📖 法条链接
>
> #### 《民法典》
>
> 第六百一十五条　出卖人应当按照约定的质量要求交付标的物。出卖人提供有关标的物质量说明的，交付的标的物应当符合该说明的质量要求。
>
> 第六百一十七条　出卖人交付的标的物不符合质量要求的，买受人可以依据本法第五百八十二条至第五百八十四条的规定请求承担违约责任。
>
> 第九百五十一条　行纪合同是行纪人以自己的名义为委托人从事贸易活动，委托人支付报酬的合同。
>
> 第九百五十八条　行纪人与第三人订立合同的，行纪人对该合同直接享有权利、承担义务。
>
> 第九百六十一条　中介合同是中介人向委托人报告订立合同的机会或者提供订立合同的媒介服务，委托人支付报酬的合同。

二、租赁合同

（一）租赁合同的概念与特征

租赁合同是当事人双方就出租人将租赁物交付承租人使用、收益，承租人支付租金而达成的协议。在租赁合同中，交付租赁物供对方使用、收益的一方为出租人，使用租赁物并支付租金的一方为承租人。租赁合同具有诺成、双务、有偿及物权化等特征。

（二）租赁合同的期限

《民法典》第705条规定："租赁期限不得超过二十年。超过二十年的，超过部分无效。""租赁期限届满，当事人可以续订租赁合同；但是，约定的租赁期限自续订之日起不得超过二十年。"第707条规定："租赁期限六个月以上的，应当采用书面形式。当事人未采用书面形式，无法确定租赁期限的，视为不定期租赁。"第734条第1款规定："租赁期限届满，承租人继续使用租赁物，出租人没有提出异议的，原租赁合同继续有效，但是租赁期限为不定期。"

（三）租赁合同当事人的权利和义务

1. 租赁物的交付、保管与返还义务

《民法典》第708条规定："出租人应当按照约定将租赁物交付承租人，并在租赁期限内保持租赁物符合约定的用途。"这是出租人的基本义务。未按约定交付租赁物的，出租人应承担违约责任或其他责任。第714条规定："承租人应当妥善保管租赁物，因保管不善造成租赁物毁损、灭失的，应当承担赔偿责任。"第733条规定："租赁期限届满，承租人应当返还租赁物。返还的租赁物应当符合按照约定或者根据租赁物的性质使用后的状态。"

2. 租赁物的适租、使用与维修义务

出租人在租赁期限内应保持租赁物符合约定的用途。如果出租人交付的租赁物不符合合同约定，或在合同无约定时不符合租赁物应有的用途，致使承租人不能使用租赁物的，出租人应承担违约责任或其他责任。

租赁期内，因占有、使用租赁物获得的收益归承租人所有，当事人另有约定的除外。承租人应依约使用租赁物。承租人未按照约定的方法或者未根据租赁物的性质使用租赁物，致使租赁物受损的，出租人可以解除合同并请求赔偿损失。承租人按照约定的方法或者根据租赁物的性质使用租赁物，致使租赁物受到损耗的，不承担损害赔偿责任。

租赁期内，出租人应当履行租赁物的维修义务，但是当事人另有约定的除外。租赁物需要维修时，承租人可以请求出租人在合理的期限内维修，出租人未履行维修义务的，承租人可自行维修，维修费用由出租人负担，因维修而影响承租人使用的，应当减少租金或延长租期。但如果是承租人的过错致使租赁物需要维修的，出租人不承担维修义务。

3. 租赁物的瑕疵担保义务

如因第三人主张权利，致使承租人不能对租赁物使用、收益的，承租人可以请求减少租金或者不支付租金。如遇第三人主张权利的，承租人应及时通知出租人。

如因租赁物的品质瑕疵造成承租人人身或财产损失的，承租人可要求出租人承担违约责任或侵权责任，受损害方也可按照"产品责任"主张权利。租赁合同中约定的，因租赁物的品质瑕疵而造成承租人人身损害的免责条款无效；因出租人的故意或重大过失造成承租人财产损失的免责条款也无效。

4. 支付租金的义务

支付租金是承租人最为重要的义务，收取租金是出租人最为基本的权利。承租人应当按照约定的期限支付租金。承租人无正当理由未支付或者迟延支付租金的，出租人可以请求承租人在合理期限内支付；承租人逾期不支付的，出租人可以解除合同。对支付租金的期限没有约定或者约定不明确的，《民法典》第721条规定："承租人应当按照约定的期限支付租金。对支付租金的期限没有约定或者约定不明确，依据本法第五百一十条的规定仍不能确定，租赁期限不满一年的，应当在租赁期限届满时支付；租赁期限一年以上的，应当在每届满一年时支付，剩余期限不满一年的，应当在租赁期限届满时支付。"

但有下列情形之一的，承租人可以请求减少或不支付租金：一是因不可归责于承租人的事由，致使租赁物部分或全部毁损、灭失的；二是因第三人主张权利，致使承租人不能对租赁物使用、收益的；三是因出租人提供的租赁物不符合合同约定或者妨碍承租人使用收益的；四是因维修出租物而影响承租人使用、收益的。如因承租人自身原因引起的妨碍租赁物使用、收益的，承租人不得要求减免租金。

5. 出租人的改善、转租同意权

承租人欲对租赁物进行修缮或增设他物的，应当征得出租人同意，否则，承租人应承担恢复原状或赔偿损失的法律后果。

承租人欲转租租赁物的，必须征得出租人的同意，否则，出租人可以解除合同。但如果租赁合同中已经有承租人任意转租条款的，不必再经出租人同意。此外，《民法典》第718条规定："出租人知道或者应当知道承租人转租，但是在六个月内未提出异议的，视为出租人同意转租。"

承租人经出租人同意后转租的，承租人与出租人之间的租赁合同继续有效，第三人造成租赁物损失的，承租人应当赔偿损失。转租期限超过承租人剩余租赁期限的，超过部分的约定对出租人不具有法律约束力，当事人另有约定的除外。承租人拖欠租金的，次承租人可以代承租人支付其欠付的租金和违约金，次承租人代为支付的租金和违约金可以冲抵次承租人应当向承租人支付的租金，超出其应付的租金数额的，可以向承租人追偿。

6. 承租人的优先承租权、优先购买权和对抗新所有权人的权利

租赁期限届满，房屋承租人享有以同等条件优先承租的权利。

出租人出卖租赁房屋的，应当在出卖之前的合理期限内通知承租人，承租人享有以同等条件优先购买的权利，但是，房屋按份共有人行使优先购买权或者出租人将房屋出卖给近亲属的除外。出租人履行通知义务后，承租人在十五日内未明确表示购买的，视为承租人放弃优先购买权。出租人委托拍卖人拍卖租赁房屋的，应当在拍卖五日前通知承租人。承租人未参加拍卖的，视为放弃优先购买权。出租人未通知承租人或者有其他妨害承租人行使优先购买权情形的，承租人可以请求出租人承担赔偿责任。但是，出租人与第三人订立的房屋买卖合同的效力不受影响。

租赁物在承租人按照租赁合同占有期限内发生所有权变动的，不影响租赁合同的效力。但租赁房屋具有下列情形或者当事人另有约定的除外：一是房屋在出租前已设立抵押权，因抵押权人实现抵押权发生所有权变动的；二是房屋在出租前已被人民法院查封的。

7. 双方的合同解除权

出现下列四种情形之一的,出租人可以解除租赁合同:①承租人无正当理由不支付租金的;②不定期租赁合同,当事人可随时解除合同,但是应当在合理期限之前通知对方;③承租人未经出租人同意而任意转租的;④承租人未按约定使用租赁物的。

出现下列六种情形之一的,承租人也可以解除合同:①租赁合同未约定租赁期限的;②租赁物危及承租人的安全或者健康的;③因不可归责于承租人的事由,致使租赁物部分或全部毁损、灭失,致使承租人不能实现合同目的的;④租赁物被司法机关或者行政机关依法查封、扣押的;⑤租赁物权属有争议的;⑥租赁物具有违反法律、行政法规关于使用条件强制性规定情形的。

8. 共同居住人的承继权

承租人在房屋租赁期限内死亡的,与其生前共同居住的人或者共同经营的人可以按照原租赁合同继续租赁该房屋。

(四)租赁物毁损、灭失的风险负担

因不可归责于承租人的事由,致使租赁物部分或全部毁损、灭失的,承租人不承担该风险,该风险由出租人承担。

(五)装饰装修的费用负担

(1)未经出租人同意的装饰装修。承租人未经出租人同意装饰装修或者扩建发生的费用,由承租人负担。出租人请求承租人恢复原状或者赔偿损失的,人民法院应予支持。

(2)经出租人同意的装饰装修。①在租赁合同无效时,未形成附合的装饰装修物,出租人同意利用的,可折价归出租人所有;不同意利用的,由承租人拆除,因拆除造成房屋毁损的,承租人应恢复原状。已形成附合的装饰装修物,出租人同意利用的,可折价归出租人所有;不同意利用的,由双方各自按照导致合同无效的过错分担现值损失。②租赁期间届满或合同解除时,除当事人另有约定外,未形成附合的装饰装修物,可由承租人拆除,因拆除造成房屋毁损的,承租人应恢复原状。③合同解除时,双方对已形成附合的装饰装修物的处理没有约定的,人民法院按照下列情形分别处理：第一，因出租人违约导致合同解除，承租人请求出租人赔偿剩余租赁期内装饰装修残值损失的，人民法院应予支持；第二，因承租人违约导致合同解除，承租人请求出租人赔偿剩余租赁期内装饰装修残值损失的，人民法院不予支持。但出租人同意利用的，应在利用价值范围内予承租人以适当补偿；第三，因双方违约导致合同解除，剩余租赁期内的装饰装修残值损失，由双方根据各自的过错承担相应的责任；第四，因不可归责于双方的事由导致合同解除的，剩余租赁期内的装饰装修残值损失，由双方按照公平原则分担。④租赁期间届满时，承租人无权请求出租人补偿附合装饰装修费用，但当事人另有约定的除外。

⚖ 课堂案例

2014 年 3 月 1 日，甲与乙就房屋出租签订了书面合同。甲将其房屋租给乙使用，租期 3 年，租金每年 7 000 元。3 年之后，乙仍然居住在房屋之中，而甲也没有表示反对。2017 年 8 月 1 日，经过甲许可，乙与丙达成口头协议，将房屋转租给了丙，租期 2 年（后因口头协议导致记忆不清，导致无法确定租赁期限），租金每年 9 000 元。丙与妻子搬进了房屋。2018 年 2 月 1 日，雷雨交加，房屋的一面墙壁被大水冲垮。甲、乙、丙三人均不愿自己出资修理房屋，为此争吵不休。最终，丙只得自己雇人将房屋修好，丙为此支付了 1 000 元。经过此事，甲感到十分伤心，向乙、丙表示将把房屋卖出去，乙与丙则表示无异议。2018 年 10 月 1 日，甲与丁签订买卖合同，将房屋卖给了丁，同日办理了过户登记手续。① 请回答下列问题：

（1）乙与丙的租赁期限该如何确定？为什么？

（2）甲、乙、丙是否享有法定合同解除权？为什么？

（3）丙应当向甲还是向乙支付租金？为什么？

（4）房屋修理费用最终应由谁承担？为什么？

（5）如果丙与妻子搬进房屋不久后，丙去世，丙妻可否继续租住？为什么？

（6）甲将房屋卖给丁，甲与乙、乙与丙之间的租赁合同效力如何？为

---

① 房绍坤，于海防，姜格．合同法练习题集［M］．北京：中国人民大学出版社，2019.

什么？

（7）丁是否可以通过某种方式，要求丙搬出房屋？为什么？

案例解析

（1）乙与丙的租赁期限是不定期的。法律规定，租赁期限六个月以上的，应当采用书面形式。当事人未采用书面形式，无法确定租赁期限的，视为不定期租赁。本案中，乙与丙为口头约定且无法确定租赁期限，应视为不定期租赁。

（2）甲、乙、丙均享有法定合同解除权。法律规定，租赁期限届满，承租人继续使用租赁物，出租人没有提出异议的，原租赁合同继续有效，但是租赁期限为不定期。不定期租赁，当事人可以随时解除合同，但是应当在合理期限之前通知对方。在本案中，甲与乙、乙与丙的租赁都属于不定期租赁，当事人都享有法定合同解除权。

（3）丙应当向乙支付租金。根据合同的相对性原则，丙应该向合同当事人乙支付租金。

（4）房屋修理费用最终由甲承担。法律规定，出租人应当履行租赁物的维修义务。在本案中，房屋墙壁被大水冲垮，不可归责于任何一方当事人，不构成任何一方当事人违约，应当依据风险负担归责加以处理。出租合同中，出租人应当承担租赁物的意外毁损、灭失的风险。

（5）丙妻可以继续租住。法律规定，承租人在房屋租赁期限内死亡的，与其生前共同居住的人或者共同经营人可以按照原租赁合同租赁该房屋。在本案中，丙妻是与承租人丙生前共同居住的人，可按照原租赁合同租赁该房屋。

（6）都继续有效。法律规定，租赁物在承租人按照租赁合同占有期限内发生所有权变动的，不影响租赁合同的效力。在本案中，甲出售房屋时，甲与乙、乙与丙的租赁合同都有效，该房屋所有权的变动并不会影响到租赁合同的有效性。

（7）可以。房屋新所有人丁取代甲成为租赁合同的当事人，因两个合同都属于不定期租赁合同，双方当事人均可随时解除合同，但需要在合理期限之前通知承租人。

法条链接

《民法典》

第七百零七条 租赁期限六个月以上的,应当采用书面形式。当事人未采用书面形式,无法确定租赁期限的,视为不定期租赁。

第七百一十二条 出租人应当履行租赁物的维修义务,但是当事人另有约定的除外。

第七百一十三条 承租人在租赁物需要维修时可以请求出租人在合理期限内维修。出租人未履行维修义务的,承租人可以自行维修,维修费用由出租人负担。因维修租赁物影响承租人使用的,应当相应减少租金或者延长租期。

因承租人的过错致使租赁物需要维修的,出租人不承担前款规定的维修义务。

第七百一十六条 承租人经出租人同意,可以将租赁物转租给第三人。承租人转租的,承租人与出租人之间的租赁合同继续有效;第三人造成租赁物损失的,承租人应当赔偿损失。

承租人未经出租人同意转租的,出租人可以解除合同。

第七百二十五条 租赁物在承租人按照租赁合同占有期限内发生所有权变动的,不影响租赁合同的效力。

第七百三十条 当事人对租赁期限没有约定或者约定不明确,依据本法第五百一十条的规定仍不能确定的,视为不定期租赁;当事人可以随时解除合同,但是应当在合理期限之前通知对方。

第七百三十二条 承租人在房屋租赁期限内死亡的,与其生前共同居住的人或者共同经营人可以按照原租赁合同租赁该房屋。

第七百三十四条 租赁期限届满,承租人继续使用租赁物,出租人没有提出异议的,原租赁合同继续有效,但是租赁期限为不定期。

租赁期限届满,房屋承租人享有以同等条件优先承租的权利。

课后习题

1. 在下列哪一情形下，乙的请求依法应得到支持？（　　）。

A. 甲应允乙同看演出，但迟到半小时，乙要求甲赔偿损失

B. 甲听说某公司股票可能大涨，便告诉乙，乙信以为真，于是大量购进，事后该股票大跌，乙要求甲赔偿损失

C. 甲与其妻乙约定，如因甲出轨导致离婚，甲应补偿乙50万元，后两人果真因此离婚，乙要求甲依约赔偿

D. 甲对乙承诺，如乙比赛夺冠，乙出国旅游时甲将陪同，后乙夺冠，甲失约，乙要求甲承担赔偿责任

2. 合同成立的根本标志在于（　　）。

A. 当事人就合同主要条款达成合意

B. 经历了要约与承诺阶段

C. 履行了一定的缔约方式

D. 交付标的物

3. 甲与乙签订买卖合同。按照合同的约定，甲应在5月5日前向乙交付100吨矿泉水，乙应在5月5日前向甲支付价款，乙可以基于（　　）而拒绝履行合同。

A. 先履行抗辩权　　　　　　　　B. 后履行抗辩权

C. 同时履行抗辩权　　　　　　　D. 不安抗辩权

4. 在代位权诉讼中，债务人的诉讼地位是（　　）。

A. 原告　　　　　　　　　　　　B. 被告

C. 有独立请求权的第三人　　　　D. 无独立请求权的第三人

5. 甲商场与生产月饼的乙公司签订了月饼销售合同，合同约定乙公司在中秋节之前应当向甲商场交付100箱月饼，甲商场货到付款。由于市场对月饼的需求量极大，乙公司生产的月饼一直供不应求，因而一直未对甲商场供货。中秋节过后两天，乙公司向甲商场运送了100箱月饼，并要求甲商场按照合同约定立即付款。甲商场当即表示解除合同，并拒绝签收货物和付款。对此，下列说法中，正确的是（　　）。

A. 甲商场的行为不合法，因为乙公司只是迟延履行罢了

B. 甲商场的行为合法，因为其行使的是同时履行抗辩权

C. 甲商场的行为合法，因为乙公司的迟延履行行为致使合同目的不能实现

D. 甲商场的行为不合法，因为乙公司虽然迟延履行，但甲商场并未依法进行催告

6. 下列合同中，属于实践合同的是( )。

A. 租赁合同   B. 赠与合同

C. 保管合同   D. 买卖合同

7. 甲向出版社发送电子邮件，询问该出版社是否出版了某种图书，出版社收到电子邮件后，马上向甲寄送了一本该种图书，按照图书标价价格的八五折要求甲支付货款。甲认为出版社强人所难，不愿意支付货款。那么，下列表述中正确的是( )。

A. 甲的行为属于要约   B. 出版社的行为属于要约

C. 出版社的行为属于承诺   D. 甲应向出版社支付货款

8. 甲乙口头协商，甲将房屋出租给乙使用，租赁期为 2 年。对此，下列选项中，正确的是( )。

A. 租赁合同的租赁期限为 2 年

B. 租赁合同的租赁期限为 6 个月

C. 租赁合同为不定期租赁

D. 租赁合同不成立，因为租赁物为房屋，应当采用书面形式

9. 在分期付款买卖合同中，当买受人未支付到期价款的金额达到全部价款的( )时，出卖人可以要求买受人支付全部价款或解除合同。

A. 1/2   B. 1/3

C. 1/4   D. 1/5

10. 甲在乙的家里看到一本新出版的图书，便与乙商定以 60 元的价格购买，并且甲同意在乙看完之后再交给自己。这种标的物的交付方式属于( )。

A. 现实交付   B. 简易交付

C. 占有改定   D. 指示交付

第四章　人格权

第一节　人格权概述

一、人格与人格权

（一）人格和人格权的概念

人格在法律上是一个极为抽象的概念，其内涵较为丰富。一般认为，法律上的人格概念最早出现在罗马法中，表示人所具有的某种身份，代表不同人的不同地位。[①] 罗马法经常用"caput"一词指称"人格"。"caput"的本义是头颅，被罗马法学家和裁判官用来指代人格，其寓意为人格对于人而言，犹如头颅对于人一样重要。[②] 在罗马法中，凡享有权利能力的人，就具有法律上的人格。具体来说，人格一词包含两种含义：第一种含义是权利取得的资格。换言之，人格就是作为民事主体必备条件的民事权利能力。由此看来，我国《民法典》关于权利能力的规定，实际上是对人格的规定。第二种含义是应受法律保护的利益，包括人格独立、人格自由、人格尊严这些通过一定方式的外在化表现价值，以及体现在生命权、健康权、身体权、姓名权、名称权、肖像权、名誉权、隐私权等具体人格权中相应的人格利益。欧洲的一些学者就将人格界定为"对人作为万物的灵长

---

① 周枏．罗马法原论：上册［M］．北京：商务印书馆，1994．

② 曲炜．人格之谜［M］．北京：中国人民大学出版社，1991．

所应享有的精神、道德价值的承认"①。因此，人格作为法律的客体，其可能受到多种形式的侵害，对人格利益的保护旨在维护主体作为人的存在，并且为主体从事民事活动提供前提条件。不同时代的社会皆有与其社会结构和时代特点相匹配的人格理念与人格概念。在我国，人格的概念也经历了日益丰富和完善的过程，尤其在改革开放之后，我国人格及人格权理论有了长足发展。结合人格这一概念产生和发展的历史背景，我们可以对人格作出以下定义：人格是成为民事主体的必要条件，具有人格意味着具有民事权利能力；在人格法律关系上，人格一般称为"人格利益"，是人格权的客体，在特定语境下会被简称为"人格"。

人格权的概念始于近代。一般认为，荷兰学者胡果（Hugo Donellus，1527—1591 年）最早将生命、健康等人格利益上升为权利种类，开创了人格权理论的先河。② 人格权是自然的、人与生俱来的权利，尽管也是法律赋予的，但并非只有法律规定的人格权才受法律保护。人格权是维护民事主体独立人格的必备权利，民事主体不享有人格权就不可能具有独立的人格，更不可能作为主体存在，这与人格权的固有性与专属性相契合。我国自《民法通则》颁布以来，就将人格权规定在"民事权利"一章中。《民法总则》沿袭了这一立法传统，在主体制度部分规定了民事权利能力，以解决主体资格问题，而在"民事权利"一章中规定了人格权。《民法典》则直接将人格权独立成编，对人格权作出详细的规定。但人格权到底如何界定，《民法典》却保持了开放性，这也是为未来新出现的人格权类型留有足够的空间。在学理上，不少学者对人格权作出自己的理解。《大清民律草案》总则、债权和物权的起草者之一松冈义正认为，生命、身体、荣誉等都是维持人格所必需的法律上拟制的货物，人格权是支配这些法律货物的权利，即人格权为"支配不得与人格分离之法律货物之权利也。不得与人格分离之法律货物，即为维持人格所必要之事项。若其缺之，人格即消灭，不能视之为人之存在。如生命、身体、名誉、自由、氏名及商号等

---

① NEETHLING J, POTGIETER J M, VISSER P J. Neethling's law of personality［M］. New York：Lexis Nexis South Africa, 2005：27.

② REITER E H. Personality and patrimony：comparative personality perspectives on the right to one's image［J］. Tulane law review, 2001, 76：673.

是也"。① 王利明教授认为，虽然在学理上关于人格权的概念存在争议，但一般认为，人格权是指以主体依法固有的人格利益为客体的，以维护和实现人格平等、人格尊严、人身自由为目的的权利。② 杨立新教授认为，人格权是指民事主体专属享有，以人格利益为客体，为维护民事主体独立人格所必备的固有民事权利。③ 结合《民法典》第990条和第110条的规定，我们可以对人格权作如下定义：人格权是指民事主体依法享有的生命权、身体权、健康权、姓名权、名称权、肖像权、名誉权、荣誉权、隐私权等实现人身自由和人格尊严等方面的支配和排他的权利。

（二）人格权的分类

人格权的分类是指根据不同的标准对各种具体的人格权所进行的划分。对人格权进行类型化的划分，有利于准确认定侵害人格权的责任。因为各种人格权的类型不同，其构成要件也不同；侵害人格权的类型不同，其抗辩事由也不同，所以我们认为，人格权可以进行如下分类：

1. 一般人格权和具体人格权

按照一般人格利益与具体人格利益的不同，可以将人格权分为一般人格权和具体人格权两种类型。

一般人格权是《民法典》第990条第2款规定的以具体人格利益以外的其他人格利益为客体的人格权，是指有关人格尊严、人格自由和人格平等的抽象的、一般的、概括的权利。一般人格权可以对人格权益进行兜底保护，即通过一般人格权保护具体人格权之外的人格利益。

具体人格权是对具体人格利益进行保护而设定的权利，包括《民法典》人格权编中规定的生命权、身体权、健康权、性自主权、人身自由权、姓名权、名称权、肖像权、形象权、声音权、名誉权、荣誉权、隐私权以及个人信息权等。

2. 物质性人格权和精神性人格权

在具体人格权中，以人格权客体的基本属性为标准，可以分为物质性

---

① 松冈义正. 京师法律学堂笔记：民法总则［M］//俞江. 近代中国民法学中的私权理论. 北京：北京大学出版社，2003.

② 王利明. 人格权法［M］. 2版. 北京：中国人民大学出版社，2016.

③ 杨立新. 人格权法［M］. 北京：法律出版社，2020：40.

人格权和精神性人格权。

物质性人格权是以物质性人格利益为客体的具体人格权，包括生命权、身体权和健康权。

精神性人格权是以精神性人格利益为客体的具体人格权，包括姓名权、名称权、肖像权、名誉权、荣誉权、隐私权和个人信息权。

3. 自然人的人格权和法人及非法人组织的人格权

根据权利主体的不同，人格权可以分为自然人的人格权和法人及非法人组织的人格权。

自然人的人格利益包括自然人享有的人身自由、人格尊严以及姓名、肖像、名誉、隐私、贞操、婚姻自主等。法人及非法人组织的人格权包括法人及非法人组织对于其名称、名誉、信用等享有的权益。

二、人格权的特征

（一）人格权是民事主体固有的专属的权利

人格权的固有性是指人格权是主体所固有的权利。人格权的固有性主要体现在以下几个方面：一是与主体相伴随而产生，一旦自然人出生、法人或非法人组织成立，其就依法享有人格权。同时，权利人一旦死亡，其人格权也归于消灭，其继承人也不得继承其人格权。正是因为这一原因，人格权也被称为原始权利。二是表现在它脱离民事主体的个人意志而独立存在，无论个人是否实际意识到这些权利的存在，人格权都客观存在，并且不可被剥夺，不得被放弃。人格权的享有与个人的主体资格关系密切，一旦人格权被剥夺，个人的主体资格也将受到影响。因此，任何人的人格权都不受他人的非法剥夺，也不允许当事人主动放弃，否则必然损害个人的主体资格，也违背公序良俗。

人格权的专属性体现在人格权只能由权利人本人享有，不可与民事主体的人身相分离，不能通过转让或继承由他人享有。对于人格权造成损害所产生的损害赔偿请求权，因其基于人格权而产生，受其专属性所限，也不得转让与继承。根据《民法典》第992条的规定，人格权不得放弃、转让或继承。这正是人格权专属性的体现。

（二）人格权具有法定性

人格权的概念作为近代的产物，其在发展过程中深受自然法理论的影响。自然法理论将生命、健康等作为一种自然权利对待，从而使人格权作为一种自然权利被人们接受。人格权的确具有一定的自然性，这主要表现在人格权始终与主体相伴随，个人或一定组织一旦出生或产生，便享有人格权。但我们认为，各项人格权都应由法律规定，没有法律确认的人格权只属于个人人格利益，而不是真正意义上的人格权。因此人格权应当属于法定权利而不是自然权利，人格权只有法定化，才能够明确权利的边界，国家才能通过强制力对人格权进行保障。

（三）人格权具有有限的支配性

所谓支配性，是指人格权可以直接支配其人格利益，也可以依法保有或行使其权利，无须他人的协助，仅凭自己的意志即可行使权利。关于人格权是否具有支配性，理论界有不同的认识。有学者认为，人格权不是支配权，因为对于支配权而言，只有通过积极的支配行为，才能实现权利人的利益。如果承认人格权是支配权，就意味着权利人可以任意支配、处分自己的生命、健康等利益，自杀、安乐死等行为将被视为合法化行为。这显然有悖公序良俗。持相反观点的学者则认为，人格权也具有支配内容，因为人格权也具有排除他人干涉、自由支配自己人格利益的内容。① 本书认同后一种观点，人格权具有支配性，但此种支配性是有限的。具体而言，人格权具有支配性意味着权利人可以基于自己的意思行使权利，不需要其他人的配合，同时也意味着权利人无须他人的介入，在合法的范围内可自由处分自己的权利，如权利人有权许可他人对自己的肖像权和姓名权进行商业化的利用。但权利人对人格权的支配性是有限的，这里的有限性是相对于物权的支配性而言的，具体表现在处分的利益类型和处分方式等方面。比如，法律不仅禁止器官买卖，还规定除了在特殊的场合，如为社

---

① 胡田野. 财产权、自由与人格权［J］. 湖南社会科学，2004（5）：177 – 188.

会公共利益或他人利益而献身之外，禁止处分自己的器官或组织。①

三、人格权法

（一）人格权法的概念

所谓人格权法，是指确认和保护各项人格权的法律规范的总称。人格权法有广义和狭义两种理解，广义上的人格权法不仅包括《民法典》人格权编的规范，也包括《民法典》其他各编关于人格权的规定。例如，《民法典》总则编、合同编、继承编等，均有关于人格权的规定，这些规定在广义上都属于人格权法的范畴。除《民法典》的规定外，其他特别法关于人格权的规定，也属于广义的人格权法的范畴。狭义的人格权法则主要是指《民法典》人格权编的规定。《民法典》对于人格权的立法，历经曲折的过程和尖锐的理论争议，最终规定了第四编人格权，共51个条文，建立了比较详尽的人格权的权利类型及其保护的民法制度，具有重要的开创性意义。

（二）《民法典》人格权编的调整范围

《民法典》第989条规定，本编调整因人格权的享有和保护而产生的民事关系。具体而言：

1. 人格权编调整的是以人格利益为内容的社会关系

人格权编调整的民事关系是以人格利益为客体的社会关系，而不是以财产作为主要内容的关系。人格利益包括自然人的人身自由、主体专有人格标志的保有（姓名、肖像等）、主体获得的良好社会评价、自然人的隐私、个人信息以及其他各种人格利益等。

2. 人格权编调整的是以人格权的享有和保护为内容而形成的社会关系

人格权编调整以人格权的享有、保护和行使为内容而形成的民事法律关系。享有和保护是人格权实现的两种基本方式，是关于人格权积极权能和消极权能的表述。与一般民事权利一样，人格权基础理论可以分为人格权的设定（确认）和人格权的实现（行使）两部分。人格权的享

---

① 宗晓虹，钟和艳. 器官移植的人身权问题研究 ［J］.重庆大学学报（社会科学版），2004（2）：107.

有，是指民事主体因为法律的确认而享有各项人格权。也就是说，人格权编侧重于对人格权进行正面确权，人格权法以确认人格权的类型、人格利益的保护范围、各种人格权的内容和权能、人格权的行使与效力以及人格权与其他权利之间的冲突等为主要内容。设定和确认人格权是人格权法特有的功能。因人格权保护所产生的民事关系主要是指人格权遭受侵害而产生的权利义务关系。《民法典》人格权编为人格权提供了丰富的保护手段，如停止侵害、排除妨碍、消除危险、恢复名誉、赔礼道歉等责任方式，有助于及时制止侵害，并规定了这些请求权不受诉讼时效的限制，同时考虑到人格权的侵害可能会给权利人造成精神痛苦，还规定了精神损害赔偿。

第二节　生命权、身体权和健康权

一、生命权

（一）生命权的概念和特征

生命权是指自然人享有的以维护其生命安全和生命尊严为基本内容的具体人格权。[①]《民法典》第 1002 条规定："自然人享有生命权。自然人的生命安全和生命尊严受法律保护。任何组织或者个人不得侵害他人的生命权。"生命权是一项具有普世性的基本人权。《民法典》确认生命权是自然人的人格权，并且明确规定了生命权的基本内容是维护生命安全和生命尊严。自然人只有享有生命权，才能作为一个主体在社会中生存并与他人交往，追求个人存在的价值。生命权是自然人最为重要的人格权，是其他人格权和其他权利的前提，是从事民事活动和其他一切活动的前提和基本要求。

---

① 杨立新．人格权法［M］.北京：法律出版社，2020.

（二）生命权的内容

1. 生命的享有权

生命的享有权是权利人有权享有自己的生命利益，维护自己的生命延续而享受生命、享受生活的权利。自然人只有享有生命，才能够作为一个民事主体，享有民事权利，承担民事义务。因此，生命权是自然人第一位的人格利益。

2. 生命安全受法律保护

生命安全受法律保护，包括自然人对生命利益享有的消极维护权以及在遭受侵害时享有的积极防御权，使自己的生命得以延续。因此，在自然人的生命权遭受侵害或者面临危险时，权利人可以依法采取相应的保护措施，以维护自己的生命安全。生命安全受法律保护，首先是指在自己的生命安全受到威胁的时候，自然人有权请求公权力机关予以救济，例如报警或者请求其他公权力机关予以保护；其次是指在符合法律规定的条件下进行自力救济。例如《民法典》第 181 条规定的正当防卫、第 182 条规定的紧急避险、第 1177 条规定的自助等。法律规定这些自力救济的措施，并不是要取代公力救济，而仅仅是为了弥补公力救济的不足或发生时来不及的情况。法律对自力救济予以明确规定，规定了具体条件和法律后果等，是为了避免自力救济的滥用。这也与《民法典》第 131 条、第 132 条关于民事权利行使的一般规定相协调，即民事主体行使权利应当履行法律规定，不得损害国家利益、社会公共利益或他人合法权益。

3. 生命尊严受法律保护

生命尊严是人格尊严的重要组成部分。生命尊严包括生的尊严、活的尊严和死的尊严。生命的终极价值在于维护人自己的人格尊严，而人格尊严在于人的自我决定，人因为能够自我决定，才具有尊严。自然人因为对自己的人格尊严有维护权，所以对生命具有决定力。有的国家认为尽管自杀不是合法行为，不属于生命权的自我决定范畴。但是，当出现病痛使生命不能发挥维护人格尊严的作用，反而成为人格尊严的负累时，人就应当有权决定终止它，使自己有尊严地死去。从这个意义上讲，生命尊严的核心价值不在于维护生的尊严，而在于维护死的尊严。安乐死在希腊语中，就是尊严死亡的意思。在世界各国中，荷兰和日本并不禁止主动安乐死，其他国家一般只允许消极安乐死。① 从原则上说，生命尊严是安乐死的上位概念，尽管《民法典》没有明确规定积极安乐死，但是增加了"生命尊严"的内容，为安乐死留有了解释空间，体现了高超的立法技术。

课堂案例

王某的母亲身患绝症，被病痛折磨得痛苦万分。王某和其姐妹确认其母治愈无望，找到主治医生蒲某要求实施安乐死，并表示愿意承担一切责任。蒲某给王某母亲开了复方冬眠灵处方一张，注明"家属要求安乐死"，王某在处方上签名。注射后，王某母亲死亡。王某与蒲某被检察机关以故意杀人罪提起公诉，关押1年3个月后，被法院宣告无罪释放。后来，王某也得了胃癌，癌细胞扩散到身体其他部位，他要求医生给自己实施安乐死，没有医生敢实施。最后王某只能拒绝接受治疗，在痛苦中离开人世。

案例解析

在"中国安乐死第一案"中，王某因为为身患绝症的母亲实施安乐死，被检察机关以故意杀人罪提起公诉。后最高人民法院批复陕西省高级人民法院：你院请示的蒲某、王某故意杀人一案，经最高人民法院讨论认为，安乐死的定性问题有待立法解决，就本案的具体情节，不提安乐死问题，可以依照《刑法》第十条的规定，对蒲、王的行为不作犯罪处理。因此，最后王某、蒲某被无罪释放。虽然《民法典》第1002条规定了"生命尊严"受法律保护，但该条尚不能称为安乐死的法律依据。因为作为决定生死的人之大事，安乐死还涉及严格的程序设计，应由立法明确规定才妥当。

法条链接

《民法典》

第一千零二条　自然人享有生命权。自然人的生命安全和生命尊严受法律保护。任何组织或者个人不得侵害他人的生命权。

---

① 杨立新，刘宗胜. 安乐死合法化的民法基础［J］.云南大学学报（法学版），2005（4）：19－23.

4. 任何组织或者个人不得侵害他人的生命权

任何人都不能把自然人的生命作为实现其他目的的手段，不得非法剥夺他人的生命。侵害他人的生命权，要依据法律规定承担包括民事责任在内的多种责任。侵害生命权的行为包括基于故意或过失致他人死亡的行为。侵害生命权的行为往往既构成侵权，又构成犯罪。但民法上侵害生命权的责任并不一定与刑事上侵害生命犯罪一一对应。例如，在因台风吹翻广告牌而致人死亡等情况下，虽然物的所有人要承担民事赔偿责任，却不一定要承担刑事责任。目前，承担民事责任的主要法律依据是《民法典》、《关于审理人身损害赔偿案件适用法律若干问题的解释》（2021 年）、《最高人民法院关于确定民事侵权精神损害赔偿责任若干问题的解释》（2021 年）等相关规定。生命权遭受侵害，意味着受害人的死亡，在此种情况下，究竟应当由谁来主张权利？主张的依据是什么？我们认为，在生命权遭受侵害的情况下，虽然直接造成的损害后果是受害人的死亡，但是受害人的死亡同时也意味着一系列损害后果的发生，包括受死者生前扶养的人的财产损失、死者近亲属遭受的精神损害等。对这些损害的赔偿都是依据法律的规定而产生，法律的规定就是请求权发生的依据。也就是说，在生命权遭受侵害的情况下，存在双重直接受害人。死者是侵害生命权行为的直接受害人，其近亲属是侵害生命权行为的间接受害人，这双重受害人享有一个共同的损害赔偿请求权。

二、身体权

（一）身体权的概念和特征

身体权是指自然人享有的以身体完整和行动自由受法律保护为内容的权利。法律意义上的身体，专指自然人的身体，是指自然人的生理组织的整体，即人的躯体。身体包括两部分，一是主体部分，二是附属部分。主体部分是人的头颅、躯干、肢体的总体构成，包括肢体、器官和其他组织，是身体的基本内容。附属部分是指毛发、指（趾）甲等附着于身体的其他人体组织。身体虽然由头颅、肢体、器官、其他组织以及附属部分构成，但是一个完整的整体。破坏了身体的完整性就破坏了身体的有机构成。《民法典》总则编第 110 条第 1 款将身体权作为独立的人格权。第 1003 条具体规定："自然人享有身体权。自然人的身体完整和行动自由受法律保护。任何组织和个人不得侵害他人的身体权。"身体权与生命权、健康权密切相关，侵害自然人的身体往往导致对自然人健康的损害，甚至剥夺自然人的生命。但生命权、健康权和身体权所保护的自然人的具体人格利益有区别，生命权以保护自然人生命的延续为内容之一，健康权以保护身体各组织及整体功能正常为内容之一，而身体权以保护身体组织的完整为内容之一。当他人侵害自然人的身体已经达到使自然人的组织和功能不正常的程度时，侵害的是自然人的健康权而非身体权。当他人侵害自然人的身体，但自然人的组织和功能正常时，侵害的是自然人的身体权而非健康权。

（二）身体权的内容

1. 保持身体完整权

保持身体完整权，是自然人对自己身体的完整性享有保持的权利。禁止任何人侵害自己的身体，破坏自己身体的完整性。对身体完整性的维护包含两层含义：一是禁止他人未经本人同意，取得自己身体的组成部分或接触自己的身体。二是民事主体对自己的身体组成部分在特定范围内有适当自主决定的权利，例如，同意理发，或者接受医疗手术等。但这种自主决定不得违反法律规定，不得违背公序良俗。例如，《民法典》第1219条第1款规定了患者的知情同意权，权利人有权为恢复身体健康而自愿放弃身体的某一组成部分，如同意截肢手术等；也有权对身体组成部分予以改变，如同意整容等。《民法典》人格权编也规定了人体捐赠、人体试验等问题，其中第1007条规定，禁止以任何形式买卖人体细胞、人体组织、人体器官、遗体。当权利人的身体完整性受到他人侵害时，权利人有权采取保护措施排除他人的侵害，包括请求公权力机关救济和在符合法律规定的情况下进行自力救济。

2. 行动自由受法律保护

行动自由受法律保护，是指权利人的身体行动自由在受到他人非法剥夺或者限制的情况下，权利人有权采取保护措施排除他人的侵害，同时有权基于自己的意思在特定范围和期限内适当限制自己的身体行动自由。在此需要说明的是，行动自由实际上属于人身自由权的内容。人身自由从狭义上理解就是一种身体活动的自由，对人身自由权的侵犯就涉及对身体的非法拘禁和限制。但身体权和人身自由权是不同的：一方面，身体权是指主体对其身体所享有的安全性和完整性的权利，而人身自由权保护的是主体的人身活动自由、行为自由。人身自由权是对身体活动自由状态的保护。《民法典》第1003条将行动自由规定在身体权的内容中实际上是不适当的。这主要是因为《民法典》第990条第2款将人身自由定性为一般人格权，使得人身自由无法成为独立的具体人格权，因而不得不将行动自由放在身体权的规定中予以规范。对此，我们应在理论上予以厘清，不能混淆人身自由权和身体权的性质和界限。

三、健康权

（一）健康权的概念和特征

健康权是公民以其身体的生理机能的完整性和保持持续、稳定、良好的心理状态为内容的权利。[①] 健康权的客体是健康。现代汉语称"健康"，为人体各器官发育良好，功能正常，体质健壮，精力充沛并且有良好的劳动效能的状态[②]，也指人体发育良好，机理正常，有健全的心理和社会适应能力。[③] 法律上的健康是指维持人体生命活动的生理机能的正常运作和功能的完善发挥。健康既包括身体健康，也包括心理健康。身体健康是指人的机体的生命活动和体内各器官的机能正常。心理健康指的是一种积极的、能够使人们不断进步的心理状态，其能使人很好地适应社会环境。良好的发展和保持亲密关系，使人的身体、心灵发挥最好的功能。作为身心统一体的人，身体和心理是紧密依存的两个方面，身体健康和心理健康具有密切的联系。心理健康是身体健康的精神支柱，身体健康又是心理健康的物质基础。因此健康权的保护范围不应当仅限于身体健康，还包括心理健康。导致受害人精神分裂、痴呆、患恐惧症、患抑郁症等侵害心理健康的行为，也构成侵害健康权。《民法典》第1004条规定："自然人的身心健康受法律保护。"从法条的表述来看，《民法典》明确了健康包括心理健

---

① 王利明. 人格权法［M］. 2版. 北京：中国人民大学出版社，2016：185.

② 辞海（缩印本）［M］. 上海：上海辞书出版社，1979.

③ 中国社会科学院语言研究所词典编辑室. 现代汉语词典［M］. 7版. 北京：商务印书馆，2016：642.

康。健康权与生命权、身体权等有密切的联系，但也存在明显的区别。健康权以权利人生理机能的正常运作作为客体，而生命权以权利人的生命为内容和客体。健康权与身体权也不同，健康权以人体的生理机能正常运作和功能的完善发挥为具体内容，但不是以人体的整体构造作为客体。健康权维护的是自然人的机体生理机能正常运作和功能的完善发挥；身体权维护的是自然人身体组成部分的完整。简而言之，健康权保护的是身体机能的完善性，身体权保护的是身体组成部分的完整性。

（二）健康权的内容

1. 健康维护权

健康维护权是指权利人有权采取各种合法的手段维护自身的健康并排除他人侵害的权利。一方面，在发生损害健康权的危险情况下，权利人可以主张消除危险，采取各种合法手段预防各种损害的发生；另一方面，如果权利人已经面临实际的健康危险，可以采取正当防卫或紧急避险等合法方式来维护自己的健康。如果其健康已经遭受实际的损害，权利人可以主张排除妨害、停止侵害，构成侵权行为的，还可以主张财产损害赔偿和精神损害赔偿等侵权责任。

2. 健康的有限支配权

健康的有限支配权是指权利人对自己的健康利益有适度支配的权利。关于健康权是否属于支配权，学理上其实有不同的看法。持否定说的学者认为，健康权不具有支配性，其原因是自然人不能随意支配其健康，否则权利人就有权放弃健康了。[①] 但我们认为，支配性不仅仅意味着对客体的任意支配，只要是绝对权，就应当具有支配性。权利的类型不同，支配的效力和范围也不同。如果不承认健康权的支配性，就否认了人对健康权的享有和维护自己健康的利益，也无法排除第三人对其健康的侵害。本书认为，权利人对其健康享有的支配权不是绝对的支配权，其支配权要受到适当限制。对健康支配权的限制应当仅次于对生命支配权的限制，健康权人在不违反法律和善良风俗以及不严重损害自己健康的情况下，可以适当处分自己的健康利益。例如，行为人自愿进行某种风险极大的手术，对身体

---

① 杨立新. 人身权法论 ［M］.北京：人民法院出版社，2002：434.

实施麻醉，接受法律准许范围内的损害其健康的人体试验等。

（三）对胎儿健康利益的保护

对自然人人格权的保护应延伸至自然人出生前的胎儿时期，即保护胎儿的健康利益。胎儿，是指自然人未出生但在母胎之中的生物体状态。胎儿不是刚出生的婴儿，刚出生的婴儿具有完全民事权利能力，享有民事权利，承担民事义务。胎儿因尚未出生，无法获得完全民事权利能力。为了保护胎儿的利益，《民法典》第 16 条规定："涉及遗产继承、接受赠与等胎儿利益保护的，胎儿视为具有民事权利能力。但是，胎儿娩出时为死体的，其民事权利能力自始不存在。"其含义是，在胎儿娩出时是活体的情况下，法律将其出生时间提前，视胎儿为已出生，使胎儿具有部分民事权利能力，从而得以享受权利。对胎儿健康利益的保护，应自胎儿成功受孕时起。无论胎儿是因合法婚姻关系而受孕，还是因其他原因受孕，均在法律保护的范围内。胎儿在成功受孕时，即享有健康利益。

第三节　姓名权和名称权

一、姓名权

（一）姓名权的概念和特征

姓名权是指自然人依法决定、使用、变更或者许可他人使用自己姓名的权利。简而言之，姓名权是自然人对其姓名利益在法律上所享有的权利。姓名是用以确定和代表自然人的人格特征，并与其他自然人相区别的文字标识。姓名包括姓和名两部分，姓是一定血缘遗传关系的记号，标志着个体自然人从属于哪个家族血缘系统；名则是特定的自然人区别于其他自然人的称谓。姓名的基本功能是为了防止身份的混淆，表彰个人的人格特征。在当代社会，姓名的法律意义主要在于，使一个自然人与其他自然人区别开来，在一定意义上，姓名是主体存在的标志，也是自然人从事民事活动，行使法律赋予的各种权利和承担相应义务的前提条件，具有定纷止争的秩序规范功能。法律上的姓名不仅包括正式的登记姓名，还包括其他类似于姓名的笔名、艺名、网名等非正式姓名。此外，在我国传统上还有人在姓名之外另起"字""号"的习惯。在我国大陆地区，自然人的字、号等已经很少见，但笔名、艺名、网名等的使用很普遍，且为大多数人熟知，如鲁迅、茅盾、红线女等。这些本名之外的别名，在某些场合下比本名更为重要。姓名权所体现的利益为精神利益，在现代社会中，姓名权的精神利益也可能带来一定的经济利益，如利用著名作家的笔名发表作品，可以获得稿费；利用著名演员的艺名可以提高票房。姓名权的精神利益是其最基本、最主要的利益，也包含一定的经济利益。因此，姓名权是具有一定经济利益因素的人格权，这主要是因为姓名权中的客体即姓名利益具有双重属性，既有精神利益，又有经济利益。

（二）姓名权的内容

1. 姓名决定权

姓名决定权也称为命名权，它是指自然人决定自己姓名的权利，任何组织或者个人无权干涉。为自己命名是自然人享有的基本权利。但在中华民族的传统文化中，姓氏体现的是血缘传承、伦理秩序和文化传统，具有浓厚的身份属性，公民的姓是其家族血脉传统的标识，也是区分自然人与其他群体自然人的一种身份标志。因此，对于姓氏，个人原则上没有选择权，只能随父姓或者随母姓，除非有极为特殊的情况，经过批准后可以选择第三姓。[①]名，一般都是自然人在出生时，由其父母等予以命名，但这不意味着自然人的命名权被否定了，而是父母实施亲权的代理行为，表达的是对命名者的期待、意愿以及其他社会心理。[②] 自然人成年并取得完全的行为能力之后，有权根据自己的意志决定自己的姓名。自然人不仅有权决定自己的姓名，而且有权决定自己的笔名、艺名、网名等，他人不得干涉。

2. 姓名使用权

所谓姓名使用权，是指自然人使用自己的姓名用以明确自己身份，实施民事法律行为的权利。使用自己的姓名，是自然人姓名权的重要内容，自然人在民事活动中，除法律另有规定外，可以使用本名，也可以使用自

[①] 王利明. 人格权法［M］. 2 版. 北京：中国人民大学出版社，2016：217.

[②] 纳日碧力戈. 姓名论［M］. 北京：社会科学文献出版社，2002：1.

己的笔名、艺名或化名等。任何人不得强迫自然人使用或不使用某一姓名。姓名权具有强烈的专属性，即使在重名的情况下，姓名也代表了不同的人格特征。

3. 姓名变更权

姓名变更权是指自然人对自己的姓名可以进行变更的权利。具体而言，是指自然人可以按照自己的意愿依照规定更改自己的姓名，不受其他限制。① 在现实生活中，自然人行使姓名变更权的难度较大。这是因为公安机关进行姓名登记是一种行政管理职能，所以自然人不得随意变更姓名。登记姓名的变更，非依变更登记程序不发生效力。② 依据《户口登记条例》第18条的规定，未满18周岁的公民变更姓名时，由本人或者父母、收养人向户口登记机关申请变更登记；18周岁以上的公民变更姓名时，则由本人向户口登记机关申请变更登记。

⚖ 课堂案例

赵某有一儿子取名为"赵C"。2006年8月，正在贵州读大学的赵C到某公安分局派出所换发第二代身份证时，被告知公安部有规定，名字里面不能有外国字母，"赵C"录入不了公安部户籍网络程序，该公安分局建议赵C改名。为了捍卫自己的姓名权，赵C于2008年1月将某公安分局告上法庭。大家觉得赵C能胜诉吗？

📄 案例解析

我国《民法典》第1012条规定："自然人享有姓名权，有权依法决定、使用、变更或者许可他人使用自己的姓名，但是不得违背公序良俗。"一审法院判决支持原告诉讼请求，主要是考虑到该姓名的长期使用并没有给国家、社会及他人造成不利。但某公安分局一审败诉后，按照公安系统内部工作程序，报省公安厅请示处理意见，省公安厅请示公安部得到批复认为，《居民身份证法》和《国家通用语言文字法》规定，居民身份证姓名登记项目应当使用规范文字填写，并与常住人口登记表和居民户口簿姓

---

① 王利明. 民法新论：上册 [M]. 北京：中国政法大学出版社，1988：187.

② 张俊浩. 民法学原理 [M]. 北京：中国政法大学出版社，1991：148.

名登记项目保持一致，而《公安部关于启用新的常住人口登记表和居民户口簿有关事项的通知》已明确要求姓名登记项目使用汉字填写，故公安机关发现常住人口登记表、居民户口簿或居民身份证姓名登记项目未使用规范汉字填写的，应请本人协助更正。后来在二审法院的裁决下，双方达成和解协议，上诉人赵 C 同意变更姓名，依法使用规范汉字。

> **法条链接**
>
> **《民法典》**
>
> 第一千零一十二条　自然人享有姓名权，有权依法决定、使用、变更或者许可他人使用自己的姓名，但是不得违背公序良俗。

4. 姓名许可使用权

姓名许可使用权，是指姓名权人有权依法许可他人使用自己姓名的权利，如利用其姓名制作商标、广告等。依照传统的看法，姓名权是对自己姓名的专有使用权，不得转让。但《民法典》不但在第 993 条规定姓名为公开权的范畴，而且在第 1012 条中专门规定姓名权包括许可他人使用自己姓名的权利。权利人通过许可他人使用自己的姓名可以获得一定的物质利益，此种权利亦受法律保护。在市场经济社会，自然人的姓名，特别是名人的姓名，体现了一定的经济利益，对产品和服务产生一定的广告或促销作用。

二、名称权

（一）名称权的概念和特征

名称权是法人、非法人组织对其名称依法享有的使用、变更、转让或者许可他人使用，并排除他人非法干涉、盗用或冒用的具体人格权。具体而言，是法人、非法人组织对其用以确定和代表自身并区别于他人的符号和标记所享有的权利。名称权的客体是名称。名称的起源晚于姓名，但是，其被确认为权利，却与姓名权几乎在同一时期。名称源于合伙，作为合伙的字号而广泛使用。不过，这只是一个事实，在法律上却并不认为其为权利，也不受私法的保护。直至欧洲中世纪时代后半叶，公司的商号广泛使用，于是各国法律开始对商号权予以重视。采取民商分立的国家率先在商法中确认商号权。采取民商合一立法的国家，则将商号权概括在姓名权中一并加以保护。在近代，国民政府制定民法典采取的是民商合一体制，于是对姓名权进行了扩大解释，将商号权概括在姓名权中，采取了同一的法律保护。在英美法系的国家，确认名称与姓名为同一概念，因此，确认姓名权即确认名称权。在我国，名称权与姓名权不能混同，也不能用商号权代替名称权。名称权的主体是法人、非法人组织，姓名权的主体是自然人，因此，法人和非法人组织无法享有姓名权，自然人也无法享有名称权。

（二）名称权的内容

1. 名称决定权

名称决定权是指法人、非法人组织决定自己名称的权利。自然人申请设立法人、非法人组织之时必须确定名称，因此法人、非法人组织的名称权在组织成立之初由投资人具体行使；法人、非法人组织的名称应当与其性质相适应。例如，有限责任公司与股份公司、合伙企业与独资企业等在名称的决定上有不同的要求，应当标明其性质，以免公众发生混淆。同时，在法律上，名称的选择应当符合法律规定，例如，《企业名称登记管理规定》第9条规定："企业名称不得含有下列内容和文字：（一）有损于国家、社会公共利益的；（二）可能对公众造成欺骗或者误解的；（三）外国国家（地区）名称、国际组织名称；（四）政党名称、党政军机关名称、群众组织名称、社会团体名称及部队番号；（五）汉语拼音字母（外文名称中使用的除外）、数字；（六）其他法律、行政法规规定禁止的。"根据该规定，企业名称在企业申请登记时，由登记企业名称的主管机关核定。企业名称经核准登记注册后方可使用，在规定的范围内享有专用权。

2. 名称使用权

名称使用权是指法人、非法人组织对其名称享有的独占使用的权利。名称经依法登记，即产生名称权主体的独占使用效力，法律予以保护；在登记的地区内，他人不得再登记经营同一营业性质的该名称。未经登记而使用者，为侵害名称权。一般认为，名称的使用范围应以其登记核准的范围为限，限于在本省、本市、本县以至本镇内使用，在核准使用的范围内，该名称独占使用。但也有学者认为，限制名称的使用范围主要是因为过去我国市场经济尚不发达，企业经营活动的地域性较强，加上受信息公开条件的限制，名称权确实具有一定的区域性。但是随着社会主义市场经济体制的逐渐完善、企业经营空间的扩张，尤其是互联网技术的发展促使信息便于公开，因而不应再将名称权限于登记的区域范围内享有，而应使企业的名称在超过特定登记范围时也受到保护。① 名称的独占使用限于同一行业，不排除不同行业使用。但是，在使用时必须标明行业的性质，如"锐锋喷画设计有限公司"与"锐锋机械制造厂"。

3. 名称变更权

所谓名称变更权，是指法人和非法人组织有权要求变更其名称的权利。与名称的决定权类似，名称的变更也应当符合法定的程序，对名称决定的限制同样应当适用于名称的变更。《民法典》第 1016 条规定，民事主体决定、变更自己的姓名、名称，或者转让自己的名称的，应当依法向有关机关办理登记手续，但是法律另有规定的除外。名称一经变更登记后，原登记的名称视为撤销，不得继续使用，应当使用新登记的名称进行经营活动。名称的变更应当依主体的意志而为，他人不得强制干涉。

4. 名称转让权

名称权的权利主体有权转让其名称。名称转让权，是指名称权人将其名称全部让与某一个受让人，受让人成为该名称权的主体。法人、非法人组织转让名称时，应由转让方与受让方签订书面转让协议，按照工商企业申请登记程序，报工商行政管理机关批准。转让名称的协议生效后，受让人必须按照约定和登记的规定使用转让的名称，超出约定而使用的，仍可构成对名称权的侵害。根据《企业名称登记管理规定》第 23 条的规定，企业名称可以随企业或者企业的一部分一并转让。名称权受让人承担名称权后，成为新的名称权人，有权使用该名称，享有权利，负担义务。受让人承担该名称权时，应就原来营业的债权、债务关系如何处理，与原名称

---

① 王利明，程啸，朱虎. 中华人民共和国民法典人格权编释义［M］. 北京：中国法制出版社，2020：215.

权人协商处理办法，有明确约定的依约定处理；没有约定或约定不明确无法执行的，营业与名称一并受让的受让人，对于转让人因营业而产生的债务，亦负清偿责任。

5. 名称许可使用权

所谓名称许可使用权，是指法人和非法人组织有权许可他人使用自己的名称。依照《民法典》第 1013 条规定："法人、非法人组织享有名称权，有权依法决定、使用、变更、转让或者许可他人使用自己的名称。"名称权人可以将其名称许可他人使用，双方当事人依名称许可使用达成协议，签订合同，准许名称权受让人部分使用该名称，构成名称使用权部分让与，对双方当事人产生法律约束力。因此，名称权的许可使用通常是指名称权人与受让人达成协议，允许他人使用该名称。一旦达成协议，即对当事人产生法律约束力。名称使用权部分转让行为的性质，为名称许可使用合同。名称许可使用的典型形态就是特许经营。根据《商业特许经营管理条例》第 3 条的规定，特许经营是指拥有注册商标、企业标志、专利、专有技术等经营资源的企业，以合同形式将其拥有的经营资源许可其他经营者使用，被特许人按照合同约定在统一的经营模式下开展经营，并向特许人支付特许经营费用的经营活动。名称许可使用合同的主体只能是名称权人和名称使用人，其他人不能成为该合同的主体。

第四节　肖像权

一、肖像权的概念和特征

肖像权，是指自然人以在自己的肖像上所体现的人格利益为内容，享有的制作、使用、公开以及许可他人使用自己肖像的具体人格权。与《民法典》的规定不同，学术上所谓肖像，是指通过绘画、摄像、雕塑等形式而形成的视觉形象。"肖像者，人之容姿之模写也，分绘画、照相、雕刻等类。"[①] 人格权法意义上的肖像是指通过绘画、照相、雕塑、录像、电影等艺术形式使自然人的外貌在物质载体上再现的视觉形象。

---

① 龙显铭. 私法上人格权之保护 [M]. 北京：中华书局，1949：407.

《民法典》第 1018 条第 2 款将肖像界定为："肖像是通过影像、雕塑、绘画等方式在一定载体上所反映的特定自然人可以被识别的外部形象。"这个界定是比较准确的。当前通说认为，肖像权的客体是肖像利益。从理论上划分，肖像权和姓名权还有名称权一样，都是民事主体不可缺少的一种具体人格权。肖像权作为自然人的具体人格权，所体现的基本利益是精神利益。法律保护自然人的肖像权，最主要的是保护肖像权所体现的精神利益，保护的是人之所以为人的肖像人格利益，保障自然人的人格尊严。

二、肖像权的内容

（一）肖像的制作专有权

肖像权是自然人专有的民事权利。所谓的专有性，是指肖像利益的支配主体归肖像权人所有，未经肖像权人同意而擅自处分，就构成对肖像权的侵害。肖像的制作权又称为形象再现权。此种权利是指自然人根据自己的合法需要，有权由自己或许可他人通过造型艺术及其他形式再现自己的形象。自然人的形象只有通过制作转化为肖像，才能脱离人体而为人们传播和利用。① 肖像的制作专有权具体表现在：是否再现自己的形象以及如何再现自己的形象，这是肖像权人所享有的权利。未经本人同意不得为他人摄像、作画、写生以及从事其他肖像制作活动，在制作他人肖像时应征得肖像权人的同意。如未经同意擅自制作他人肖像，即使未公布，也构成对肖像制作权的侵害。②

（二）肖像的使用专有权

肖像权人有权将自己的肖像用于任何合法的目的，并从中获得一定经济利益。肖像的使用专有权就是肖像权人对于自己的肖像利用价值的专有支配权。首先，肖像的使用专有权意味着肖像权人对自己的肖像有权以任

---

① 杨立新，等.《中国民法典·人格权编》草案建议稿的说明［M］//王利明.中国民法典草案建议稿及说明.北京：中国法制出版社，2004：336.

② 王泽鉴.侵权行为法［M］.北京：中国政法大学出版社，2001：137－138.

何方式进行自我使用，自己使用自己的肖像，以取得自己精神上的满足和经济上的收益，只要是合法使用，任何人不得干涉。其次，肖像的使用专有权意味着肖像权人有权禁止他人非法使用自己的肖像。任何人未经本人同意而使用肖像权人的肖像，即构成对肖像使用专有权的侵害。

（三）肖像的公开专有权

肖像的公开专有权是指权利人有权决定是否公开肖像，以及以何种方式公开的权利。《民法典》第 1019 条第 2 款规定："未经肖像权人同意，肖像作品权利人不得以发表、复制、发行、出租、展览等方式使用或者公开肖像权人的肖像。"行为人擅自公开他人肖像的，即构成对他人肖像权的侵害，还可能侵害他人的名誉权、隐私权等权利。

（四）肖像的许可使用权

肖像的许可使用权是指权利人可以采用合法的方式，许可、授权他人使用其肖像，并获取应得的利益。这是肖像权人对自己肖像的自主决定权的重要体现。这种许可可以是有偿的，也可以是无偿的。无论是有偿使用还是无偿使用，都必须经过肖像权人的许可；任何组织或者个人未经肖像权人的许可擅自使用其肖像都构成侵权。特别是名人的肖像，一般具有较高的经济价值，例如将名人的肖像用于广告宣传等。现实生活中，不少名人，特别是演艺明星常常通过签订肖像许可使用合同的方式允许商家使用自己的肖像，以获取一定的利益，如广告费。《民法典》第 1021 条、第 1022 条对肖像许可使用合同专门作了规定。根据该规定，当事人对肖像许可使用合同中关于肖像使用条款的理解有争议的，应当作出有利于肖像权人的解释。当事人对肖像许可使用期限没有约定或者约定不明确的，任何一方当事人可以随时解除肖像许可使用合同，但是应当在合理期限之前通知对方。当事人对肖像许可使用期限有明确约定，肖像权人有正当理由的，可以解除肖像许可使用合同，但是应当在合理期限之前通知对方。因解除合同造成对方损失的，除不可归责于肖像权人的事由外，肖像权人应当赔偿损失。

三、对肖像权的特别保护与肖像的合理使用

（一）对肖像权的特别保护

《民法典》第 1019 条规定："任何组织或者个人不得以丑化、污损，或者利用信息技术手段伪造等方式侵害他人的肖像权。未经肖像权人同意，不得制作、使用、公开肖像权人的肖像，但是法律另有规定的除外。""未经肖像权人同意，肖像作品权利人不得以发表、复制、发行、出租、展览等方式使用或者公开肖像权人的肖像。"

1. 不得以丑化、污损，或者利用信息技术手段伪造等方式侵害他人的肖像权

丑化、污损为常见的侵害他人肖像权的行为。但是，并不是所有的丑化、污损都构成违法行为。例如为了达到娱乐效果，制作肖像权人的卡通肖像等，这种情况没有达到丑化、污损的恶劣程度，不具有违法性的构成要件。只要不违背公序良俗，或经过权利人同意或认可的即不构成侵权。禁止利用信息技术手段伪造他人的肖像是《民法典》新增加的内容。利用 AI 等信息技术手段能实现对人脸的"深度伪造"，可以实现肖像的任意移植，达到以假乱真的目的。深度伪造技术出现后，出现了大量利用这一技术伪造他人形象用于色情影片、广告宣传等的案例，给受害人造成严重损害。如果行为人采用深度伪造技术侵害他人的肖像权，平台在明知情况的前提下提供帮助，或者未采取措施予以删除，则平台也应当承担连带责任。

2. 不得未经肖像权人同意制作、使用、公开肖像权人的肖像

制作、使用和公开肖像，是肖像权人本人的权利，他人未经允许都不得实施。只要未经本人同意，制作、使用和公开他人的肖像，都是侵权行为。所谓的法律另有规定的除外，是指合法使用他人肖像的行为。例如，缉拿犯罪嫌疑人的通缉令使用被通缉人的肖像，寻人启事使用走失者的肖像等，均为合法使用。

3. 不得未经肖像权人同意以发表、复制、发行、出租、展览等方式使用或公开肖像权人的肖像

如果肖像制作人并非肖像权人，肖像制作后又未获得后者同意的情况下，就会发生肖像权与著作权的冲突问题。肖像权与著作权关系密切，肖

像权在立法上的确认最初就是以限制作品传播的方式出现的。但二者存在明显区别，肖像权属于人格权的范畴，保护的是肖像利益；而著作权属于知识产权的范畴，保护的是经过创作活动而形成的智力成果。从法律上说，既然拍摄人、绘制人等是著作人，其有权保留作品，并在不损害肖像权人利益的情况下予以发表，拍摄人应当享有署名权。但是，著作权人不能未经肖像权人的许可而将照片等予以公开，更不能擅自复制予以销售，否则将造成对他人肖像权甚至隐私权的侵害。

（二）肖像的合理使用

肖像的合理使用是指在符合特殊条件的情况下，可以不经过肖像权人的同意，直接制作、使用、公开肖像权人的肖像，且不构成侵害肖像权。根据《民法典》第1020条的规定，肖像合理使用的事由是：

（1）为个人学习、艺术欣赏、课堂教学或者科学研究，在必要范围内使用肖像权人已经公开的肖像；

（2）为实施新闻报道，不可避免地制作、使用、公开肖像权人的肖像；

（3）为依法履行职责，国家机关在必要范围内制作、使用、公开肖像权人的肖像；

（4）为展示特定公共环境，不可避免地制作、使用、公开肖像权人的肖像；

（5）为维护公共利益或者肖像权人合法权益，制作、使用、公开肖像权人的肖像的其他行为。

⚖ **课堂案例**

某报社记者发现在某个集市上有一群人围着一辆小吃车正在大快朵颐，吃完的签子、一次性碗筷和餐巾纸、塑料袋扔得满地都是。于是记者拿出相机将现场脏乱差的情形拍了下来，几天后报道刊登在报纸上。不料，一位当事人看到报纸以后，认为该报社侵犯了自己的肖像权，要求报社赔礼道歉并赔偿损失。

案例解析

在某些情况下，为了社会公共利益的需要而使用公民肖像时，即使未经本人同意，也不违反法律规定，不构成对肖像权的侵犯。比如，为了新闻报道的需要可以未经肖像权人的同意而使用其肖像，但同时该肖像必须是新闻报道的有机组成部分，是为新闻报道服务的，要避免侵犯该肖像权人的隐私权。本案中记者在采访中，对一些污染环境、没有社会公德的人和事，通过照片和写文章的方式进行了揭露曝光，行使的是正常的舆论监督，目的是维护社会公德，且不是以营利为目的，同时也不存在侮辱丑化当事人的肖像，因此，不构成侵犯肖像权。

法条链接

《民法典》

第一千零二十条　合理实施下列行为的，可以不经肖像权人同意：

（一）为个人学习、艺术欣赏、课堂教学或者科学研究，在必要范围内使用肖像权人已经公开的肖像；

（二）为实施新闻报道，不可避免地制作、使用、公开肖像权人的肖像；

（三）为依法履行职责，国家机关在必要范围内制作、使用、公开肖像权人的肖像；

（四）为展示特定公共环境，不可避免地制作、使用、公开肖像权人的肖像；

（五）为维护公共利益或者肖像权人合法权益，制作、使用、公开肖像权人的肖像的其他行为。

四、与肖像权有关的其他权利

（一）形象权

形象是指个人的容貌、动作、语调等的集合。形象与肖像不同，肖像是以自然人的面部形象为主体在某种物质载体上的形象再现，再现的主要是面部形象，而形象则是民事主体的其他外在形象的本身。侵害肖像权一定是对肖像的非法使用，而侵害形象权既包括对自然人其他形象的使用，也包括对形象的模仿、仿制等。形象包括了肖像，但形象中的一些内容可能不属于肖像的范畴。例如，某个运动员的经典动作，虽不是个人肖像的外部体现，但又具有可辨认性，使得他人能够从外部动作辨认出具体对应的人。因而，可以类推适用肖像权的规则对个人的形象进行保护。

（二）声音权

《民法典》第 1023 条第 2 款采用准用的方式确认了声音权。声音权是指自然人自主支配自己的声音利益，决定对自己的声音进行使用和处分的具体人格权。① 随着现代音像技术和大众传媒的发展，声音作为个人独特性的人格标识，也有被复制、传播从而受到侵害的可能性。由于科技的发展，声音的利用方式越来越宽泛，其利用价值也越来越大。由于声音也反映了一个人的人格特征，体现了主体的人格利益，因此具有保护的必要性。《民法典》第 1023 条第 2 款规定了对自然人声音的保护，其参照适用肖像权保护的有关规定。在解释上，应认为是除许可利用特殊规则之外，对声音上人格自由和经济利益的全面保护，包含自然人对其声音的录制专有权、商业利用权。因此，未经同意不得录制他人声音，也不得将他人声音进行商业利用（如用作导航提示）。当然，对声音的保护也应受到合理使用的限制，适用规范是《民法典》第 1020 条关于肖像权合理使用的规定。

---

① 杨立新.人格权法［M］.北京：法律出版社，2020：40.

第五节　名誉权和荣誉权

一、名誉权

（一）法律上名誉的概念

法律上的名誉是一个人的社会评价。所谓名誉是指除了自己之外的第三人对自己的评价，这种特点有时候也被称为具有外部性。名誉是一种良好的、客观的社会评价。《墨子·修身》中提到："名不徒生，而誉不自长，功成名遂。名誉不可虚假，反之身者也。"名誉是客观的评价，人人均享有，其损害有客观的评断标准，法律能予以公平、公正的保护。名誉遭受损害，是指特定或不特定的他人对受害人的社会评价降低。名誉权强调的是社会对个人的评价，并非个人的自我评价。比如，在法律上，张三的名誉是李四等其他人对张三的评价，而不是张三自己对自己的评价。侵害张三对自己的评价，不会构成侵害他人名誉权，但有可能构成对他人隐私权的侵害。

（二）名誉权的概念和特征

名誉权以名誉为客体。名誉权是指自然人、法人和非法人组织就其自身属性和价值所获得的社会评价，享有的保有和维护的具体人格权。[①] 名誉权是个人的基本人权，也是人的尊严最直接的体现。名誉权作为一种重要的人格权，受到法律的保护。

（三）对名誉权保护的特别规定

1. 新闻报道、舆论等监督行为的免责规定

《民法典》第 1025 条规定："行为人为公共利益实施新闻报道、舆论监督等行为，影响他人名誉的，不承担民事责任，但是有下列情形之一的

[①]　杨立新. 中华人民共和国民法典释义与案例评注·人格权编［M］.北京：中国法制出版社，2020：182.

除外：（一）捏造、歪曲事实；（二）对他人提供的严重失实内容未尽到合理核实义务；（三）使用侮辱性言辞等贬损他人名誉。"这是对新闻报道、舆论监督等影响他人名誉的免责以及除外条款的规定。正当的新闻报道和舆论监督等行为，具有社会正当性，是合法行为，也是新闻媒体履行批评职责的正当行为。媒体在新闻报道和舆论监督等正当的新闻行为中，即使发生了对他人名誉造成影响的后果，也不构成侵害名誉权，不承担民事责任。

2. 新闻报道、舆论监督行为人合理核实义务的规定

《民法典》第 1026 条规定："认定行为人是否尽到前条第二项规定的合理核实义务，应当考虑下列因素：（一）内容来源的可信度；（二）对明显可能引发争议的内容是否进行了必要的调查；（三）内容的时限性；（四）内容与公序良俗的关联性；（五）受害人名誉受贬损的可能性；（六）核实能力和核实成本。"这是对新闻媒体承担合理核实义务的规定。合理核实义务是为了保护他人名誉权而附加给行为人的法定义务，是立法机构基于司法实践，总结出的评价行为违法性和行为人主观过错程度的典型维度，也是行为人作出行为的事前指引。[①] 主张自己已尽到合理核实义务而免责的主体，是新闻媒体。按照谁主张谁举证的诉讼证据规则要求，新闻媒体认为自己在新闻报道、舆论监督中已尽合理核实义务的，应当证明自己符合上述规定的要求，没有过失即可免责，否则，即可认定为侵害名誉权。

二、荣誉权

荣誉权，是指自然人、法人、非法人组织对其获得的荣誉及其利益所享有的保持、支配的具体人格权。《民法典》第 1031 条规定："民事主体享有荣誉权。任何组织或者个人不得非法剥夺他人的荣誉称号，不得诋毁、贬损他人的荣誉。""获得的荣誉称号应当记载而没有记载的，民事主体可以请求记载；获得的荣誉称号记载错误的，民事主体可以请求更正。"这是《民法典》对荣誉权的具体规定。

与名誉为一般民事主体获得的社会评价类似，荣誉是一种特定民事

① 张红. 民法典之名誉权立法论 ［J］. 东方法学，2020（1）：15.

主体因特定行为被特定组织所授予的积极的正式评价。荣誉的内涵表现在荣誉获得人对其荣誉称号的保持和支配。对荣誉的保持权，即民事主体对自己的荣誉所享有的不受他人非法剥夺的权利。对荣誉的支配权包含了荣誉的利用权和荣誉的处分权。不过，荣誉主要表达的是精神利益，只能授予特定的主体，因此，荣誉是不能转让的。① 民事主体获得的荣誉称号应被记载并用以证明其所获得的荣誉，若荣誉称号未被记载，荣誉获得人可以请求记载。如果所获得的荣誉称号记载是错误的，荣誉权人也可以请求更正。对于应记载而未记载或记载错误而引起的使本该能够以该荣誉获得利益的荣誉获得人未获得利益的行为，应当视为侵害荣誉权的行为。②

第六节　隐私权和个人信息保护

一、隐私权

（一）隐私权的概念和特征

隐私权是自然人享有的对其与公共利益无关的个人生活安宁和私密空间、私密活动和私密信息及其利益自主进行支配和控制，他人不得以刺探、侵扰、泄露、公开等方式侵害的具体人格权。③《民法典》第 1032 条第 1 款规定："自然人享有隐私权。任何组织或者个人不得以刺探、侵扰、泄露、公开等方式侵害他人的隐私权。"

（二）侵害隐私权的具体行为

根据《民法典》第 1033 条的规定，除法律另有规定或者权利人明确同意外，任何组织或者个人不得实施下列行为：

---

① 王利明．人格权法研究［M］．北京：中国人民大学出版社，2018：479.

② 曹相见，杜生一，侯圣贺．《中华人民共和国民法典·人格权编》释义［M］．北京：人民出版社，2020：135.

③ 杨立新．人格权法［M］．北京：法律出版社，2020：252.

（1）以电话、短信、即时通讯工具、电子邮件、传单等方式侵扰他人的私人生活安宁；

（2）进入、拍摄、窥视他人住宅、宾馆房间等私密空间；

（3）拍摄、窥视、窃听、公开他人的私密活动；

（4）拍摄、窥视他人身体的私密部位；

（5）处理他人的私密信息；

（6）以其他方式侵害他人的隐私权。

二、个人信息保护

（一）个人信息的概念和特征

个人信息，也称为个人情报资料、个人资讯、个人数据、个人资料等，是指与特定个人相关联的、反映个体特征的、具有可识别性的符号系统，包括个人身份、工作、家庭、财产、健康等各方面的信息。[①]《民法典》第 1034 条第 2 款对个人信息作了界定："个人信息是以电子或者其他方式记录的能够单独或者与其他信息结合识别特定自然人的各种信息，包括自然人姓名、出生日期、身份证件号码、生物识别信息、住址、电话号码、电子邮箱、健康信息、行踪信息等。"个人信息作为个人信息权的客体，是人格权的客体，而不是财产权的客体。个人信息包含了精神利益和经济利益两层人格利益。

《民法典》第 1034 条第 3 款规定："个人信息中的私密信息，适用有关隐私权的规定；没有规定的，适用有关个人信息保护的规定。"因此，个人信息保护并不都适用隐私权规则。只有"个人信息中的私密信息"，才适用有关隐私权的规定。公开的个人信息，也包括其他没有规定的，要适用个人信息保护方面的规定。

（二）处理个人信息应当遵循的原则和条件

根据《民法典》第 1035 条的规定，处理个人信息应当遵循合法、正当和必要的原则。同时应当符合下列条件：

---

① 王利明 . 人格权法［M］. 2 版 . 北京：中国人民大学出版社，2016：242 - 243.

（1）征得该自然人或者其监护人同意，但是法律、行政法规另有规定的除外；

（2）公开处理信息的规则；

（3）明示处理信息的目的、方式和范围；

（4）不违反法律、行政法规的规定和双方的约定。

（三）处理个人信息的免责情形

根据《民法典》第 1036 条的规定，处理个人信息时有下列情形的，行为人不承担民事责任：

（1）在该自然人或者其监护人同意的范围内合理实施的行为；

（2）合理处理该自然人自行公开的或者其他已经合法公开的信息，但是该自然人明确拒绝或者处理该信息侵害其重大利益的除外；

（3）为维护公共利益或者该自然人合法权益，合理实施的其他行为。

课后习题

1. 下列权利属于自然人专有的是（　　）。

A. 姓名权　　　　　　　　　　B. 名誉权

C. 荣誉权　　　　　　　　　　D. 商标权

2. 下列行为中，属于侵害公民肖像权的行为是（　　）。

A. 在寻人启事上刊登公民的照片

B. 未经本人同意在照相馆橱窗陈列其照片

C. 在通缉令上使用逃犯的照片

D. 在庭审纪实中，使用犯罪人的图像

3. 甲与乙发生口角，一怒之下，甲击打乙的头部，导致乙休克。甲的行为侵犯了乙的（　　）。

A. 生命权　　　　　　　　　　B. 健康权

C. 自由权　　　　　　　　　　D. 身体权

4. 下列人格权可以转让的是（　　）。

A. 姓名权　　　　　　　　　　B. 肖像权

C. 名称权　　　　　　　　　D. 名誉权

5. 田某在办理银行信用卡时，发现几年前，同村的赵某冒用自己的名字顶替自己上了大学，赵某侵犯了田某的（　　　）。

A. 名称权　　　　　　　　　B. 荣誉权

C. 姓名权　　　　　　　　　D. 名誉权

第五章　婚姻家庭法

第一节　婚姻家庭法概述

一、婚姻家庭的概念

所谓婚姻，是指为当代社会制度所确认的，男女两性互为配偶的结合。①

所谓家庭，是以婚姻、血缘和共同经济为纽带而组成的亲属团体和生活单位。

在婚姻与家庭的关系中，婚姻是家庭的基础，是家庭产生的前提。在法治社会中，婚姻不应是男女双方结合的事实行为，必须是能够确立配偶关系的法律行为。

婚姻关系的双方与其他家庭成员间的权利和义务应当具有一致性。婚姻家庭法是身份法，因此，婚姻家庭领域的权利和义务首先是身份方面的权利和义务，财产方面的权利和义务基于特定的身份关系而发生，是从属于身份关系的。婚姻家庭关系的主体在行使权利的同时，必须履行相应的义务。

二、婚姻家庭法的基本原则

婚姻家庭法的基本原则是指婚姻家庭立法、婚姻家庭司法与婚姻家庭活动的基本准则。根据我国《民法典》第 1041 条的规定，婚姻家庭法的基本原则主要包括：婚姻自由原则，一夫一妻原则，男女平等原则，保护

---

① 张伟. 婚姻家庭继承法学［M］.北京：法律出版社，2021.

妇女、未成年人、老年人、残疾人的合法权益原则。此外，我国《民法典》第1043条规定："家庭应当树立优良家风，弘扬家庭美德，重视家庭文明建设。夫妻应当互相忠实，互相尊重，互相关爱；家庭成员应当敬老爱幼，互相帮助，维护平等、和睦、文明的婚姻家庭关系。"这也是我国婚姻家庭法的基本原则。

（一）婚姻自由原则

婚姻自由是我国宪法赋予自然人的一项基本权利，也是我国婚姻家庭法的一项重要原则。婚姻自由是指在婚姻关系中当事人有权依照法律规定，自由行使婚姻问题的选择权和决定权，另一方和第三方不得以任何手段加以强制。

婚姻自由包括结婚自由和离婚自由。禁止包办、买卖婚姻和其他干涉婚姻自由的行为，禁止借婚姻索取财物。

（二）一夫一妻原则

按照我国一夫一妻原则的要求，婚姻只能是一夫一妻互为配偶的合法结合，任何人不得同时拥有两个或两个以上的配偶；有配偶者在婚姻终止即配偶死亡（包括自然死亡和被宣告死亡）或离婚前，不得再行结婚；禁止重婚，重婚者应依法承担刑事责任；禁止有配偶者与他人同居。

（三）男女平等原则

婚姻家庭领域里的男女平等主要体现在以下方面：第一，男女双方在结婚、离婚问题上的权利和义务是平等的。第二，夫妻二人在人身关系、财产关系上的权利和义务是平等的。第三，父母在抚养、教育、保护子女等方面的权利和义务是平等的。对此，我国《民法典》第1058条规定，"夫妻双方平等享有对未成年子女抚养、教育和保护的权利，共同承担对未成年子女抚养、教育和保护的义务"。第四，在祖孙、兄弟姐妹关系上，男性和女性亲属享有的权利和承担的义务是平等的。[①] 总之，婚姻家庭主体依法享有的权利和承担的义务，均不因性别不同而存在差异。

---

① 杨大飞，龙翼飞. 婚姻家庭法［M］.北京：中国人民大学出版社，2018.

（四）保护妇女、未成年人、老年人、残疾人的合法权益原则

1. 保护妇女的合法权益

《民法典》和《中华人民共和国妇女权益保障法》对妇女合法权益的保护性规定主要有：国家保障妇女享有与男子平等的文化教育权利、劳动权利和社会保障权利、财产权利、人身权利、婚姻家庭权利；妇女享有与男子平等的财产继承权，等等。

2. 保护未成年人的合法权益

《民法典》和《中华人民共和国未成年人保护法》对未成年人合法权益的保护性规定主要有：不得歧视女性未成年人或者有残疾的未成年人；禁止溺婴、弃婴；必须使适龄未成年人按照规定接受义务教育；应当以健康的思想、品行和适当的方法教育未成年人；不得允许或者强迫未成年人结婚，不得为未成年人订立婚约；父母或者其他监护人不履行监护职责或者侵害未成年人的合法权益的，应当依法承担责任，等等。

3. 保护老年人的合法权益

《民法典》和《中华人民共和国老年人权益保障法》对老年人合法权益的保护性规定主要有：家庭成员应当关心和照料老年人；父母或者祖父母、外祖父母在年老、丧失劳动能力、生活困难时，子女或者孙子女、外孙子女有赡养扶助的义务。①

4. 保护残疾人的合法权益

《民法典》和《中华人民共和国残疾人权益保障法》对残疾人合法权益的保护性规定主要有：残疾人在政治、经济、文化、社会和家庭生活等方面享有同其他公民平等的权利；残疾人的监护人必须履行监护职责，尊重被监护人的意愿，维护被监护人的合法权益；禁止对残疾人实施家庭暴力，禁止虐待、遗弃残疾人；国家保障残疾人享有康复服务的权利、平等接受教育的权利、劳动的权利、平等参与文化生活的权利、享有各项社会保障的权利。

① 中国社会科学院法学研究所. 老年人权益保护法律指南［M］.北京：法律出版社，2018.

5. 禁止家庭暴力

《民法典》第 1042 条第 3 款第一句规定："禁止家庭暴力。"家庭暴力的内涵应如何界定？学者的解释不尽相同。《中华人民共和国反家庭暴力法》第 2 条规定："本法所称家庭暴力，是指家庭成员之间以殴打、捆绑、残害、限制人身自由以及经常性谩骂、恐吓等方式实施的身体、精神等侵害行为。"

6. 禁止家庭成员间的虐待和遗弃

《民法典》第 1042 条第 3 款第二句规定："禁止家庭成员间的虐待和遗弃。"依据《最高人民法院关于适用〈中华人民共和国民法典〉婚姻家庭编的解释（一）》第 1 条的规定，持续性、经常性的家庭暴力，可以被认定为虐待。遗弃是指应当履行扶养、抚养和赡养的法定义务而不履行，使受害人的身心遭受严重损害的行为。遗弃和虐待家庭成员的行为人应当承担行政责任和民事责任；情节严重，构成犯罪的，还要追究行为人虐待和遗弃的刑事责任。

（五）家庭成员间相互关系的原则性规定

《民法典》第 1043 条第 1 款规定："家庭应当树立优良家风，弘扬家庭美德，重视家庭文明建设。"第 2 款规定："夫妻应当互相忠实，互相尊重，互相关爱；家庭成员间应当敬老爱幼，互相帮助，维护平等、和睦、文明的婚姻家庭关系。"这也是我国婚姻家庭法的基本原则。这一基本原则既涉及家庭关系，也涉及夫妻关系，对婚姻家庭关系具有重要意义。

第二节　结婚

一、结婚的条件

（一）结婚的概念和特点

结婚亦称婚姻的成立，是指男女双方确立夫妻关系的民事法律行为。结婚具有如下主要特点：

（1）结婚的主体必须是男女双方当事人，同性不能成立婚姻；

（2）结婚是民事法律行为而非事实行为；

（3）结婚的效力是确立夫妻关系。

（二）结婚的必备条件

（1）须有结婚合意；

（2）须达到法定婚龄；

（3）符合一夫一妻制。

（三）结婚的禁止条件

（1）有禁止结婚的直系血亲关系；

（2）有禁止结婚的三代以内的旁系血亲关系。

课堂案例

川北山区金子乡年近 30 岁的村民吴某贵由于脸部有一红色"胎记"，虽经人介绍了几个对象，但对方均嫌其容貌而未能成功。他的远房亲戚杨某高，因丧偶又多病，与其 20 岁的女儿杨某珍相依为命，生活困难。2001 年 8 月，吴某贵委托"媒人"带着礼物去杨家提亲。杨某高认为，女儿许配给他，不仅生活有靠，而且自己会得一笔丰厚的"彩礼"，便背着女儿一口答应了这门亲事。杨某珍知情后，坚决不同意与吴某贵结婚，要其父退回钱物，却遭到打骂。后杨某高逼杨某珍去乡政府办理结婚登记，杨某珍不从，又遭毒打，杨某珍无奈同意办理了结婚登记。

案例解析

本案是一例典型的因包办买卖婚姻引起的案件。包办买卖婚姻是我国法律禁止的违法行为，本案中的杨某高不顾女儿杨某珍的反对，贪图财物，不惜用打、骂等手段，强迫其女儿与吴某贵"结婚"，实质上是将女儿作为商品出卖，是典型的买卖婚姻行为。

> **LAW　法条链接**
>
> **《民法典》**
>
> 第一千零四十二条　禁止包办、买卖婚姻和其他干涉婚姻自由的行为。禁止借婚姻索取财物。
>
> 禁止重婚。禁止有配偶者与他人同居。
>
> 禁止家庭暴力。禁止家庭成员间的虐待和遗弃。

二、结婚的程序

(一) 办理结婚登记的机关

《婚姻登记条例》第2条第1款规定："内地居民办理婚姻登记的机关是县级人民政府民政部门或者乡 (镇) 人民政府,省、自治区、直辖市人民政府可以按照便民原则确定农村居民办理婚姻登记的具体机关。"第4条第1款规定："内地居民结婚,男女双方应当共同到一方当事人常住户口所在地的婚姻登记机关办理结婚登记。"

(二) 结婚登记的具体程序

结婚登记的全部程序,可以分为申请、审查与登记两个环节。

1. 申请

男女双方自愿结婚的,双方必须亲自到一方户口所在地的婚姻登记机关提出申请,进行结婚登记,不得委托亲友、律师或其他人代办。男女双方户口均不在本市,但一方的父母户口在本市的,可到父母户口所在地的婚姻登记机关申请结婚登记。

2. 审查与登记

婚姻登记机关对申请结婚的双方当事人,经审查符合结婚规定的,应准予登记,发给《结婚证》。领取《结婚证》时,双方当事人必须亲自到场。取得《结婚证》,即确立夫妻关系。申请结婚的当事人,因受单位或他人干涉不能获得所需证明的,婚姻登记机关应查明原因。对确已符合

《婚姻法》规定的结婚条件的当事人双方，婚姻登记机关应主动同有关单位联系，做好疏导工作。

三、无效婚姻和可撤销婚姻

（一）无效婚姻

1. 婚姻无效的原因

无效婚姻即不具有法律效力的婚姻，是指男女两性违反了法律规定的结婚客观实质要件而不具有法律效力的违法结合。婚姻的有效必须具备法律规定的要件，因某些要件的欠缺而导致婚姻无效的，这些欠缺的要件就是婚姻无效的原因。①

《民法典》第1051条规定："有下列情形之一的，婚姻无效：（一）重婚；（二）有禁止结婚的亲属关系；（三）未到法定婚龄。"依此规定，违背了结婚实质要件的上述情形，均属于婚姻无效的原因，从而构成无效婚姻。

2. 宣告婚姻无效的程序

关于无效婚姻是被宣告无效还是当然无效，各国法律的规定有所不同，我国法律对无效婚姻采取"宣告无效主义"。关于婚姻无效的宣告机关，现行法采用的是单轨制，即只有人民法院才有权宣告婚姻无效。

3. 请求权人的范围

关于有权请求确认婚姻无效的主体，《民法典》没有作出规定。依据《最高人民法院关于适用〈中华人民共和国民法典〉婚姻家庭编的解释（一）》第9条的规定，有权请求确认婚姻无效的主体包括婚姻当事人及利害关系人。其中，利害关系人包括如下几种：①以重婚为由的，为当事人的近亲属及基层组织；②以未到法定婚龄为由的，为未到法定婚龄者的近亲属；③以有禁止结婚的亲属关系为由的，为当事人的近亲属。

4. 婚姻无效请求权的行使期限

导致婚姻无效的原因不同，请求宣告婚姻无效的期间也有差别。一般情况下，当事人请求宣告婚姻无效或者人民法院确认婚姻无效没有期限的

---

① 王明. 婚姻法律宝典［M］.北京：中国法制出版社，2019.

限制，但在申请人申请时法定的无效婚姻情形已消失的，当事人不得再提出申请。

课堂案例

甲（男，22 周岁）为达到与乙（女，19 周岁）结婚的目的，故意隐瞒乙的真实年龄从而办理了结婚登记。两年后，因双方经常吵架，乙以办理结婚登记时未达到法定婚龄为由向法院起诉，请求宣告婚姻无效。人民法院应如何处理？

案例解析

当事人依据婚姻法向人民法院申请宣告婚姻无效时，申请时法定的无效婚姻情形已经消失的，人民法院不予支持。在本事件的两年后，乙已达到法定结婚年龄，无效的理由已经消失，故人民法院对其请求不予支持。

法条链接

《民法典》

第一千零四十七条 结婚年龄，男不得早于二十二周岁，女不得早于二十周岁。

第一千零五十一条 有下列情形之一的，婚姻无效：

（一）重婚；

（二）有禁止结婚的亲属关系；

（三）未到法定婚龄。

（二）可撤销婚姻

1. 婚姻可撤销的原因

可撤销婚姻是指当事人违反了结婚的主观实质要件，即其结婚意思表示存在瑕疵，享有请求权的人可以依法请求撤销的婚姻。依照《民法典》的规定，婚姻可撤销发生于下列情形中：①受胁迫而结婚；②受欺诈而结婚。

2. 撤销婚姻的请求权人和请求权的行使期限

撤销婚姻的请求权人。对于可撤销的婚姻，撤销请求权专属于受胁迫的或者受欺诈的一方当事人本人，其他任何人或单位均无该项请求权。至于受胁迫或者受欺诈一方是否行使撤销请求权，应由本人自行决定。对于可撤销婚姻并非一律必须撤销。是否行使撤销权涉及请求权人的内心意思和心理活动，只能由请求权人对此作出决断。

请求权的行使期限。依照《民法典》的规定，受胁迫的一方请求撤销婚姻的，应当自胁迫行为终止之日起 1 年内提出；被非法限制人身自由的当事人请求撤销婚姻的，应当自恢复人身自由之日起 1 年内提出（第1052条）；一方患有重大疾病，在结婚登记前不如实告知另一方，另一方请求撤销婚姻的，应当自知道或者应当知道撤销事由之日起 1 年内行使（第1053 条）。这里的 1 年期间，不适用诉讼时效中止、中断或者延长的规定；受胁迫或者被非法限制人身自由的当事人请求撤销婚姻的，不适用《民法典》第 1052 条第 2 款的规定。请求权人逾期不行使请求权的，人民法院不再受理撤销婚姻的请求。

3. 婚姻撤销的程序

《民法典》第 1052 条第 1 款规定："因胁迫结婚的，受胁迫的一方可以向人民法院请求撤销婚姻。"《民法典》第 1053 条第 1 款规定："一方患有重大疾病的，应当在结婚登记前如实告知另一方；不如实告知的，另一方可以向人民法院请求撤销婚姻。"依照以上规定，撤销婚姻的请求权人只能向人民法院起诉，依诉讼程序处理。应当指出，人民法院审理婚姻当事人因受胁迫、欺诈而请求撤销婚姻的案件，应当适用简易程序或者普通程序。

（三）婚姻无效和被撤销的法律后果

1. 对当事人的后果

有关婚姻无效和被撤销的宣告均具有溯及力，相应的婚姻不是自宣告之日起无效，而是自违法结合之日起便不具有法律效力。由于当事人的配偶身份为法律所否定，无效婚姻、可撤销婚姻的双方当事人之间不具有基于婚姻而发生的夫妻之间的权利和义务，因此，对于当事人之间的人身关系和财产关系，均不适用法律有关夫妻关系的规定。

2. 对子女的后果

父母子女关系在性质上不同于婚姻关系。在无效婚姻或者可撤销婚姻中出生的子女，与父母的关系不受父母婚姻无效或者被撤销的影响。法理上而言，由于婚姻无效和被撤销的宣告具有溯及既往的效力，当事人在同居期间所生的子女应为非婚生子女。

3. 无效婚姻和可撤销婚姻之法律后果的缓和

对于欠缺结婚有效要件的婚姻，在法律后果的处理上，涉及三种互相冲突的法律价值：一是尽可能否认违法婚姻的法律效力；二是要考虑违法婚姻的事实性；三是要保护当事人以及妇女、未成年人的权益。我国法律将无效婚姻规定为自始无效。[①] 在司法实践中，当事人依据《民法典》第1051条的规定向人民法院请求确认婚姻无效时，若法定的无效婚姻情形已经消失，则人民法院不予支持。

4. 无效婚姻或者被撤销婚姻中无过错方的损害赔偿请求权

在无效婚姻与被撤销的婚姻中，法律赋予无过错方相应的损害赔偿请求权从而使其民事权利得到保障。具体规定主要在《民法典》第1054条第2款中：婚姻无效或者被撤销后，无过错方有权请求损害赔偿。

⚖ 课堂案例

张某（女）和王某（男）在网上认识，聊到开心处二人开始了裸聊，王某还私下保留了张某的裸照。之后他向张某提出结婚，但是张某不愿意。王某随后威胁张某说自己保存了她裸聊的照片，如果不结婚，就公布照片。张某只好答应结婚，并和王某办理了登记手续。

📋 案例解析

本案是典型的胁迫婚姻。王某以张某的裸聊照片威胁其嫁给他，符合《民法典》中可撤销婚姻的情形。因此，张某在婚姻登记之日起一年内可申请撤销婚姻。注意：权利人在这"一年"内不行使撤销权利，法定期限届满即丧失该权利，届时她不能再申请撤销婚姻，只能通过诉讼离婚的方式解除婚姻关系。

---

① 张伟.婚姻家庭继承法学［M］.北京：法律出版社，2021.

法条链接

《民法典》

第一千零五十二条　因胁迫结婚的，受胁迫的一方可以向人民法院请求撤销婚姻。

请求撤销婚姻的，应当自胁迫行为终止之日起一年内提出。

被非法限制人身自由的当事人请求撤销婚姻的，应当自恢复人身自由之日起一年内提出。

（四）同居

1. 未婚同居

未婚同居关系的性质。未婚同居关系可以通过补正而成立婚姻关系。

未婚同居关系的处理。未办结婚登记而以夫妻名义同居生活的男女，当事人提起诉讼仅请求解除同居关系的，人民法院不予受理；已经受理的，裁定驳回起诉。如果男女双方符合结婚实质要件，人民法院应当告知其补办结婚登记。

未婚同居者的地位。在我国对于同居关系，法律既不禁止也不支持。但是当事人因同居期间财产分割或者子女抚养纠纷提起诉讼的，人民法院应当受理。

2. 有配偶者与他人的同居

有配偶者与他人同居的，为非法同居，为我国法律所禁止。所谓有配偶者与他人同居，是指有配偶者与婚外异性，不以夫妻名义，持续、稳定地共同居住。① 在司法实践中，当事人请求解除同居关系的，人民法院不予受理，但当事人请求解除的同居关系属于"有配偶者与他人同居的"，人民法院应当受理并依法予以解除。

———————————

① 杨大飞，龙翼飞. 婚姻家庭法［M］. 北京：中国人民大学出版社，2020.

四、夫妻关系

（一）人身关系

1. 夫妻关系的概念

夫妻关系是指男女因结婚而形成的相互间具有权利义务内容的社会关系。夫妻双方所具有的特定身份决定了夫妻关系与其他两性关系的本质区别，即夫妻关系必须是男女两性合法的结合。男女双方符合法律规定的结婚条件，并履行了法定的结婚手续，才能结为夫妻，形成夫妻关系。男女两性间其他形式的结合，如重婚、同居等，都不产生夫妻关系。

2. 夫妻独立姓名权和婚姻姓氏权

《民法典》第1012条规定，自然人享有姓名权，有权依法决定、使用、变更或者许可他人使用自己的姓名。姓名权是人格权的重要组成部分，是一项重要的人身权利。自然人的姓名权表现为人格权，但大多数国家都将婚姻姓氏作为配偶身份权的基本内容。《民法典》第1056条规定："夫妻双方都有各自使用自己姓名的权利。"[1] 这意味着夫妻双方作为独立的民事主体，不管民族、信仰、年龄、职业、财产状况如何，都有各自使用自己姓名的权利，不因婚姻成立而发生变化。

随着男女平等在法律上的实现，夫妻独立姓名权得到确认。在这一前提下子女的姓氏也由随父姓转变为可以选择随父姓或随母姓。《民法典》第1015条规定："自然人应当随父姓或者母姓，但是有下列情形之一的，可以在父姓和母姓之外选取姓氏：（一）选取其他直系长辈血亲的姓氏；（二）因由法定扶养人以外的人扶养而选取扶养人姓氏；（三）有不违背公序良俗的其他正当理由。""少数民族自然人的姓氏可以遵从本民族的文化传统和风俗习惯。"

3. 夫妻人身自由权

人身自由权本是自然人的人格权，但反映在夫妻关系上的夫妻人身自由权是夫妻家庭地位平等的重要标志，是夫妻身份地位的象征。因此，我国立法将其作为夫妻身份权的内容。中华人民共和国成立后，1950年《婚

---

[1]　王利明，杨立新，王秩，等．民法学：上册［M］．北京：法律出版社，2020.

姻法》第 9 条规定：“夫妻双方均有选择职业、参加工作和参加社会活动的自由。”1980 年《婚姻法》第 11 条进一步规定：“夫妻双方都有参加生产、工作、学习和社会活动的自由，一方不得对他方加以限制或干涉。”2001 年修改后的《婚姻法》第 15 条和《民法典》第 1057 条仍坚持这一规定。这些规定，既是夫妻地位平等的标志，又为夫妻平等地行使权利和承担义务提供了法律保障。

4. 夫妻同居的权利、义务

同居是指夫妻共同居住、共同生活。在我国，《民法典》没有关于夫妻同居的正面规定，但《民法典》第 1042 条规定，禁止有配偶者与他人同居；第1079条规定，因感情不和分居满 2 年，调解无效或者经人民法院判决不准离婚后又分居满 1 年，可认定夫妻感情确已破裂，婚姻关系准予解除。这些规定，实际上承认了夫妻同居的权利、义务。

5. 夫妻忠实义务

夫妻忠实义务主要是指贞操义务，即专一的夫妻性生活的义务；广义的解释还包括不得恶意遗弃配偶，以及不得为第三人的利益而损害或者牺牲配偶他方的利益。在外国法上，关于夫妻忠实义务是有相关规定的。在我国，《民法典》第 1043 条中有“夫妻应当互相忠实”的法律规定，肯定了夫妻间的忠实义务。但是，对于违反忠实义务的行为，当事人仅以《民法典》第 1043 条的规定为依据提起诉讼的，人民法院不予受理；已经受理的，裁定驳回起诉。

6. 夫妻婚姻住所决定权

所谓婚姻住所，是指夫妻婚后共同居住和共同生活的场所。婚姻住所决定权，是指选择、决定夫妻婚后共同生活住所的权利。在现代社会，法律贯彻夫妻地位平等原则，夫妻双方平等地享有婚姻住所决定权。《民法典》第 1050 条规定：“登记结婚后，按照男女双方约定，女方可以成为男方家庭的成员，男方可以成为女方家庭的成员。”该规定赋予了夫妻双方平等的婚姻住所决定权。但从现实情况看，两人结婚后脱离双方家庭而单独生活的现象十分普遍。

7. 互相尊重、互相协助的义务

关于夫妻相互尊重、相互协助的义务，现代许多国家的法律都有规定。在我国，《民法典》第 1043 条明确规定：“夫妻应当互相忠实，互相尊重，互相关爱；家庭成员应当敬老爱幼，互相帮助……"① 这肯定了夫妻间互相尊重、互相协助、互相救援的义务，有利于指导公民处理夫妻关系，以减少现实中夫妻一方遇难时另一方见死不救行为的发生。

8. 夫妻日常家事代理权

夫妻日常家事代理权又称夫妻相互代理权，是指夫或者妻因日常家庭事务与第三人为一定法律行为时互为代理人、互有代理权，被代理方须对代理方从事日常家事行为所产生的债务承担连带责任。在我国，《民法典》第 1060 条规定："夫妻一方因家庭日常生活需要而实施的民事法律行为，对夫妻双方发生效力，但是夫妻一方与相对人另有约定的除外。""夫妻之间对一方可以实施的民事法律行为范围的限制，不得对抗善意相对人。"该规定明确了夫妻一方的日常家事代理权。

（二）财产关系

我国现行的夫妻财产制如下：

1. 夫妻法定财产制

《民法典》规定的夫妻法定财产制是夫妻共同财产制与夫妻个人特有财产制相结合的形式。这两种制度从不同的角度规定了夫妻共同财产和个人特有财产的范围。在夫妻对其财产没有约定或约定不明、约定无效时，适用夫妻法定财产制。

夫妻共同财产制。依据《民法典》第 1062 条的规定，夫妻在婚姻关系存续期间所得的下列财产，归夫妻共同所有：工资、奖金、劳务报酬；生产、经营、投资的收益；知识产权的收益；继承或者受赠的财产；其他应当归共同所有的财产。结合《民法典》第 1063 条的规定可知，我国实行的是除特有财产外的婚后所得共同制。

夫妻特有财产制。夫妻特有财产是指夫妻在婚后实行共同财产制时，依据法律的规定或者夫妻双方的约定，夫妻保有个人财产的所有权。依据《民法典》第 1063 条的规定，有下列情形之一的，为夫妻一方的财产：①一方的婚前财产；②一方因受到人身损害获得的赔偿和补偿；③遗嘱或者赠与合同中确定只归一方的财产；④一方专用的生活用品；⑤其他应当归

---

① 王利明，杨立新，王轶，等. 民法学：下册［M］. 北京：法律出版社，2020.

一方的财产。《民法典》第 1063 条中的"夫妻一方的个人财产"是指法定的夫妻特有财产。

2. 夫妻约定财产制

夫妻约定财产制是指婚姻当事人以约定的方式，选择决定夫妻财产制形式的法律制度。《民法典》第 1065 条规定："男女双方可以约定婚姻关系存续期间所得的财产以及婚前财产归各自所有、共同所有或者部分各自所有、部分共同所有。约定应当采用书面形式。没有约定或者约定不明确的，适用本法第一千零六十二条、第一千零六十三条的规定。""夫妻对婚姻关系存续期间所得的财产以及婚前财产的约定，对双方具有法律约束力。""夫妻对婚姻关系存续期间所得的财产约定归各自所有，夫或者妻一方对外所负的债务，相对人知道该约定的，以夫或者妻一方的个人财产清偿。"可见，我国实行法定财产制和约定财产制相结合的夫妻财产制，且约定财产制优先于法定财产制。对于夫妻财产关系，如夫妻有约定的，应按约定处理；如无约定或者约定无效的，则适用法定财产制。

（三）扶养义务

1. 扶养的性质和类型

扶养是一定亲属间成立的法定义务，与国家的扶助和社会的扶助有本质的区别，是以一定的亲属关系为前提的。非亲属之间依据合同而负担供养义务属于一般债权债务关系，不属于亲属之间的扶养。亲属之间互相负担扶养义务，对于保障未成年人、老年人的合法权益具有重要的意义。《民法典》依据亲属的辈分不同，将扶养分为长辈对晚辈的抚养、晚辈对长辈的赡养、配偶之间和兄弟姐妹之间的扶养三种。

2. 夫妻有互相扶养的义务

《民法典》第 1059 条规定："夫妻有互相扶养的义务。""需要扶养的一方，在另一方不履行扶养义务时，有要求其给付扶养费的权利。"在理解夫妻间的扶养义务时，应当注意以下问题：第一，夫妻之间的扶养权利和义务，是夫妻身份关系所导致的必然结果；第二，夫妻之间接受扶养的权利和履行扶养对方的义务是以夫妻合法身份关系的存在为前提条件的，无论婚姻的实际情形如何，无论当事人的情感好坏，这种扶养权利和义务始于婚姻缔结之日，消灭于婚姻终止之时；第三，夫妻之间的扶养义务的内容包括夫妻之间相互为对方提供经济上的供养和生活上的扶助，以此维系婚姻家庭日常生活的正常进行；第四，夫妻之间的扶助义务属于民法上的强制性义务，夫妻之间不得以约定形式改变此种法定义务。在夫妻实行分别财产制的情形下，夫妻之间的扶养义务也不得因此而改变。

3. 违反夫妻间扶养义务的法律后果

当夫妻一方没有固定收入，缺乏生活来源，或者无独立生活能力或者生活困难，或者因患病、年老等原因需要扶养，另一方不履行扶养义务时，需要扶养的一方有权要求对方给付扶养费，以维持其生活。

夫妻一方不履行法定的扶养义务，情节恶劣，后果严重，致使需要扶养的一方陷入生活无着落的境地，构成遗弃罪的，另一方在承担支付扶养费的民事责任的同时，还应当承担刑事责任。

第三节　离婚

一、婚姻终止

婚姻终止，是指合法有效的婚姻关系因发生一定的法律事实而归于消灭。能够引起婚姻关系终止的法律事实，称为婚姻终止的原因。婚姻终止的原因有两种：一是婚姻当事人一方的死亡（包括自然死亡和被宣告死亡）；二是离婚。婚姻终止的原因不同，其法律后果也不同。

（一）婚姻因配偶死亡而终止

（1）婚姻因配偶一方自然死亡而终止；

（2）婚姻因配偶一方被宣告死亡而终止；

（3）配偶一方被宣告失踪，只能通过判决离婚而终止婚姻关系。

（二）婚姻因离婚而终止

所谓离婚，是指在夫妻双方生存期间，依照法定的条件和程序解除婚姻关系。离婚则为人为解除婚姻关系。

从不同的角度，可对离婚作不同的分类，主要有：①根据当事人对离婚的态度，可分为双方自愿的离婚和一方要求的离婚；②根据离婚的程序，可分为行政程序的离婚和诉讼程序的离婚；③根据人民法院结案的方式，可分为调解离婚和判决离婚。

二、协议离婚

协议离婚又称自愿离婚，是指夫妻双方自愿离婚并对子女和财产问题达成协议，经过婚姻登记机关认可解除婚姻关系。在我国，双方自愿离婚的法律程序为离婚登记程序，由婚姻登记机关对当事人的离婚申请进行审查、登记。登记机关完成离婚登记，双方的婚姻关系终止。

（一）协议离婚的条件

（1）双方当事人必须具有完全民事行为能力；
（2）双方当事人必须有离婚的合意；
（3）双方当事人必须对离婚后子女抚养、财产、债务等问题达成一致。

（二）协议离婚的程序

1. 申请

《婚姻登记条例》第10条规定："内地居民自愿离婚的，男女双方应当共同到一方当事人常住户口所在地的婚姻登记机关办理离婚登记。"

2. 受理

婚姻登记员应当对当事人提交的上述材料进行初审。婚姻登记员对当事人提交的证件和证明材料初审无误后，发放"离婚登记申请受理回执单"；不符合离婚登记申请条件的，不予受理。

3. 冷静期

自婚姻登记机关收到离婚登记申请并向当事人发放"离婚登记申请受理回执单"之日起30日内，任何一方不愿意离婚的，可以持本人有效身份证件和"离婚登记申请受理回执单"，向受理离婚登记申请的婚姻登记机关撤回离婚登记申请，并亲自填写"撤回离婚登记申请书"。

4. 审查

自离婚冷静期届满后 30 日内，双方当事人应当持有关证件和材料，共同到婚姻登记机关申请领取离婚证。婚姻登记机关按照规定的程序和条件进行审查。未申请的，视为撤回离婚登记申请。

5. 登记（发证）

婚姻登记机关审查后，对于符合《民法典》和《婚姻登记条例》的离婚申请准予登记和发证。

课堂案例

原告莫某某因与被告李某某发生离婚纠纷，向法院提起诉讼。

原告与被告经人介绍相识，于 2015 年 3 月登记结婚，同年 10 月 21 日生育一子小李某某。因婚后双方感情不和，2020 年 5 月，原告莫某某曾草拟离婚协议一份交给被告李某某。被告李某某答应如果儿子由其抚养和夫妻婚姻关系存续期间购买的宅基地（使用权登记为女方，价值 20 万元）归男方所有，就愿意去办离婚手续，但最终他未在离婚协议上签字。同年 7 月，原告、被告双方到土地管理部门将原登记在莫某某名下的《土地使用证》范围内的土地使用权全部变更到李某某名下。但是，李某某反悔，不同意离婚。

案例解析

本案一审的争议焦点是：原告莫某某与被告李某某草拟的离婚协议是否生效，变更后的财产是否仍是夫妻共同财产。

婚姻当事人之间为离婚达成的协议是一种要式协议，即双方当事人达成离婚合意，并在协议上签名才能使离婚协议生效。双方当事人对财产的处理是以达成离婚为前提的，虽然已经履行了财产权利的变更手续，但因离婚的前提条件不成立而没有生效，已经变更权利人的财产仍属于夫妻婚姻关系存续期间的共同财产。

因此，法院驳回原告莫某某的离婚诉讼请求。

法条链接

《民法典》

第四百八十三条 承诺生效时合同成立，但是法律另有规定或者当事人另有约定的除外。

第一千零七十六条 夫妻双方自愿离婚的，应当签订书面离婚协议，并亲自到婚姻登记机关申请离婚登记。

离婚协议应当载明双方自愿离婚的意思表示和对子女抚养、财产以及债务处理等事项协商一致的意见。

第一千零八十条 完成离婚登记，或者离婚判决书、调解书生效，即解除婚姻关系。

三、判决离婚

判决离婚又称裁判离婚，是指对于夫妻一方提出的离婚诉讼请求，经人民法院审理，作出肯定判决的一种离婚制度。判决离婚体现了国家对婚姻问题的干预、对离婚行为进行司法控制这一基本特点。

（一）判决离婚的程序

1. 调解

调解具体可分为两种：一种是诉讼外调解，另一种是诉讼内调解。如调解不成，夫妻感情确已破裂，则由人民法院判决离婚。

2. 法院判决

对于调解无效的离婚案件，如双方感情确已破裂，人民法院应判决准予离婚。

（二）判决离婚的条件

1. 夫妻感情确已破裂的认定

认定应当主要参考以下因素：

（1）婚姻基础；

（2）婚后感情；

（3）离婚原因；

（4）婚姻现状；

（5）有无和好的可能。

2. 关于判决离婚理由的例示性规定

《民法典》第 1079 条第 3 款规定，有下列情形之一，调解无效的，应当准予离婚：

（1）重婚或者与他人同居；

（2）实施家庭暴力或者虐待、遗弃家庭成员；

（3）有赌博、吸毒等恶习屡教不改；

（4）因感情不和分居满二年。

上述所列可以视为夫妻感情破裂应准予离婚的情形，并非包括了全部夫妻感情确已破裂的类型，也并非只有上述 4 种情况，才能认定为夫妻感情确已破裂。

四、离婚的法律后果

（一）离婚的法律后果的含义

离婚将在婚姻当事人之间、婚姻当事人与子女及其他第三人之间引起一系列相应的法律后果，即离婚的法律效力。离婚不仅解除了夫妻之间的人身关系，而且终止了夫妻之间的财产关系。离婚在夫妻人身关系方面的效力，表现为当事人之间的夫妻身份终止、姻亲关系终止等。

离婚在夫妻财产关系方面的效力包括以下方面：

（1）夫妻相互扶养的权利义务终止；

（2）夫妻的遗产继承权丧失；

（3）夫妻财产关系终止，包括夫妻共同财产分割、夫妻债务清偿和对生活困难一方的经济帮助等内容，这些是离婚时夫妻财产的清算问题。

（二）离婚后的子女抚养

1. 离婚后父母与子女的关系

父母离婚只能消除夫妻关系，而不能消除父母子女之间的权利和义务关系。离婚后，子女无论随父母哪方生活，仍然是父母双方的子女。养父母离婚，也不消除养父母与养子女之间的权利和义务关系。生父与继母或者生母与继父离婚时，对于已形成抚养关系的继父母与继子女而言，只有在继父母或者继子女一方或双方提出解除继父母子女关系，并符合法律要求的条件下，继父母子女关系才可以解除。

2. 离婚后父母对未成年子女的抚养

父母离婚不能消除其父母子女之间的权利和义务关系，但子女抚养方式要发生变化，即由父母双方与子女共同生活、共同抚养变为由父母一方与子女共同生活、承担直接抚养责任。离婚后，不满两周岁的子女，以由母亲直接抚养为原则。

3. 离婚后子女抚养费的分担和变更

《民法典》第1085条规定："离婚后，子女由一方直接抚养的，另一方应当负担部分或者全部抚养费。负担费用的多少和期限的长短，由双方协议；协议不成的，由人民法院判决。""前款规定的协议或者判决，不妨碍子女在必要时向父母任何一方提出超过协议或者判决原定数额的合理要求。"这一规定主要包含以下三个方面的内容：①父母双方离婚后仍负有平等支付子女抚养费的义务；②子女抚养费的数额、期限和给付办法；③子女有权要求增加抚养费。

4. 离婚后对子女的探望权

《民法典》第1086条规定："离婚后，不直接抚养子女的父或者母，有探望子女的权利，另一方有协助的义务。""行使探望权利的方式、时间由当事人协议；协议不成时，由人民法院判决。""父或者母探望子女，不利于子女身心健康的，由人民法院依法中止探望；中止的事由消失后，应当恢复探望。"可见，探望权是指夫妻离婚后不直接抚养子女的父或母对子女探望的权利。如果人民法院作出的生效的离婚判决中未涉及探望权，当事人就探望权问题单独提起诉讼的，人民法院应予受理。

（三）离婚时的财产清算

1. 夫妻共同财产的分割

《民法典》第1087条规定："离婚时，夫妻的共同财产由双方协议处理；协议不成的，由人民法院根据财产的具体情况，按照照顾子女、女方和无过错方权益的原则判决。""对夫或者妻在家庭土地承包经营中享有的权益等，应当依法予以保护。"这是关于离婚时分割夫妻共同财产的原则性规定。

2. 债务的清偿

（1）夫妻共同债务的清偿。《民法典》第 1089 条规定："离婚时，夫妻共同债务应当共同偿还。共同财产不足清偿或者财产归各自所有的，由双方协议清偿；协议不成的，由人民法院判决。"

（2）夫妻个人债务的清偿。夫妻个人债务是指夫妻以个人名义所负的与夫妻共同生活无关的债务。夫妻一方与第三人串通，虚构债务，第三人主张该债务为夫妻共同债务的，人民法院不予支持；夫妻一方在从事赌博、吸毒等违法犯罪活动中所负债务，第三人主张该债务为夫妻共同债务的，人民法院不予支持。

⚖ 课堂案例

案例一：乙起诉离婚时，才得知丈夫甲此前已经伪造夫妻共同债务，隐匿夫妻共同财产。乙很生气，向法院提出诉讼，要求甲在分割夫妻共同财产时少分或者不分，而且乙担心甲还有其他隐匿财产未被自己发现。请问法院会不会支持乙的主张？乙还可以如何维护自己的权利？

A. 甲隐匿转移财产，分割财产时可少分或不分

B. 就履行离婚财产分割协议事宜发生纠纷，乙可再起诉

C. 离婚后发现甲还隐匿其他共同财产，乙可另诉再次分割财产

D. 离婚后因发现甲还隐匿其他共同财产，乙可再行起诉且不受诉讼时效限制

📋 案例解析

答案：乙的主张可以被法院支持。乙如果在离婚后发现甲隐匿财产的其他行为，可以再次向法院提起诉讼，要求分割被甲隐匿的财产。但是根据《最高人民法院关于适用〈中华人民共和国民法典〉婚姻家庭编的解释（一）》第八十四条，当事人依据民法典第一千零九十二条的规定向人民法院提起诉讼，请求再次分割夫妻共同财产的诉讼时效期间为三年，从当事人发现之日起计算。

法条链接

《民法典》

第一千零九十二条 夫妻一方隐藏、转移、变卖、毁损、挥霍夫妻共同财产，或者伪造夫妻共同债务企图侵占另一方财产的，在离婚分割夫妻共同财产时，对该方可以少分或者不分。离婚后，另一方发现有上述行为的，可以向人民法院提起诉讼，请求再次分割夫妻共同财产。

《最高人民法院关于适用〈中华人民共和国民法典〉婚姻家庭编的解释（一）》

第八十四条 当事人依据民法典第一千零九十二条的规定向人民法院提起诉讼，请求再次分割夫妻共同财产的诉讼时效期间为三年，从当事人发现之日起计算。

课堂案例

案例二：黄某与唐某自愿达成离婚协议并约定财产平均分配，婚姻关系存续期间的债务全部由唐某偿还。经查，黄某以个人名义在婚姻关系存续期间向刘某借款 10 万元用于购买婚房。

问：如黄某偿还了 10 万元，是否可以向唐某追偿？

案例解析

答案：可以。

详解：根据《最高人民法院关于适用〈中华人民共和国民法典〉婚姻家庭编的解释（一）》第三十五条，一方就夫妻共同债务承担清偿责任后，主张由另一方按照离婚协议或者人民法院的法律文书承担相应债务的，人民法院应予支持。

法条链接

《民法典》

第一千零八十九条　离婚时，夫妻共同债务应当共同偿还。共同财产不足清偿或者财产归各自所有的，由双方协议清偿；协议不成的，由人民法院判决。

《最高人民法院关于适用〈中华人民共和国民法典〉婚姻家庭编的解释（一）》

第三十五条　当事人的离婚协议或者人民法院生效判决、裁定、调解书已经对夫妻财产分割问题作出处理的，债权人仍有权就夫妻共同债务向男女双方主张权利。

一方就夫妻共同债务承担清偿责任后，主张由另一方按照离婚协议或者人民法院的法律文书承担相应债务的，人民法院应予支持。

课后习题

1. 在下列父母子女中，双方无法律上权利和义务的是(　　)。

A. 生父母与除被收养者外的生子女

B. 养父母与养子女

C. 有抚养关系的继父母与继子女

D. 无抚养关系的继父母与继子女

2. 其他干涉婚姻自由的行为包括(　　)。

A. 干涉非近亲的同姓结婚　　　　B. 阻碍父母再婚

C. 干涉寡妇再嫁　　　　　　　　D. 包办儿女婚事

3. 我国原《婚姻法》规定夫妻双方都有各用自己姓名的权利，这一规定体现了(　　)。

A. 男女平等原则　　　　　　　　B. 一夫一妻原则

C. 保护妇女利益原则　　　　　　D. 婚姻自由原则

4. 钟某性情暴躁，常殴打妻子柳某，柳某经常找同村未婚男青年杜某诉苦排遣，日久生情。现柳某起诉离婚，关于钟、柳二人的离婚财产处理事宜，下列选项正确的是(　　)。

  A. 针对钟某家庭暴力，柳某不能向其主张损害赔偿

  B. 针对钟某家庭暴力，柳某不能向其主张精神损害赔偿

  C. 如柳某婚内与杜某同居，则柳某不能向钟某主张损害赔偿

  D. 如柳某婚内与杜某同居，则柳某可以向钟某主张损害赔偿

5. 王某以个人名义向张某独资设立的某百货有限公司借款 10 万元，借期 1 年。不久，王某与李某登记结婚，将上述借款全部用于婚房的装修。婚后半年，王某与李某协议离婚，未对债务的偿还作出约定。下列选项正确的是(　　)。

  A. 由张某向王某请求偿还

  B. 由张某向王某和李某请求偿还

  C. 百货公司只能向王某请求偿还

  D. 由百货公司向王某和李某请求偿还

6. 甲（男）与乙（女）在外地打工期间相识，之后二人确立了恋爱关系并同居。后乙发现甲有很多缺点，两人并不适合在一起，遂提出分手。甲不同意，并用乙的裸照相威胁（实际并没有裸照），称如果乙不同意与之结婚便在网上发布乙的裸照。乙无奈，遂与之结婚。关于本案，下列说法正确的是(　　)。

  A. 甲和乙的婚姻合法有效

  B. 因甲欺诈，婚姻可撤销

  C. 因甲胁迫，婚姻可撤销

  D. 因婚姻并非乙的真实意思表示而无效

7. 刘某（男）按当地习俗向戴某（女）支付了结婚彩礼 10 万元现金及金银首饰数件，婚后不久刘某（男）即主张离婚并要求戴某（女）返还彩礼。关于该彩礼的返还，下列选项正确的是(　　)。

  A. 因双方已办理结婚登记，故不能主张返还

  B. 刘某（男）主张彩礼返还，不以双方离婚为条件

  C. 已办理结婚登记，未共同生活的，可主张返还

  D. 已办理结婚登记，并已共同生活的，仍可主张返还

8. 甲（男，60岁）与乙（女，25岁）约定："如乙好好照顾甲，婚后甲就将自己名下唯一一套住房赠送给乙。"乙表示同意。婚后，甲如约将房屋过户到乙名下。乙却对甲态度冷漠，将甲赶出家门。下列选项正确的是（　　）。

A. 甲可向法院主张撤销该婚姻

B. 甲和乙之间的婚姻无效

C. 甲可以撤销对乙的赠与

D. 甲的赠与是合法自愿的，不能撤销

第六章 继承法

第一节 继承法概述

一、继承的概念和分类

（一）继承的概念

民法学上的继承是指因人的死亡而由与其有一定亲属关系的生存人概括取得其财产的法律制度。①

在继承中，其生前所享有的财产因其死亡而移转给他人的死者为被继承人，被继承人死亡时遗留的个人合法财产为遗产，依法继承被继承人遗产的法定范围内的亲属为继承人。②

（二）继承的分类

1. 法定继承和遗嘱继承

根据是否按照被继承人的意思表示发生继承，可将继承分为法定继承和遗嘱继承。

（1）法定继承，是指由法律直接规定继承人的范围、继承顺序、继承条件、继承份额、遗产分配原则的继承方式。在法定继承中，有关继承的事项均由法律直接规定，而不是按照被继承人的意思表示确定的。

---

① 房绍坤，范李瑛，张洪波. 婚姻家庭继承法［M］. 6 版. 北京：中国人民大学出版社，2020.

② 杨立新. 婚姻家庭与继承法［M］. 北京：法律出版社，2021.

（2）遗嘱继承，是指继承人按照被继承人生前所确立的有效遗嘱继承被继承人遗产的一种继承方式。在遗嘱继承中，具体的继承人、继承的顺序、继承份额、遗产的管理、遗产的执行等均由被继承人生前在遗嘱中指定。

2. 本位继承、代位继承和转继承

根据继承人参与继承时的地位，可将继承分为本位继承、代位继承和转继承。

（1）本位继承，是指继承人基于自己的继承地位、继承顺序和应继份额继承被继承人遗产的继承制度。例如，子女继承父母的遗产、妻子继承丈夫的遗产等。

（2）代位继承，是指本应继承被继承人遗产的继承人先于被继承人死亡的，由其晚辈直系血亲代其地位的继承制度。

（3）转继承，是指继承人在继承开始后、遗产分割前死亡的，其所应继承的遗产份额转由其继承人继承的继承制度。①

需要注意的是，虽然转继承也是由继承人的继承人直接取得被继承人的遗产，与代位继承有一定的相似之处。但两者仍存在以下区别：

①性质不同。转继承是两个本位继承的连续，首先是继承人直接继承被继承人的遗产，继承人死亡后又由转继承人（继承人的继承人）继承被转继承人（继承人）的遗产；而代位继承则是在发生法定情形时，代位继承人直接代替继承人地位继承被继承人的遗产。可见，转继承具有连续继承的性质，而代位继承具有替补继承的性质。

②发生原因不同。转继承发生在继承开始之后、遗产分割前继承人死亡的情形；而代位继承则发生在继承人先于被继承人死亡的情形。

③主体和客体不同。在主体方面，在转继承的情况下，享有转继承权的人并不局限于被转继承人的晚辈直系血亲，还包括被转继承人的其他法定继承人，如配偶、父母、兄弟姐妹、祖父母、外祖父母；而代位继承人只能是被继承人的子女的晚辈直系血亲或者被继承人的兄弟姐妹的子女。

在客体方面，转继承的客体为遗产份额；代位继承的客体则是被代位

---

① 房绍坤，范李瑛，张洪波．婚姻家庭继承法［M］．6 版．北京：中国人民大学出版社，2020.

继承人的继承权。

④适用范围不同。转继承不仅适用于法定继承，也适用于遗嘱继承；而代位继承只适用于法定继承。

⚖️ 课堂案例

甲有一子乙，乙与丙结婚并生有一女丁。甲死亡后，留有遗产房屋4套和人民币10万元。在甲死亡后，继承人之间尚未分割遗产时，乙因悲伤过度猝死，死亡前留有遗嘱，明确其全部遗产由女儿丁继承。乙死亡后，丙、丁因遗产继承发生纠纷，起诉到人民法院。

📋 案例解析

乙在甲死亡之后、遗产分割之前死亡，因此，乙的继承人丙、丁对甲遗产的继承为转继承。乙死亡后应从甲处继承的遗产份额为其在婚姻关系存续期间继承所得的财产，为乙、丙夫妻共同财产（乙与丙另有约定除外)。在确定乙的遗产时，应当首先进行夫妻财产分割，确定丙的份额，剩余部分则作为乙的遗产，按照遗嘱由丁继承。

📖 法条链接

《民法典》

第一千一百五十二条　继承开始后，继承人于遗产分割前死亡，并没有放弃继承的，该继承人应当继承的遗产转给其继承人，但是遗嘱另有安排的除外。

第一千一百五十三条　夫妻共同所有的财产，除有约定的外，遗产分割时，应当先将共同所有的财产的一半分出为配偶所有，其余的为被继承人的遗产。

遗产在家庭共有财产之中的，遗产分割时，应当先分出他人的财产。

二、继承法的基本原则

继承法的基本原则，是指贯穿于继承立法、司法和继承活动中，对具体的继承法律制度与规范具有指导作用的根本准则。

（一）保护自然人继承权原则

《宪法》第13条第2款关于"国家依照法律规定保护公民的私有财产权和继承权"的规定，确立了宪法保护公民继承权的基本原则，并把继承权与私有财产权并列。《民法典》第124条第1款也规定："自然人依法享有继承权。"

（二）公序良俗原则

《民法典》规定公序良俗是一项基本原则，要求一切民事活动应当遵守公共秩序及善良风俗。继承法也应当遵循公序良俗原则，继承人在继承活动中遵循这个原则，不得破坏公共秩序及善良风俗。例如，在遗嘱人遗嘱处分行为违反了法律规定和公序良俗时，应当认定遗嘱无效。

（三）继承权平等原则①

继承权平等原则不仅包含继承权男女平等的内容，同时还包括其他丰富的内容。

1. 继承权男女平等

《民法典》第1126条规定："继承权男女平等。"我国继承权男女平等包含多重含义：一是女性与男性享有平等的继承权；二是夫妻在继承上享有平等权利，有相互继承遗产的权利；三是在继承人的范围和法定继承的顺序上，男女亲等相同，父系亲与母系亲平等；四是在代位继承中，男女有平等的代位继承权，适用于父系的代位继承，同样适用于母系；五是在遗嘱继承中，无论男女都有权按照自己的意愿处分自己的遗产。

---

① 杨立新. 婚姻家庭与继承法［M］. 北京：法律出版社，2021；房绍坤，范李瑛，张洪波. 婚姻家庭继承法［M］. 6版. 北京：中国人民大学出版社，2020.

2. 非婚生子女、养子女、继子女与婚生子女继承权平等

在继承上，非婚生子女、养子女、继子女与婚生子女同为子女，具有相同的法律地位，享有平等的继承权。不允许任何人以任何借口歧视非婚生子女、养子女和继子女。

3. 儿媳与女婿在继承上权利平等

我国《民法典》第 1129 条规定："丧偶儿媳对公婆，丧偶女婿对岳父母，尽了主要赡养义务的，作为第一顺序继承人。"只要儿媳或女婿符合丧偶的条件而且对公婆或岳父母尽了主要赡养义务，就可以享有继承权，并不区分儿媳与儿子、女儿与女婿的不同。

4. 同一顺序的继承人继承遗产的权利平等

我国《民法典》第 1130 条第 1 款规定："同一顺序继承人继承遗产的份额，一般应当均等。"凡为同一顺序的继承人，不分尊卑、男女、长幼，也不论职业、政治状况，继承被继承人遗产的权利一律平等。

⚖ 课堂案例

王小强的叔叔王大林和婶婶潘桂花育有一子王小军、一女王小星，叔叔和婶婶过世，没有立遗嘱。王小军在没有告知王小星的情况下，就私自将其父亲名下的 2 套房子直接转到了自己的名下，并将父母的 30 万元存款全部取出，据为己有。王小星知道这件事后很困惑，找到堂哥王小强。王小强认为，叔叔和婶婶的遗产也有堂妹的一份，她理应找哥哥理论。但王小军认为，妹妹已经嫁到别人家，和这个家已经没有关系，而且父亲在她结婚时给了她 2 万元，还有一辆价值 10 万元的车，因此，不应该再继承父母的遗产。

那么，王小军的说法符合法律规定吗？王小星究竟是否享有继承其父母遗产的权利呢？①

📑 案例解析

这个案例涉及的是继承权男女平等原则。《民法典》明确规定，继承

---

① 蔡国华. 快速读懂民法典·继承编：继承难题不再愁［M］.北京：中国民主法制出版社，2021.

权男女平等。案例中的王小星是王大林和潘桂花的女儿，属于第一顺序继承人，享有和王小军同等的继承权。

此外，王小军提到了王小星在结婚时已经得到的 2 万元和一辆价值 10 万元的车，那么，父母给女儿的嫁妆属于什么性质呢？是否要将这部分财产也纳入遗产里面呢？

事实上，嫁妆和父母的遗产是两个不同的概念，父母在生前赠与女儿的嫁妆是属于王小星所有的财产，遗产是指王大林和妻子潘桂花去世后所留下的各种财产，包括房子、房内物品及 30 万元存款。

法条链接

《民法典》

第一千一百二十六条 继承权男女平等。

（四）权利义务相一致原则

继承法上的权利义务相一致原则主要表现在以下方面：

（1）丧偶儿媳和丧偶女婿的权利义务相一致。丧偶儿媳和丧偶女婿本不在继承顺序之中，但是，由于他们对公婆或岳父母尽了主要赡养义务，因而法律规定他们享有继承权，并且是第一顺序继承人。

（2）在遗产数额的确定上体现了权利义务相一致原则。同一顺序继承人继承遗产份额一般应当均等，但是，对被继承人尽了主要扶养义务的继承人，分配遗产时可以多分；有扶养能力和有扶养条件的继承人，不尽扶养义务的，分配遗产时应当不分或者少分。

（3）接受遗产与清偿被继承人债务的权利义务相一致。继承人对被继承人依法应当交纳的税款和债务负担清偿的责任。继承人对被继承人的债务清偿完毕后，如果还有剩余遗产，方可继承剩余的遗产。

（4）遗嘱继承和遗赠扶养协议中的权利义务相一致。在遗嘱继承和遗赠扶养协议中，只有继承人或受遗赠人按照遗嘱或遗赠扶养协议尽了扶养义务，才有权取得遗产或接受遗赠。没有正当理由不履行相应义务的，人民法院可以取消其继承遗产或接受遗赠的权利。

（5）继父母、继子女、继兄弟姐妹的权利义务相一致。继父母、继子女、继兄弟姐妹之间如果有扶养关系，才可互相继承遗产。

（6）尽到扶养义务不同的继承人的权利义务相一致。对被继承人生前没有任何法定的扶养义务而对被继承人扶养较多的人，有权取得适当的遗产。相反，法定继承人虐待、遗弃、故意杀害被继承人的，则丧失继承权。①

⚖ 课堂案例

王小军的妻子陶小雅十分孝顺，她的母亲几年前病逝了，留下父亲陶大爷一个人在家。陶小雅有一个弟弟陶小峰和一个妹妹陶小美，陶小峰被父母娇惯长大，养成了自私自利的性格。陶小峰成家后，对陶大爷的关心就更少了。陶小雅给父亲请了保姆，隔三岔五回家看望父亲，父亲生病，都是她和妹妹守在病床前细心照料。

2020 年，陶大爷病危，没来得及说任何话就过世了。丧事刚办完，陶小峰就着急分遗产，而且想要将遗产都据为己有。

请问，陶大爷的遗产究竟该怎么分呢？主动赡养老人的女儿，可以多分遗产吗？②

📋 案例解析

本案涉及的是遗产分配份额问题。《民法典》对同一顺序继承人的继承权作了平等的保护，这种平等不分男女老幼，不论血缘关系，都能平等地、均等地享有继承被继承人遗产的权利。本案中，姐弟三人同属于第一顺序继承人，正常情况下，三人应该平均分配陶大爷的遗产。但在平等的前提下，也作了特殊规定，对生活确有困难又缺乏劳动能力的继承人，应当适当照顾；主动照顾被继承人，付出较多的，尽了主要赡养义务的，可以多分遗产。案例中，姐弟三人都有能力赡养陶大爷，但只有陶小雅和妹

---

① 杨立新. 婚姻家庭与继承法［M］. 北京：法律出版社，2021.
② 蔡国华. 快速读懂民法典·继承编：继承难题不再愁［M］. 北京：中国民主法制出版社，2021.

妹陶小美主动赡养老人，陶小峰没有承担赡养义务，但鉴于其对父亲也有适度的关心，因此在分配遗产时，不能完全剥夺陶小峰的继承权，应少分，而陶小雅和陶小美应多分。

📖 **法条链接**

《民法典》

第一千一百三十条　同一顺序继承人继承遗产的份额，一般应当均等。

对生活有特殊困难又缺乏劳动能力的继承人，分配遗产时，应当予以照顾。

对被继承人尽了主要扶养义务或者与被继承人共同生活的继承人，分配遗产时，可以多分。

有扶养能力和有扶养条件的继承人，不尽扶养义务的，分配遗产时，应当不分或者少分。

继承人协商同意的，也可以不均等。

（五）遗嘱自由原则

遗嘱自由，是自然人生前享有的通过订立遗嘱处分自己身后财产的自由权利。我国《民法典》第1133条前3款规定，自然人可以依照本法规定立遗嘱处分个人财产，并可以指定遗嘱执行人。自然人可以立遗嘱将个人财产指定由法定继承人中的一人或者数人继承。自然人可以立遗嘱将个人财产赠与国家、集体或者法定继承人以外的组织、个人。这是我国继承法对遗嘱自由原则的确认。

当然，我国遗嘱自由原则也受到一定的限制，主要表现在以下方面：①遗嘱要受法律约束，不得违反法律法规的规定，违法的遗嘱无效；②遗嘱不得违背公序良俗，否则该遗嘱处分会被认定为无效；③实行遗嘱自由，应当对缺乏劳动能力又没有生活来源的继承人保留必要的遗产份额，否则，涉及该应当保留的必要的遗产份额部分的遗嘱处分无效。

三、继承的开始

（一）继承开始的原因

《民法典》第 1121 条第 1 款规定："继承从被继承人死亡时开始。"这里的被继承人死亡，包括自然死亡和被宣告死亡。

（二）继承开始时间的确定及意义

1. 自然死亡时间的确定

根据《民法典》第 15 条的规定，自然人的死亡时间，以死亡证明记载的时间为准；没有死亡证明的，以户籍登记或者其他有效身份登记记载的时间为准。有其他证据足以推翻以上记载时间的，以该证据证明的时间为准。

2. 被宣告死亡时间的确定

关于被宣告死亡时间的确定，《民法典》第 48 条规定："被宣告死亡的人，人民法院宣告死亡的判决作出之日视为其死亡的日期；因意外事件下落不明宣告死亡的，意外事件发生之日视为其死亡的日期。"

3. 相互有继承权的继承人在同一事故中死亡时间的确定

《民法典》第 1121 条第 2 款规定："相互有继承关系的数人在同一事件中死亡，难以确定死亡时间的，推定没有其他继承人的人先死亡。都有其他继承人，辈份不同的，推定长辈先死亡；辈份相同的，推定同时死亡，相互不发生继承。"

课堂案例

甲、乙是夫妻，丙、丁是丈夫甲的父母，甲有一兄弟辛，妻子乙有母亲戊。某日，甲、乙、丙、丁一起驾车出游，途中发生事故，4 人均在事故中遇难，无法确定死亡时间。甲、乙尚无子女，甲、乙、丙、丁均无遗嘱。甲、乙有共同财产价值 100 万元，丙、丁有共同财产价值 200 万元，问：如何处理该遗产继承问题？①

---

① 梁分，吴桃 . 民法典继承编条文精解与案例指引［M］.北京：法律出版社，2021.

案例解析

《民法典》第1121条第2款规定："相互有继承关系的数人在同一事件中死亡，难以确定死亡时间的，推定没有其他继承人的人先死亡。都有其他继承人，辈份不同的，推定长辈先死亡；辈份相同的，推定同时死亡，相互不发生继承。"那么：

（1）本案中甲、乙、丙、丁属于不同辈分而且相互之间有继承人的情况，由于无法确定死亡时间，根据辈分不同，长辈先死亡原则，推定丙、丁先死亡，甲、乙后死亡。

（2）丙、丁系夫妻，辈分相同，推定二人同时死亡，相互不发生继承。丙、丁的遗产是200万元，继承人是甲和辛。丙、丁的遗产应由两人平均继承，故甲和辛各得100万元。乙作为甲的妻子只有在作为丧偶儿媳并对公婆尽了主要赡养义务时，才能作为法定继承人继承丙、丁的遗产，本案未见此条件，故乙不能继承丙、丁的遗产。

（3）甲、乙原有共同财产100万元。在丙、丁死亡后，甲又继承了丙、丁的100万元遗产，此100万元成为甲、乙夫妻二人的共有财产。因此，甲、乙的共有财产为200万元。

（4）由于甲、乙作为夫妻，辈分相同，推定二人同时死亡，相互不发生继承。两人各自的财产由各自的继承人继承。甲的继承人只有兄弟辛，因此甲的100万元由辛继承。辛已继承了其父母的100万元，则辛总计应继承200万元。乙的继承人是其母亲戊，乙的100万元由戊继承。

法条链接

《民法典》

第一千一百二十一条　继承从被继承人死亡时开始。

相互有继承关系的数人在同一事件中死亡，难以确定死亡时间的，推定没有其他继承人的人先死亡。都有其他继承人，辈份不同的，推定长辈先死亡；辈份相同的，推定同时死亡，相互不发生继承。

第二节 继承法律关系

一、继承法律关系概述

（一）继承法律关系的概念

继承法律关系是民事法律关系中的一种，是由继承法律规范调整的，因自然人死亡而发生的继承人与其他人在财产继承上的民事权利义务关系。《民法典》第1119条规定："本编调整因继承产生的民事关系。"

（二）继承法律关系的构成要素

1. 继承法律关系的主体

继承法律关系的主体，是指参加继承法律关系，并在继承法律关系中享受权利和承担义务的人，包括权利主体和义务主体。继承法律关系的权利主体为继承人，义务主体是继承人以外的其他所有人，包括自然人、法人或非法人组织以及国家。

2. 继承法律关系的内容

继承法律关系的内容，是指继承法律关系的权利主体即继承人所享有的权利，也就是继承被继承人遗产的继承权；继承法律关系的义务主体即继承人以外的其他所有人所承担的义务，也就是不得侵害、妨碍、干涉继承人行使继承权。

3. 继承法律关系的客体

继承法律关系的客体，是指继承法律关系的权利主体的权利和义务主体的义务共同指向的对象，即被继承人遗留的遗产。

二、继承人

（一）继承人的概念

继承人，是指依照继承法的规定在法定继承或者遗嘱继承中有权获得被继承人遗产的自然人。

（二）继承能力

1. 继承能力的概念

《民法典》第1124条规定，继承开始后，继承人放弃继承的，应当在遗产处理前，以书面形式作出放弃继承的表示；没有表示的，视为接受继承。可见，我国继承法采取的是当然继承主义，即在继承开始时，被继承人的遗产当然由继承人继承，无需继承人另行主张。

2. 胎儿的继承能力

胎儿的继承能力是与胎儿的权利能力结合在一起的，只有具备了权利能力，才能具备继承能力。我国《民法典》第16条规定，涉及遗产继承、接受赠与等事项，胎儿享有民事权利能力。但是，胎儿娩出时为死体的，其民事权利能力自始不存在。此外，《民法典》第1155条规定："遗产分割时，应当保留胎儿的继承份额。胎儿娩出时是死体的，保留的份额按照法定继承办理。"可见，在我国，涉及遗产继承时，胎儿具有继承能力，但以胎儿出生时为死体作为解除条件。

3. 失踪人的继承能力

自然人长期离开自己的住所，下落不明达到法定期间的，为消除因其长期下落不明而引起的法律关系上的不确定状态，可以依照法律规定的条件和程序，宣告该自然人为失踪人。《民法典》第40条规定："自然人下落不明满二年的，利害关系人可以向人民法院申请宣告该自然人为失踪人。"自然人被宣告为失踪人后，其民事权利能力和民事行为能力并不消失，其继承能力也依然存在，失踪人仍然有权作为继承人取得被继承人的财产。当然，由于失踪人下落不明，其接受遗产的权利只能由为其财产选定的代管人代为行使，其继承的遗产也由其代管人代管。

（三）继承人的范围

继承人的范围是法定的，不可随意变更。根据《民法典》的规定，法定继承人不仅包括配偶、子女、父母、兄弟姐妹、祖父母、外祖父母、孙子女、外孙子女，还包括对公婆或岳父母尽了主要赡养义务的丧偶儿媳和丧偶女婿。我国法定继承人的取得依据与许多国家的不同，除各国通行的婚姻、血缘关系外，还包括扶养关系。根据取得依据的不同，继承人可以分为三类：一是基于婚姻关系的配偶；二是基于血缘关系和拟制血缘关系的血亲，如子女、父母、兄弟姐妹、祖父母、外祖父母、孙子女、外孙子女；三是基于扶养关系的姻亲，如丧偶儿媳、丧偶女婿。①

⚖ 课堂案例

原告诉称，2013年1月14日，文小某在湖南古丈打工时遇矿难死亡，留下遗产房屋一幢。文小某去世后，其生母杨某将文小某与被告石某居住的房屋上锁，不许怀有身孕的石某居住。原告杨某和文某认为，其作为死者的父母，是该房屋的继承人。被告石某是死者的女朋友，未登记结婚，无继承权。于是，原告向法院起诉，请求确认该房屋归原告继承。

被告石某辩称，其与文小某是经双方父母和家族长辈同意，按照民俗看了家，定了亲，一起同居生活，未领结婚证的"事实"夫妻，她还怀上了文小某的孩子。文小某遇矿难死亡后，其遗产不应当全部由其父母继承，应依照《继承法》的规定保留胎儿的继承份额。

法院认为，原告杨某、文某是死者文小某的生母、继父，依法享有继承权。被告石某与文小某虽然同居生活，但未登记结婚，不享有继承权。但石某与文小某同居生活期间致孕，其腹中胎儿享有继承权，在分割遗产时应保留其胎儿的财产份额。②

📄 案例解析

当事人与被继承人同居生活期间致孕，其腹中胎儿享有继承权，在分割遗产时应保留其胎儿的财产份额。但是在现实生活中，往往有人纠结于胎儿的婚生与否以及性别，否定其继承能力。需要明确的是，首先，只有确认该胎儿与被继承人不具有血缘关系或者不应当视其为被继承人的子女时，才能不给其保留遗产必要的份额。其次，现实生活中常常有人争议孩子的母亲是否怀孕的问题，在司法实践中，法院可以等胎儿出生再进行遗产分割。

---

① 房绍坤，范李瑛，张洪波．婚姻家庭继承法［M］．6版．北京：中国人民大学出版社，2020．

② 秀山土家族苗族自治县人民法院（2013）秀法民初字第00856号．

> **📖 法条链接**
>
> ### 《民法典》
>
> 第一千一百二十七条　遗产按照下列顺序继承：
>
> （一）第一顺序：配偶、子女、父母；
>
> （二）第二顺序：兄弟姐妹、祖父母、外祖父母。
>
> 继承开始后，由第一顺序继承人继承，第二顺序继承人不继承；没有第一顺序继承人继承的，由第二顺序继承人继承。
>
> 第一千一百五十五条　遗产分割时，应当保留胎儿的继承份额。胎儿娩出时是死体的，保留的份额按照法定继承办理。

三、继承权

（一）继承权的概念

继承权，是指自然人依照法律规定或者被继承人生前立下的合法有效遗嘱继承被继承人遗产的权利。①

（二）继承权的丧失

继承权的丧失，是指继承人在发生法律规定的事由时，失去继承资格的法律制度。

继承权的丧失可分为绝对丧失和相对丧失两类。

（1）继承权的绝对丧失，又称为终局丧失，是指在发生某种丧失继承权的法定事由时，该继承人的继承权在任何情形下均不得恢复，即永久丧失继承权。依照《民法典》第1125条的规定，导致继承人的继承权绝对丧失主要包括：故意杀害被继承人和为争夺遗产而杀害其他继承人两种情形。

---

① 房绍坤，范李瑛，张洪波．婚姻家庭继承法［M］．6版．北京：中国人民大学出版社，2020．

继承权的绝对丧失是不可改变的，不依被继承人或其他人意志的变化而变化。例如，因故意杀害被继承人或为争夺遗产杀害其他继承人而丧失继承权的继承人，如被判刑改造后有悔过表现，最终获得被继承人宽恕，即便被继承人在遗嘱中仍将其列为继承人，该继承人也无权取得遗产。

（2）继承权的相对丧失，又称为非终局丧失，是指虽因发生某种法定事由致使继承人的继承权丧失，但在被继承人表示宽恕时，继承人的继承权也可最终不丧失的情形。依照《民法典》第1125条的规定，因遗弃被继承人，或者虐待被继承人情节严重的；伪造、篡改、隐匿或者销毁遗嘱，情节严重的；以欺诈、胁迫手段迫使或者妨碍被继承人设立、变更或者撤回遗嘱，情节严重的，均为继承权相对丧失的法定事由。如果继承人确有悔改表现，而且被继承人生前表示宽恕，或者事后在遗嘱中将其列为继承人的，该继承人不丧失继承权。

⚖ 课堂案例

陶某然父亲原本独自居住，但因身体越来越虚弱，无法独立生活，于是住到了儿子陶某然家里。陶某然妻子陈某佳觉得陶某然父亲住进自己家很不方便，经常对陶某然诉说老人的种种毛病。久而久之，陶某然对父亲也心生厌烦，于是开始和妻子一起对老人百般挑剔，为一些小事就训斥老人。有一次，老人手抖打碎了饭碗，陶某然夫妻就不许老人吃饭。老人一直忍气吞声，直到陶某然夫妻变本加厉，开始对他动手，陶某然父亲才将一切告诉女儿陶某欣。

陶某欣听说了父亲的遭遇，十分气愤，训斥了哥哥和嫂子，然后将父亲接到了自己家中。陶某然虐待父亲的事情被亲戚们知道后，大家对其口诛笔伐。后来，陶某然幡然醒悟。他与妻子诚心给父亲道了歉，并保证今后会好好对待父亲。父亲原谅了儿子和儿媳，重新和他们生活在了一起。半年后，老人安详地去世，没有立遗嘱。在分割遗产时，陶某欣不同意与哥哥平分遗产，她认为，哥哥虐待父亲，理应丧失继承权。那么陶某然是否丧失了继承权呢？①

---

① 蔡国华. 快速读懂民法典·继承编：继承难题不再愁［M］.北京：中国民主法制出版社，2021.

案例解析

本案涉及的是虐待被继承人后悔过，并已得到被继承人宽恕，继承权是否丧失的问题。《民法典》规定了多种继承权丧失的情形。其中，遗弃被继承人，是指继承人有能力和条件尽扶养义务而故意不尽扶养义务，使没有独立生活能力的被继承人陷入困苦之中。虐待被继承人，是指继承人对被继承人故意进行肉体或精神上的折磨与摧残。继承人虐待被继承人情节是否严重，可以从实施虐待行为的时间、手段、后果和社会影响等方面认定。虐待被继承人情节严重的，无论是否追究刑事责任，均可确认其丧失继承权。

本案中，陶某然夫妇训斥父亲、禁止父亲吃饭及动手打父亲的行为，都属于虐待，而且时间较长，可认定为情节严重。但是《民法典》同时也规定继承人在上述情况发生后确有悔改表现，并且被继承人表示宽恕或者事后在遗嘱中将其列为继承人的，该继承人不丧失继承权。在案例中，陶某然夫妻已经意识到了自己的错误，并向老人道了歉，老人也原谅了二人。因此，陶某然的继承权并没有丧失，依旧可以继承其父亲的遗产。

法条链接

《民法典》

第一千一百二十五条　继承人有下列行为之一的，丧失继承权：

（一）故意杀害被继承人；

（二）为争夺遗产而杀害其他继承人；

（三）遗弃被继承人，或者虐待被继承人，情节严重；

（四）伪造、篡改、隐匿或者销毁遗嘱，情节严重；

（五）以欺诈、胁迫手段迫使或者妨碍被继承人设立、变更或者撤回遗嘱，情节严重。

继承人有前款第三项至第五项行为，确有悔改表现，被继承人表示宽恕或者事后在遗嘱中将其列为继承人的，该继承人不丧失继承权。

受遗赠人有本条第一款规定行为的，丧失受遗赠权。

（三）继承权的放弃

继承权的放弃，是指继承人于继承开始后、遗产分割前作出的放弃其继承被继承人遗产的权利的意思表示。继承权的放弃是一种单方民事法律行为，无需得到任何人的同意。

我国《民法典》第1124条第1款规定："继承开始后，继承人放弃继承的，应当在遗产处理前，以书面形式作出放弃继承的表示；没有表示的，视为接受继承。"可见，我国要求放弃继承权必须以明示方式作出。继承人用口头方式表示放弃继承的，不发生放弃继承权的效力。

虽然继承权的放弃是继承人自由意志的表达，无需征得任何人同意，但行使继承权的放弃并非无所限制，仍然需要满足一定的条件，包括：①须在继承开始后、遗产分割前放弃；②原则上由继承人本人放弃；③继承人不得部分放弃继承权；④放弃继承权不得附加条件；⑤继承权的放弃不得损害法定义务，如法定的赡养、抚养和扶养义务。

⚖ 课堂案例

顾某某系被继承人沈某方之母。金某某与沈某方系夫妻关系，沈某某系二人之女。沈某方于2017年9月去世，生前未立遗嘱，留有上海房产一套、保险箱一个、银行存单一张和一定的银行账户存款。2018年1月9日，在居委会工作人员见证下顾某某出具证明书：自愿放弃沈某方所有遗产的继承权利。

2018年1月22日，顾某某向一审法院表示证明书是其真实意愿，希望金某某、沈某某在清明节前为沈某方购买墓穴并择期下葬。后顾某某以金某某、沈某某未给被继承人购买墓地为由对放弃继承权表示反悔。本案中，顾某某的希望是否为其放弃继承权的先决条件？①

📋 案例解析

一般认为，继承权的放弃必须是无条件的。继承人不能以不履行法定义务作为放弃继承权的条件。但对那些不涉及法定权利义务的事项，法院

---

① 上海市第二中级人民法院（2018）沪02民终第9931号．

往往会根据具体情况通过意思表示解释予以处理。虽然当事人在作放弃继承权的意思表示中，要求其他继承人为被继承人购买墓地，但法院认为购买墓地不属于放弃继承权的先决条件，故不影响继承权的放弃。

> **法条链接**
>
> ### 《民法典》
>
> 第一千一百二十四条　继承开始后，继承人放弃继承的，应当在遗产处理前，以书面形式作出放弃继承的表示；没有表示的，视为接受继承。
>
> 受遗赠人应当在知道受遗赠后六十日内，作出接受或者放弃受遗赠的表示；到期没有表示的，视为放弃受遗赠。

四、遗产

（一）遗产的概念

遗产是继承法律关系的客体，是继承法律关系的权利主体和义务主体共同指向的对象。我国《民法典》第1122条规定："遗产是自然人死亡时遗留的个人合法财产。""依照法律规定或者根据其性质不得继承的遗产，不得继承。"

（二）遗产的范围

我国目前对遗产的范围采取的是"概括+排除式"的立法体例。

（1）按照法律规定不得继承的财产。这类财产主要包括：国有资源使用权；自留山、自留地等。

（2）依其性质不得继承的财产。这类财产主要包括：①与自然人人身不可分离的具有抚恤、救济性质的财产权利，如抚恤金、残疾补助金、救济金、最低生活保障金等，该类财产权利由于专属于被继承人个人，不能由继承人继承。②因侵权行为而导致自然人死亡的，虽然损害赔偿金可以作为遗产由继承人继承，但损害赔偿中具有专属于特定人的具有救济性质的部分不得作为遗产，应当作为个人财产直接给予需要扶养的未成年人或丧失劳动能力又无其他生活来源的成年近亲属。①

课堂案例

小夏和小伟结婚后，因小伟在保险公司上班，在小伟的规划下两人都购买了人身保险，在受益人方面，都将受益人写成彼此。

小夏与驴友参加登山活动，途中不幸遭遇意外身亡。小夏去世后，保险公司进行了核实调查，确定小夏为意外身亡，于是按规定赔付给小伟50万元的保险金。小夏父母得知此事后，找到小伟索要保险金。小夏父母认为：小夏的网店他们不会经营，后续小伟要照顾孩子，网店他们可以不要，但这笔保险金，他们应该享有继承权和小伟按份平分。但小伟并不认同小夏父母的说法，他认为既然保险受益人写的是他的名字，保险金就应该是他的，和小夏父母没有关系。那么，这笔人身保险金到底属不属于遗产呢？该由谁来领取呢？②

案例解析

《民法典》第1122条规定，遗产是自然人死亡时遗留的个人合法财产。不过，该条规定并未提及保险金，那么保险金到底是否属于遗产呢？又该由谁领取呢？

《保险法》第42条规定，被保险人死亡后，有下列情形之一的，保险金作为被保险人的遗产，由保险人履行给付保险金的义务：①没有指定受益人，或者受益人指定不明无法确定的；②受益人先于被保险人死亡，没有其他受益人的；③受益人依法丧失受益权或者放弃受益权，没有其他受益人的。受益人与被保险人在同一事件中死亡，且不能确定死亡先后顺序的，推定受益人死亡在先。

由此来看，人身保险金能否被列入被保险人的遗产，取决于被保险人

---

① 杨立新.婚姻家庭与继承法［M］.北京：法律出版社，2021.
② 蔡国华.快速读懂民法典·继承编：继承难题不再愁［M］.北京：中国民主法制出版社，2021.

是否指定了受益人。本案中，小夏已经指定小伟为人身保险的受益人，那么，小夏死亡后，保险金就应当付给受益人小伟，因而不能纳入遗产范围。

法条链接

《民法典》

第一千一百二十二条 遗产是自然人死亡时遗留的个人合法财产。

依照法律规定或者根据其性质不得继承的遗产，不得继承。

《保险法》

第四十二条 被保险人死亡后，有下列情形之一的，保险金作为被保险人的遗产，由保险人履行给付保险金的义务：

（一）没有指定受益人，或者受益人指定不明无法确定的；

（二）受益人先于被保险人死亡，没有其他受益人的；

（三）受益人依法丧失受益权或者放弃受益权，没有其他受益人的。

受益人与被保险人在同一事件中死亡，且不能确定死亡先后顺序的，推定受益人死亡在先。

第三节 法定继承

一、法定继承的概念

所谓法定继承，是指依据法律直接规定继承人范围、继承顺序、继承份额等继承被继承人遗产的一种继承方式。

法定继承是对遗嘱继承的补充和限制。一方面，遗嘱继承优先于法定继承而适用；另一方面，被继承人的遗嘱内容也会受到法律的限制，例如许多国家的法律中规定有必留份制度。必留份是被继承人在遗嘱中必须为法定继承人保留的遗产份额，被继承人处分必留份的，该处分无效。①

二、法定继承的适用原则和适用情形

（一）法定继承的适用原则：遗嘱在先原则

继承开始后，遗嘱继承优先于法定继承而适用，是为遗嘱在先原则。《民法典》第 1123 条规定："继承开始后，按照法定继承办理；有遗嘱的，按照遗嘱继承或者遗赠办理；有遗赠扶养协议的，按照协议办理。"遗赠扶养协议并非继承方式，而是一种双务合同。由于遗赠扶养协议体现了双方当事人的意愿，关涉扶养义务人与被继承人生前的利益，因此遗赠扶养协议优先于任何一种继承方式而适用。②

（二）适用法定继承的情形

根据遗赠扶养协议优先和遗嘱在先原则，在被继承人生前未与他人订立遗赠扶养协议又没有订立遗嘱，或者遗赠扶养协议无效或不能执行，或被继承人的遗嘱全部无效时，就适用法定继承。除此之外，根据《民法典》第 1154 条的规定，有下列情形之一的，遗产中的有关部分也按照法定继承办理：①遗嘱继承人放弃继承或者受遗赠人放弃受遗赠；②遗嘱继承人丧失继承权或者受遗赠人丧失受遗赠权；③遗嘱继承人、受遗赠人先于遗嘱人死亡或者终止；④遗嘱无效部分所涉及的遗产；⑤遗嘱未处分的遗产。

三、法定继承范围和继承顺序

根据我国《民法典》第 1127 条的规定，第一顺序的法定继承人包括：配偶、子女和父母；第二顺序的法定继承人包括：兄弟姐妹、祖父母和外

---

① 房绍坤，范李瑛，张洪波. 婚姻家庭继承法［M］. 6 版. 北京：中国人民大学出版社，2020.
② 房绍坤，范李瑛，张洪波. 婚姻家庭继承法［M］. 6 版. 北京：中国人民大学出版社，2020.

祖父母。此外,《民法典》第1129条规定:"丧偶儿媳对公婆,丧偶女婿对岳父母,尽了主要赡养义务的,作为第一顺序继承人。"

法定继承开始后,各法定继承人按照《民法典》所规定的法定继承顺序参加继承,即先由第一顺序的法定继承人继承,当没有前一顺序的法定继承人继承时,才由后一顺序的法定继承人继承。

（一）第一顺序的法定继承人

1. 配偶

配偶,是指合法婚姻关系存续期间一方对另一方的称谓,夫以妻为配偶,妻以夫为配偶。在继承法律关系中,配偶特指在被继承人死亡时没有离婚且尚生存的配偶。对于配偶间的继承权,有以下几个问题需要加以注意:

（1）配偶间的继承权以合法有效的婚姻关系存续为前提。

（2）在离婚诉讼中,法院判决离婚,但离婚判决尚未生效时一方当事人死亡,生存配偶依然享有继承权,因为此时的婚姻关系并未完全解除。

（3）无效婚姻中的夫妻不享有法定继承权。

（4）对于未按婚姻法的规定办理结婚登记而以夫妻名义共同生活的男女,当一方死亡时,另一方以配偶身份主张享有继承权的,应区别对待。根据《最高人民法院关于适用〈中华人民共和国民法典〉婚姻家庭编的解释（一）》第6条、第7条的规定,未按婚姻法有关规定办理结婚登记而以夫妻名义共同生活的男女,同居期间一方死亡的,若双方同居关系发生在1994年2月1日民政部《婚姻登记管理条例》公布实施以前,男女双方已经符合结婚实质要件的,按事实婚姻处理,则生存的一方可以配偶身份对另一方的遗产主张继承权;若双方同居关系发生在1994年2月1日民政部《婚姻登记管理条例》公布实施以后,男女双方符合结婚实质要件的,且双方后来补办了结婚登记的,则未死亡的一方可以配偶身份继承对方的遗产;而未补办结婚登记的,则不具有合法夫妻关系,未死亡的一方不能以配偶身份继承死亡一方的遗产。当然,根据《民法典》第1131条的规定,如果双方确实在一起生活了较长时间,且已形成一定的扶养关系,符合酌情分得遗产的法定条件,则可以允许未死亡一方适当分得遗产。

2. 子女

根据《民法典》第 1127 条第 1 款第 1 项和第 3 款的规定，子女是第一顺序继承人。子女包括婚生子女、非婚生子女、养子女和有扶养关系的继子女。

（1）婚生子女。婚生子女是在合法婚姻关系存续期间受孕或所生育的子女。子女作为法定继承人，享有平等的继承权，不因性别、年龄、（父母或自己）婚姻状况等因素而受任何影响。此外，基于现代各国继承法对胎儿继承权益的保护，不仅于父母死亡前出生的子女享有继承权，而且在父亲死亡前已受孕，在父亲死亡后活着出生的子女亦享有继承权。①

（2）非婚生子女。非婚生子女是指没有合法婚姻关系的男女所生育的子女。《民法典》第 1171 条第 1 款规定："非婚生子女享有与婚生子女同等的权利，任何组织或者个人不得加以危害和歧视。"

（3）养子女。养子女是指因收养关系的成立而与养父母形成父母子女关系的子女。养父母与养子女之间是一种拟制的血亲关系，随收养关系的成立而成立，同时，被收养子女与其生父母间的关系解除。收养关系一经成立，养子女便取得同婚生子女同等的法律地位，有权继承养父母的遗产。但由于其与生父母间的权利义务关系已经解除，在与生父母的权利义务关系未恢复前，养子女无权继承其生父母的遗产。

（4）继子女。继子女是指妻与前夫或者夫与前妻所生的子女。继子女与继父母之间的关系，是因为其父母一方死亡而另一方再结婚或者双方离婚后再结婚而形成的一种亲属关系。

继子女能否成为继父母的法定继承人，取决于他们之间是否形成扶养关系。未形成扶养关系的继父母与继子女之间只是一种姻亲关系，他们之间相互没有继承权；而形成了扶养关系的继父母与继子女之间具有法律上的拟制血亲关系，他们之间具有与自然血亲的父母子女间相同的权利和义务，相互间享有继承权。但需要注意的是，因为继子女对继父母之遗产的继承权并不决定于其与生父母的关系，所以继子女继承继父母的遗产并不影响其对生父母的遗产享有继承权。有扶养关系的继子女继承了继父母的遗产的，仍有权继承生父母的遗产；反之，继承了生父母遗产的继子女，

---

① 王仰光，朱呈义. 民法典继承编释论［M］. 北京：中国法制出版社，2020.

只要与继父母形成扶养关系，仍有权继承继父母的遗产。在这个意义上说，继子女享有"双重继承权"。①

3. 父母

根据我国《民法典》第 1070 条和 1127 条的规定，父母和子女有相互继承遗产的权利；所谓"父母"，包括生父母、养父母和具有扶养关系的继父母。

（1）生父母。生父母对其亲生子女有继承权，无论该子女为婚生子女还是非婚生子女。但亲生子女已由他人收养的，在收养关系解除前，生父母不得继承该子女的遗产。即使在收养关系解除后，被收养的子女未与生父母恢复法律上权利义务关系的，生父母对该子女的遗产依然无继承权。

（2）养父母。养父母与养子女之间的收养关系一经成立，养父母与养子女之间就相互享有继承权。但是，一旦收养关系解除，双方之间就不再享有相互继承遗产权利。

（3）继父母。继父母对继子女的遗产是否享有继承权，应当根据其相互之间是否形成扶养关系而定。继父母与继子女之间已经形成扶养关系的，继父母有权继承继子女的遗产；反之，继父母则无权继承继子女的遗产。与继子女形成扶养关系的继父母也有双重继承权，其既可以继承其亲生子女的遗产，也可以继承其继子女的遗产。

4. 对公婆、岳父母尽了主要赡养义务的丧偶儿媳、丧偶女婿

在司法实践中，丧偶儿媳对公婆，丧偶女婿对岳父母的生活提供了主要经济来源，或在劳务等方面给予了主要扶助的，应当认定其尽了主要赡养义务或主要扶养义务。只要丧偶儿媳对公婆或者丧偶女婿对岳父母尽了主要赡养义务，不论其在丧偶后是否再婚，也不论其是否有代位继承人代位继承，都为法定继承人。②

---

① 房绍坤，范李瑛，张洪波. 婚姻家庭继承法［M］. 6 版. 北京：中国人民大学出版社，2020.

② 房绍坤，范李瑛，张洪波. 婚姻家庭继承法［M］. 6 版. 北京：中国人民大学出版社，2020.

（二）第二顺序的法定继承人

1. 兄弟姐妹

兄弟姐妹是最近的旁系血亲，我国《民法典》规定兄弟姐妹相互为第二顺序继承人。根据《民法典》第1127条的规定，兄弟姐妹，包括同父母的兄弟姐妹、同父异母或者同母异父的兄弟姐妹、养兄弟姐妹、有扶养关系的继兄弟姐妹。

（1）同父母的兄弟姐妹。同父母的兄弟姐妹是全血缘的兄弟姐妹，相互之间享有平等的继承权。

（2）同父异母或同母异父的兄弟姐妹。同父异母或同母异父的兄弟姐妹是半血缘的兄弟姐妹。在我国，半血缘的兄弟姐妹与全血缘的兄弟姐妹一样，相互享有继承遗产的权利。

（3）养兄弟姐妹。收养关系产生拟制血缘关系。只要收养关系不解除，亲生子女与养子女之间、养子女与养子女之间均系养兄弟姐妹，可互为第二顺序继承人。此外，因被收养人与亲兄弟姐妹之间的权利义务关系已因收养关系而解除，故被收养人不能再继承其亲兄弟姐妹的遗产。

（4）继兄弟姐妹。继兄弟姐妹之间并不当然地享有相互继承遗产的权利。根据《民法典》第1127条的规定，只有形成扶养关系的继兄弟姐妹之间才有相互继承遗产的权利。有扶养关系的继兄弟姐妹也可享有双重继承权，即既有权继承继兄弟姐妹的遗产，也有权继承亲兄弟姐妹的遗产。

2. 祖父母和外祖父母

祖父母是父亲的父母，外祖父母是母亲的父母。我国《民法典》第1127条将祖父母和外祖父母规定为第二顺序的法定继承人。祖父母、外祖父母对亲生子女的亲生子女和养子女享有继承权、对养子女的亲生子女和养子女享有继承权、对形成扶养关系的继子女的亲生子女和养子女享有继承权。

⚖ 课堂案例

王某生前有同胞兄弟姐妹六人，其父母、妻子贾某均已去世，无婚生子女，有一继子王某某，生前未留有遗嘱和遗赠扶养协议。王某某母亲贾某嫁到王某家时，王某某已成年。此后王某某结婚、生子、建造和改造房屋均在王某的宅院内，与王某共同生活二十余年。王某去世后，王某某负责操办王某的丧葬事宜。王某去世后，其兄弟姐妹认为王某某到王某家时已成年，未与王某形成扶养关系，王某某无权继承王某的遗产，依法应由其兄弟姐妹继承。双方协商未果后提起诉讼。

天津市蓟州区人民法院经审理认为，王某某与王某形成了事实上的扶养关系且双方之间的继父子关系得到众亲友及同村村民的公认，王某某为王某第一顺序的法定继承人，故判决驳回王某兄弟姐妹的诉讼请求。宣判后，双方均未上诉，判决已发生法律效力。①

📄 案例解析

根据《民法典》第1127条的规定，子女包括婚生子女、非婚生子女、养子女和有扶养关系的继子女，但未规定认定形成扶养关系的标准。按照《最高人民法院关于适用〈中华人民共和国民法典〉继承编的解释（一）》第17条规定，对被继承人生活提供了主要经济来源，或在劳务等方面给予了主要扶助的，应当认定其尽了主要赡养义务或主要扶养义务。《北京高院关于审理继承纠纷案件若干疑难问题的解答》第15条规定，判断是否存在扶养关系应从扶养时间的长期性、经济与精神扶养的客观存在、家庭身份的融合性等因素综合进行判断。因此，认定形成扶养关系应从经济供养、扶养时间、扶助情况、居住情况、丧葬事宜等方面综合考虑，严格认定。

本案中，王某某与王某在一个宅院内以家庭成员方式共同生活二十余年，从经济供养、相互扶助、扶养时间上均形成了长期性。关于扶助情况，应采用排除解释，即在共同生活期间，王某某未发生虐待、遗弃被扶养人王某的情况。王某去世后，王某某负责操办王某的丧葬事宜，更是王某某身份的象征。同时，在认定王某某与王某之间是否形成了事实上的扶养关系时，可以考虑扶养人与被扶养人是否共同生活这一因素。

---

① 王继辉. 成年继子女与继父母之间扶养关系的认定——天津市蓟州区人民法院判决王某兄弟姐妹诉王某某等继承纠纷案 ［EB/OL］. https：//www. chinacourt. org/article/detail/2019/06/id/4019073. shtml.

法条链接

《民法典》

第一千一百二十七条　遗产按照下列顺序继承：

（一）第一顺序：配偶、子女、父母；

（二）第二顺序：兄弟姐妹、祖父母、外祖父母。

继承开始后，由第一顺序继承人继承，第二顺序继承人不继承；没有第一顺序继承人继承的，由第二顺序继承人继承。

本编所称子女，包括婚生子女、非婚生子女、养子女和有扶养关系的继子女。

本编所称父母，包括生父母、养父母和有扶养关系的继父母。

本编所称兄弟姐妹，包括同父母的兄弟姐妹、同父异母或者同母异父的兄弟姐妹、养兄弟姐妹、有扶养关系的继兄弟姐妹。

四、应继份与酌情分得遗产

（一）应继份

应继份是指继承人根据法律规定应当继承的遗产份额。根据《民法典》第 1130 条第 1 款的规定，同一顺序继承人继承遗产的份额以均等为原则，以不均等为例外。

1. 同一顺序继承人的应继份额一般应当均等

例如，被继承人死亡时有配偶、父母和一双子女，则每一位继承人的应继份额应为被继承人遗产的 1/5。再如，被继承人死亡时无第一顺序继承人，仅有第二顺序继承人姐姐一人、弟弟一人、外祖父和外祖母，则每位第二顺序继承人的应继份额为遗产的 1/4。

2. 特殊情况下继承人的继承份额可以不均等

（1）分配遗产时，应当对生活有特殊困难又缺乏劳动能力的继承人予以照顾。需要注意的是，继承人是否生活有特殊困难又缺乏劳动能力，应以遗产分割时的情况为判断标准。假如被继承人遗产较多，平均分配遗产也足以保障生活有特殊困难并缺乏劳动能力的继承人的基本生活需要，则没有必要再予以照顾。

（2）分配遗产时，可以对被继承人尽了主要扶养义务或者与被继承人共同生活的继承人予以多分。当然，必须明确的是，我国《民法典》只是规定"可以"多分，而非"应当"多分。例如，有的继承人虽然尽了主要扶养义务，但其收入明显高于其他继承人的就不一定多分。再如，如果既有继承人尽了扶养义务，又有继承人存在生活特别困难并缺乏劳动能力的情况，则应当优先照顾后者。

（3）有扶养能力和扶养条件的继承人，不尽扶养义务的，分配遗产时应当不分或者少分。需要注意的是，此处的"不尽扶养义务"通常未达到遗弃的程度。该种情形的适用一般需要同时满足以下条件：一是被继承人需要扶养；二是继承人有扶养能力和扶养条件；三是继承人不扶养。

（4）继承人协商同意不均分。继承人之间本着互谅互让、团结和睦的精神，自愿协商遗产的继承份额。继承人协商一致不均分遗产必须是全体继承人一致同意不均分，不应实行少数服从多数的原则。

（二）酌情分得遗产

根据《民法典》第 1131 条的规定，对继承人以外依靠被继承人扶养的人，或者继承人以外对被继承人扶养较多的人，可以分配给他们适当的遗产。可见，酌情分得遗产的人主要包括两类：一类是依靠被继承人扶养的人，另一类是对被继承人扶养较多的人。需要指出的是，酌情分得遗产的人不限于继承人以外的人。如果法定继承人中不能继承遗产的继承人，如第二顺序继承人，属于上述情形之一亦可以成为酌情分得遗产的人。

⚖ 课堂案例

潘某早年和妻子离婚，独自将子潘甲和女潘乙抚养长大。2001 年，潘乙因车祸截去双腿从而丧失劳动能力，仅依靠领取政府的救济金生活。2003 年，潘某又瘫痪在床，为了照顾潘某，儿子潘甲将潘某接至家中照顾其起居。2008 年，潘某因病去世。

潘甲与潘乙对于父亲遗产的分割产生争议，潘甲认为自己照顾瘫痪在床的父亲 5 年多，对父亲尽了主要扶养义务，应当多分遗产。潘乙认为自已生活有特殊困难，同时又缺乏劳动能力，应当多分遗产。双方争执不下，潘乙提起诉讼，要求多分父亲的遗产。

法院经审理认为，潘乙生活有特殊困难而且缺乏劳动能力，应当对其照顾，故根据《民法典》第1130条的规定，判决潘乙获得份额较多的遗产。①

案例解析

本案是关于既存在生活有特殊困难且缺乏劳动能力的人，又存在对被继承人尽了主要扶养义务的人，应当如何分配遗产的问题。根据《民法典》第1130条第2款的规定，对生活有特殊困难又缺乏劳动能力的继承人，分配遗产时，应当予以照顾。这里的"应当"意味着不是可以多分，而是必须多分。而本条第3款规定，对被继承人尽了主要扶养义务或者与被继承人共同生活的继承人，分配遗产时，可以多分。这里是用"可以"二字，意味着可以多分，也可以不多分。本案中两种情况都存在，法院判决潘乙获得份额较多的遗产，是正确的。

法条链接

《民法典》

第一千一百三十条　同一顺序继承人继承遗产的份额，一般应当均等。

对生活有特殊困难又缺乏劳动能力的继承人，分配遗产时，应当予以照顾。

对被继承人尽了主要扶养义务或者与被继承人共同生活的继承人，分配遗产时，可以多分。

有扶养能力和有扶养条件的继承人，不尽扶养义务的，分配遗产时，应当不分或者少分。

继承人协商同意的，也可以不均等。

① 怀向阳. 分配遗产时应适当照顾缺乏劳动能力生活困难的继承人 [EB/OL]. https: //china. findlaw. cn/lawyer/jdal/d201583. html.

第四节 遗嘱继承

一、遗嘱继承的概念和适用条件

（一）遗嘱继承的概念

遗嘱继承是按照被继承人生前所立的合法有效遗嘱而继承遗产的继承方式。在遗嘱继承中，立遗嘱的被继承人为遗嘱人，按照遗嘱继承遗产的人称为遗嘱继承人。

（二）遗嘱继承的适用条件

（1）须立遗嘱人死亡，且指定继承人于继承开始后尚生存。

（2）存在合法有效的遗嘱。被继承人生前订立的遗嘱合法有效是遗嘱继承的重要前提。如果因被继承人存在无遗嘱能力、处分他人财产等情形，则遗嘱无效，不具有执行力。

（3）须指定继承人未丧失或放弃继承权。继承人一旦丧失或放弃继承权，则既不能参与法定继承，也不能参与遗嘱继承。当然，如果继承人只是相对丧失继承权，则一旦继承资格恢复，其依然可以继承遗产。[①]

（4）须没有遗赠扶养协议。我国《民法典》第 1158 条确立了遗赠扶养协议制度，遗赠扶养协议具有优先适用的效力，遗嘱继承与法定继承都不能对抗遗赠扶养协议。被继承人生前与扶养人订有遗赠扶养协议的，应当先执行遗赠扶养协议，在执行完遗赠扶养协议后有剩余遗产的，再按遗嘱继承或法定继承处理。

需要注意的是，在遗嘱继承开始后，遗嘱指定的继承人也可以放弃继承。我国《民法典》第 1124 条第 1 款规定："继承开始后，继承人放弃继承的，应当在遗产处理前，以书面形式作出放弃继承的表示；没有表示的，视为接受继承。"因此，对于遗嘱指定的继承人明确表示放弃继承的，

[①] 房绍坤，范李瑛，张洪波. 婚姻家庭继承法［M］. 6 版. 北京：中国人民大学出版社，2020.

对其放弃继承的遗产部分不再适用遗嘱继承，而应按法定继承处理。

二、遗嘱的概念和遗嘱能力

（一）遗嘱的概念

在继承法上，遗嘱是指自然人生前在法律允许的范围内，按照法律规定的方式对遗产或其他事务作出安排，并于死后发生法律效力的民事法律行为。①

（二）遗嘱能力

1. 遗嘱能力的概念

所谓遗嘱能力，是指自然人依法享有的设立遗嘱，依法对自己死后遗产的有关事项作出安排的资格。

2. 遗嘱能力的类型

我国《民法典》第 1143 条第 1 款规定："无民事行为能力或者限制民事行为能力人所立的遗嘱无效。"因此，只有完全民事行为能力人才具有遗嘱能力。我国原《继承法》上关于遗嘱能力的规定包括两种情况：有遗嘱能力与无遗嘱能力。

（1）有遗嘱能力。有完全民事行为能力即具有遗嘱能力，因而满 18 周岁的成年人和年满 16 周岁以上、以自己的劳动收入为主要生活来源的未成年人，均有遗嘱能力，可设立遗嘱处分自己的财产。

（2）无遗嘱能力。在我国，不满 8 周岁的未成年人和完全不能辨认自己行为的人（无民事行为能力人）、8 周岁以上的未成年人和不能完全辨认自己行为的人（限制民事行为能力人），都无遗嘱能力，不得以遗嘱的方式处分其财产，即使设立遗嘱，该遗嘱也是无效的。

3. 确定遗嘱能力的时间标准

对于确定遗嘱能力的时间标准，我国《民法典》对此并无明文规定，司法实践的做法是，遗嘱人立遗嘱时必须有行为能力。无行为能力人所立

---

① 房绍坤，范李瑛，张洪波. 婚姻家庭继承法［M］.6 版. 北京：中国人民大学出版社，2020.

的遗嘱，即使其本人后来有了行为能力，遗嘱仍为无效。遗嘱人立遗嘱时有行为能力，后来丧失了行为能力，不影响遗嘱的效力。可见，遗嘱能力的确定应当以立遗嘱时遗嘱能力的有无为标准，无遗嘱能力人所立的遗嘱无效。

课堂案例

原告为宋甲、宋乙、宋丙、宋丁，被告为宋 A。

原告诉称：被继承人宋 B 于 2015 年 3 月死亡。原告、被告系被继承人宋 B 的子女。被继承人宋 B 死亡后留有房产两套。宋 B 死亡后，被告宋 A 拿出一份宋 B 的自书遗嘱，要求按遗嘱分割被继承人遗产。原告提供了被继承人宋 B 在精神卫生中心就诊的病史记录，记录显示宋 B 于 2014 年 7 月被诊断患有老年性痴呆症，于 2014 年 12 月被诊断患有器质性精神障碍，并且有宋 B 众邻居出具的证词，以证明宋 B 生前患有老年性痴呆症，其行为失常。

被告宋 A 辩称：宋 B 患有老年性痴呆症不等于他不具有完全民事行为能力，原告没有证据证明宋 B 在 2014 年 10 月立遗嘱时不具有完全民事行为能力，而遗嘱系宋 B 亲自书写并签名，注明了年、月、日，从遗嘱内容可以看出，宋 B 表达能力非常好，字句连贯通顺，用词得当，无任何错别字或表达不清楚，遗产分配得当，证明宋 B 在订立遗嘱时具有完全民事行为能力，故被告提交的宋 B 自书遗嘱真实、合法、有效。

法院认为，被继承人宋 B 已被确诊为老年性痴呆症患者，不再具有完全民事行为能力，其订立的遗嘱无效。原告、被告系被继承人宋 B 的子女，依法对遗产享有继承权，法院依法予以确认。①

案例解析

该案件是一个典型的自书遗嘱是否遗嘱人真实意思的案例。在民法领域，意思自治是一项基本原则，法律尊重、保护当事人的自由意志。因此原《继承法》和《民法典》均规定：无行为能力人和限制行为能力人所立的遗嘱无效，因为他们无能力表达自己的自由意志。因此立遗嘱人需要

---

① 上海市虹口区人民法院（2015）沪 0109 号民初字第 3403 号．

有遗嘱能力，即遗嘱人要能够表达其真实意思，并且具有明确自己的行为所产生的法律后果的能力。在该案件中，被继承人在订立遗嘱时已经被确诊患有老年性痴呆症，缺乏完全的认识能力和辨认能力，虽然未经法院宣判为无民事行为能力人或者限制民事行为能力人，但实质上已不具有遗嘱能力，因此，其所立的遗嘱，无论是其本人亲自订立还是在他人的指导帮助下订立，都属于无效遗嘱。

> **法条链接**
>
> **《民法典》**
>
> 第一千一百四十三条　无民事行为能力人或者限制民事行为能力人所立的遗嘱无效。
>
> 遗嘱必须表示遗嘱人的真实意思，受欺诈、胁迫所立的遗嘱无效。
>
> 伪造的遗嘱无效。
>
> 遗嘱被篡改的，篡改的内容无效。

三、遗嘱的内容与形式

（一）遗嘱的内容

遗嘱的内容，是指遗嘱人需要通过遗嘱作出对自己财产处分及安排相关事项的意思表示。我国《民法典》并未对遗嘱的内容进行强制性规定，适用意思自治原则，只要其内容不违反法律和公序良俗，遗嘱内容可以由遗嘱人自由决定。

一般来说，遗嘱的内容主要包括以下几项：

1. 指定继承人、受遗赠人

指定继承人可以是第一、第二顺序法定继承人中的任何一人或多人；受遗赠人可以是国家、集体或法定继承人以外的人。

2. 指定遗产的分配方法或份额

遗嘱中应当说明每个指定继承人或受遗赠人可以分得的具体财产。指定由数个继承人或受遗赠人共同分得某项遗产的，应当说明指定继承人或受遗赠人对遗产的分配办法或者每个人应分得的遗产份额。遗嘱中未加说明的，推定为指定继承人或受遗赠人均分遗产。遗嘱人既可以在遗嘱中处分全部财产，也可以仅处分部分财产。遗嘱处分了全部财产的，不发生法定继承；遗嘱中有尚未处分的财产的，对尚未处分的财产应按照法定继承处理。①

3. 指定候补继承人、受遗赠人

遗嘱中指定继承人先于被继承人死亡、丧失继承权或放弃继承权的，指定继承人将不能参与继承。如果遗嘱人不希望在出现这些情况后其遗产按照法定继承处理，则可以通过指定其他人作为候补继承人来继承遗产。同理，遗嘱人也可以指定在受遗赠人出现不能接受遗产的情况时，由其他人来接受遗赠。

4. 指定遗嘱执行人

根据《民法典》第1133条第1款的规定，遗嘱人可以指定遗嘱执行人，但指定遗嘱执行人并非遗嘱必不可少的内容。如果遗嘱人并未指定遗嘱执行人或经指定的遗嘱执行人拒绝执行遗嘱，继承人全体或有关单位可以作为遗嘱执行人，不会影响遗嘱的效力和执行。

5. 其他事项

除上述内容外，遗嘱人还可以根据自己的意愿在遗嘱中载入其他事项，如附加义务、指定遗产管理人、遗嘱信托、丧事安排等。

(二) 遗嘱的形式

我国《民法典》第1134～1139条规定了六种遗嘱形式，包括自书遗嘱、代书遗嘱、打印遗嘱、录音录像遗嘱、口头遗嘱和公证遗嘱。

1. 自书遗嘱

自书遗嘱是指由遗嘱人亲笔书写的遗嘱。《民法典》第1134条规定：

---

① 房绍坤，范李瑛，张洪波. 婚姻家庭继承法［M］.6 版. 北京：中国人民大学出版社，2020.

"自书遗嘱由遗嘱人亲笔书写，签名，注明年、月、日。"

2. 代书遗嘱

代书遗嘱是指由他人代为书写的遗嘱。当遗嘱人不具备书写能力或由于其他原因不能亲笔书写遗嘱时，允许遗嘱人在符合法定条件下请他人代为书写遗嘱。我国《民法典》第 1135 条规定："代书遗嘱应当有两个以上见证人在场见证，由其中一人代书，并由遗嘱人、代书人和其他见证人签名，注明年、月、日。"

3. 打印遗嘱

打印遗嘱是指遗嘱人通过电脑制作，用打印机打印出来的遗嘱。鉴于打印遗嘱应用的普遍性和判断的复杂性，我国《民法典》第 1136 条规定："打印遗嘱应当有两个以上见证人在场见证。遗嘱人和见证人应当在遗嘱每一页签名，注明年、月、日。"

4. 录音录像遗嘱

录音录像遗嘱是指以录音录像方式录制下来的遗嘱人的口述遗嘱。我国《民法典》第 1137 条规定："以录音录像形式立的遗嘱，应当有两个以上见证人在场见证。遗嘱人和见证人应当在录音录像中记录其姓名或者肖像，以及年、月、日。"

5. 口头遗嘱

口头遗嘱是指在特殊情况下，遗嘱人以口述方式所立的遗嘱。我国《民法典》第 1138 条规定："遗嘱人在危急情况下，可以立口头遗嘱。口头遗嘱应当有两个以上见证人在场见证。危急情况消除后，遗嘱人能够以书面或者录音录像形式立遗嘱的，所立的口头遗嘱无效。"

6. 公证遗嘱

公证遗嘱是指经过公证机构公证的遗嘱。

课堂案例

被继承人李某与李某 A 系夫妻关系，二人未育有子女。葛某系李某与其前妻所生之女。李某 B 系李某 A 与前夫所生之女，与被继承人李某形成了扶养关系。李某于 2018 年死亡。李某 A、李某 B 主张李某生前留有遗嘱，其全部遗产由李某 A 继承，二人向法院提交了《遗嘱》一份并申请证人于某出庭作证。经法院询问，李某 A 主张《遗嘱》内容系李某 A 手写、李某签字并按手印。葛某质疑《遗嘱》的真实性及证据形式。[①]

案例解析

继承从被继承人死亡时开始。继承开始后,按照法定继承办理;有遗嘱的,按照遗嘱继承或者遗赠办理;有遗赠扶养协议的,按照协议办理。代书遗嘱应由两个以上无利害关系的见证人见证。本案中,李某A、李某B向法院提交的《遗嘱》系李某A手写形成,而李某A系遗嘱继承人,系利害关系人,其所代写的遗嘱不能满足代书遗嘱的条件,故法院对上述《遗嘱》不予采信,本案应按法定继承处理。本案的诉讼结论为:继承人作为代书遗嘱的代书人所立的代书遗嘱无效。

法条链接

《民法典》

第一千一百三十五条 代书遗嘱应当有两个以上见证人在场见证,由其中一人代书,并由遗嘱人、代书人和其他见证人签名,注明年、月、日。

第一千一百四十条 下列人员不能作为遗嘱见证人:

(一)无民事行为能力人、限制民事行为能力人以及其他不具有见证能力的人;

(二)继承人、受遗赠人;

(三)与继承人、受遗赠人有利害关系的人。

四、遗嘱的效力

遗嘱的效力是指遗嘱人设立的遗嘱所产生的法律后果。

(一)遗嘱的有效要件

根据我国《民法典》及相关法律的规定,遗嘱有效应当满足以下

---

① 北京市东城区人民法院(2019)京0101民初7162号民事判决书.

条件：

（1）遗嘱人具有遗嘱能力。《民法典》第 1143 条第 1 款规定，无民事行为能力人或限制民事行为能力人所立遗嘱无效。因此，在我国，只有设立遗嘱时具有完全民事行为能力的人才具有遗嘱能力。

（2）遗嘱人的意思表示真实。《民法典》第 1143 条第 2～4 款规定，遗嘱必须表示遗嘱人的真实意思，受欺诈、胁迫所立的遗嘱无效；伪造的遗嘱无效；遗嘱被篡改的，篡改的内容无效。

（3）遗嘱的内容不得违反法律和公序良俗。

（4）遗嘱的形式应当符合法律规定的形式要求。

（二）无效遗嘱

无效遗嘱，是指因不符合法律的规定而不发生法律效力的遗嘱。根据《民法典》第 1143 条的规定，无效遗嘱的类型主要包括：

（1）无民事行为能力人或限制民事行为能力人所立的遗嘱无效。

（2）受欺诈、胁迫所立的遗嘱无效。

（3）伪造的遗嘱无效。伪造的遗嘱就是假遗嘱。凡是以被继承人的名义设立，却根本不是被继承人意思表示的遗嘱，都属于伪造的遗嘱。

（4）被篡改的遗嘱内容无效。被篡改的遗嘱是指遗嘱内容被遗嘱人以外的其他人作了更改的遗嘱。遗嘱不能因篡改而全部无效，遗嘱中未被篡改的内容仍然是遗嘱人的真实意思表示，是有效的。

（5）遗嘱中处分不属于遗嘱人自己财产的部分内容无效。遗嘱人以遗嘱处分了属于国家、集体或他人所有的财产，遗嘱的这部分内容应认定为无效。

（6）遗嘱没有为缺乏劳动能力又没有生活来源的继承人保留必要份额的，对应当保留的必要份额的处分无效。

（三）遗嘱的不生效

遗嘱的不生效，又称为遗嘱的失效，是指遗嘱虽然合法成立，但由于种种原因，使得该遗嘱在遗嘱人死亡时不发生法律效力的情形。遗嘱不生效的情形包括以下几种：

（1）遗嘱所指定的继承人或受遗赠人先于被继承人死亡，但遗嘱另有规定（如指定有候补继承人或候补受遗赠人）的除外。

（2）遗嘱继承人或受遗赠人在遗嘱成立之后丧失继承权或受遗赠权。

（3）附有解除条件的遗嘱在遗嘱人死亡之前或之时，该解除条件成就。

（4）附有停止条件的遗嘱在遗嘱人死亡之前或之时，该遗嘱继承人或受遗赠人死亡。

（5）遗嘱人死亡时，遗嘱中处分的财产标的已不复存在。当然，如果是因为遗嘱人生前的事实行为或民事法律行为处分标的财产，则推定遗嘱人变更遗嘱；但若是因不可抗力、意外事件等导致标的财产不复存在，则涉及该财产处分的遗嘱内容不生效。

（四）遗嘱的变更和撤回

遗嘱的变更，是指遗嘱人依法改变自己先前所订立遗嘱的内容。

遗嘱的撤回，是指遗嘱人取消先前所订立遗嘱的内容。《民法典》第1142条第1款和第2款规定："遗嘱人可以撤回、变更自己所立的遗嘱。""立遗嘱后，遗嘱人实施与遗嘱内容相反的民事法律行为的，视为对遗嘱相关内容的撤回。"

（1）遗嘱变更、撤回的方式。根据《民法典》、司法实践和民法的一般原理，遗嘱变更、撤回的主要方式包括四种，一是遗嘱人另立新的遗嘱，并且在新的遗嘱中明确表示变更或撤回原来的遗嘱；二是遗嘱人立有数份遗嘱，且没有在后面的遗嘱中明确表示变更或撤回原来的遗嘱，如果先后遗嘱内容相抵触，则以最后的遗嘱为准；三是遗嘱人实施与遗嘱内容相反的行为，视为对遗嘱相关内容的撤回；四是遗嘱人故意损毁、涂销遗嘱的，视为变更、撤回遗嘱。①

（2）遗嘱变更、撤回的效力。遗嘱变更或撤回只要由具有遗嘱能力的遗嘱人亲自依法定的方式和程序为之，且意思表示真实，自作出变更或撤回之时即可发生法律效力。

---

① 房绍坤，范李瑛，张洪波.婚姻家庭继承法［M］.6版.北京：中国人民大学出版社，2020.

⚖️ **课堂案例**

邵某与丈夫黄某婚后育有一子一女，两人离婚后，邵某带着儿子聪聪生活，黄某带着女儿梦梦生活。虽然聪聪跟着妈妈生活，但一直与父亲有联系，黄某答应死后会将遗产留给儿子聪聪，并立下了一份公证遗嘱，表示遗产全部由儿子聪聪和女儿梦梦继承。

但没过两年，黄某就再婚了，娶了年轻的宋某。聪聪得知后，父子关系恶化，来往减少。几年后，黄某检查身体时发现自己已是癌症晚期，鉴于宋某对自己多年的照顾，便又手写了一份遗嘱，遗嘱内容是自己死后，自己的全部财产由妻子宋某和女儿梦梦继承。黄某病故后，宋某和梦梦按照遗嘱继承了黄某的遗产。邵某知道后，带着聪聪找到宋某，她认为，聪聪是黄某的法定继承人，而且还有公证的遗嘱，因此，其应该继承其父亲的遗产。那么这种有数份遗嘱的情况，应当如何处理呢？①

📋 **案例解析**

当遗嘱人立有数份遗嘱，并且内容相抵触时，应当视为后设立的遗嘱取代或者改变了原先设立的遗嘱。本案中存在两份遗嘱，第一份遗嘱是公证遗嘱，具有法律效力，第二份遗嘱属于自书遗嘱，同样具有法律效力。在两份遗嘱都真实有效的情况下，应当以最后设立的遗嘱为准，只有这样才能真正尊重遗嘱人的真实意愿。《民法典》删除了公证遗嘱效力优先的规定，允许其他遗嘱对公证遗嘱进行变更和撤回，体现了对遗嘱人真实意愿的尊重，肯定了遗嘱人支配财产的权利。

本案中，黄某在设立公证遗嘱后，又因为生活情况发生变化，重立一份自书遗嘱，两份遗嘱在都确认有效的情况下，应当以最后的遗嘱为准。因此，此案应当尊重黄某最后的意愿，将遗产交由宋某和梦梦继承。

---

① 蔡国华．快速读懂民法典·继承编：继承难题不再愁［M］．北京：中国民主法制出版社，2021.

> **法条链接**
>
> **《民法典》**
>
> 第一千一百四十二条 遗嘱人可以撤回、变更自己所立的遗嘱。
>
> 立遗嘱后，遗嘱人实施与遗嘱内容相反的民事法律行为的，视为对遗嘱相关内容的撤回。
>
> 立有数份遗嘱，内容相抵触的，以最后的遗嘱为准。

第五节 遗赠和遗赠扶养协议

一、遗赠

（一）遗赠的概念和特点

根据《民法典》第 1133 条第 3 款规定，遗赠是指自然人以遗嘱方式将其个人财产赠给国家、集体或法定继承人以外的自然人，而于其死亡后发生法律效力的单方法律行为。

遗赠通常具有以下特点[①]：

（1）遗赠是单方法律行为。遗赠的成立不以受遗赠人的意思表示为必要，只需有遗赠人一方的意思表示即可以成立。

（2）遗赠是无偿的民事行为。遗赠人可以对遗赠附加某种负担，但即使附加了负担，该负担也不是遗赠的对价，不会影响遗赠的无偿性。

（3）遗赠是死因行为。遗赠只有在遗赠人死亡后才发生法律效力，因此，遗赠人可以在其生前随时变更或撤回自己的遗赠，任何人不得干涉。

（4）遗赠是必须由受遗赠人亲自接受的行为。受遗赠人的受遗赠权只能由自己亲自行使，不可转让，也不可替代。因此，如果受遗赠人为自然人，且该自然人先于遗赠人死亡的，遗赠即不发生效力。

---

① 杨立新．婚姻家庭与继承法［M］.北京：法律出版社，2021.

（5）遗赠是对国家、集体或者法定继承人以外的人赠与财产利益的行为。

（二）遗赠的接受和放弃

《民法典》第 1124 条第 2 款规定："受遗赠人应当在知道受遗赠后六十日内，作出接受或者放弃受遗赠的表示，到期没有表示的，视为放弃受遗赠。"依照该规定，遗赠的接受必须以明示的方式作出，单纯的沉默视为放弃受遗赠，且遗赠的接受必须在受遗赠人知道受遗赠后的六十日内作出。

二、遗赠扶养协议

遗赠扶养协议，是指遗赠人和扶养人为明确相互间遗赠和扶养的权利义务关系所订立的协议。我国《民法典》第 1158 条规定："自然人可以与继承人以外的组织或者个人签订遗赠扶养协议。按照协议，该组织或者个人承担该自然人生养死葬的义务，享有受遗赠的权利。"

遗赠扶养协议具有以下效力：

（1）遗赠扶养协议的优先适用效力。遗赠扶养协议中约定由扶养人取得的遗产是扶养人履行扶养义务后取得的，而法定继承人、遗嘱继承人或受遗赠人取得遗产是无偿的，因此，遗赠扶养协议具有优于法定继承、遗嘱继承和遗赠的效力。

（2）对遗赠扶养各方当事人的效力。一方面，对扶养人而言，扶养人应当按照协议约定对遗赠人承担生养死葬义务，并于遗赠人死亡后取得约定的财产权利；另一方面，对遗赠人而言，遗赠人有权要求扶养人履行扶养义务，并负有于其死亡后将约定的财产为扶养人取得的义务。

课堂案例

岳某 A 的远房叔叔岳某 B 快 60 岁时经别人介绍与朱某认识并结婚。夫妻二人没有子女，平时都是岳某 A 照顾二人。之后，岳某 B、朱某夫妻二人与岳某 A 经律师代书订立了一份遗赠扶养协议，协议内容如下："遗赠人的财产包括一所房子及家具若干，在遗赠人夫妻二人均去世后，遗赠给岳某 A。受遗赠人岳某 A 负责照顾遗赠人的生活起居，以及去世后的安葬事宜。"协议签订后不久，岳某 A 要求由自己掌管岳某 B 夫妇的家庭财产，向岳某 B、朱某二人索取钱财、物品，二人没有同意岳某 A 的这一要求。随后，岳某 A 便不再到岳某 B 家里照顾两位老人的生活起居，双方关系逐步恶化。后朱某生病住院多时，岳某 A 仅去探望过一次，岳某 B 自己承担了所有的医药等费用，在朱某死后，丧葬事宜也是在当地居委会的帮助下完成的。于是，岳某 B 诉至人民法院，要求解除他与岳某 A 之间的遗赠扶养协议。请问，人民法院会支持岳某 B 的主张吗？

案例解析

遗赠扶养协议一经签订，即对协议双方产生法律约束力，因任意一方违约导致该协议解除的，需由毁约一方承担相应的民事责任。岳某 B、朱某夫妻二人与岳某 A 在遗赠扶养协议中已经明确了岳某 A 应尽的扶养义务，但岳某 A 并没有履行，违约在先，法院应对岳某 B 的诉讼请求予以支持，判定解除岳某 B 和岳某 A 之间的遗赠扶养协议。

法条链接

《民法典》

第一千一百五十八条 自然人可以与继承人以外的组织或者个人签订遗赠扶养协议。按照协议，该组织或者个人承担该自然人生养死葬的义务，享有受遗赠的权利。

课后习题

1. 老人赵某 75 岁，有二女一子，子女均已成年并有正常收入。因赵某传统思想严重，故自书遗嘱一份，言明其去世后将其 20 万元积蓄全部由儿子继承。遗嘱上有赵某的亲笔签名及日期。这份遗嘱效力如何？（　　）

A. 无见证人见证，且其两个女儿也不知情，无效

B. 未经公证，无效

C. 违反继承权男女平等原则，无效

D. 体现遗嘱人的自由意志，有效

2. 甲死后留有遗产若干，法定继承人为其子乙，甲生前立有遗嘱，将其中一处房产赠予侄女丙。乙和丙被告知 4 个月后参加甲的遗产分割会议。但是，直到遗产分割时，乙和丙均未作出是否接受遗产的表示。据此，以下说法中正确的是(　　)。

A. 乙视为接受继承，丙视为放弃接受继承

B. 乙、丙均视为放弃接受继承

C. 乙、丙均视为接受继承

D. 乙视为放弃继承，丙视为接受继承

3. （多选）下列哪些行为不能引起放弃继承权的后果？（　　）

A. 张某口头放弃继承权，本人承认

B. 王某在遗产分割后放弃继承权

C. 李某以不再赡养父母为前提，书面表示放弃其对父母遗产的继承权

D. 赵某与其父亲共同发表书面声明断绝父子关系

4. 下列选项中所列人员哪些不属于我国《民法典》规定的法定继承人范围？（　　）

A. 被继承人的配偶　　　　　B. 被继承人的非婚生子女

C. 被继承人的外祖父母　　　D. 被继承人的孙子女

5. （多选）甲、乙均自幼父母双亡，二人婚后无子女。乙从小与其姐姐丙相依为命，甲则与其弟丁手足情深。某日，甲、乙外出旅游时不幸遭遇泥石流而身亡。根据我国法律规定，其遗产应如何分割？（　　）

A. 甲之遗产由丙、丁共同继承　　B. 甲之遗产由丁继承

C. 乙之遗产由丙继承　　　　　　D. 甲、乙之遗产均收归国有

6. 甲生长子丙、幼子丁。丙生性木讷，为甲所不喜。丁生性精灵乖巧，深得甲喜爱。丙、丁均处幼年时，甲即立遗嘱指定其全部遗产均由丁继承。丙、丁后均成家立业。某日，甲撒手西去。丙、丁对如何分割遗产发生纠纷。根据我国法律的相关规定，甲的遗产应当如何处理？（　　）

A. 全部由丙继承

B. 全部由丁继承

C. 由丙、丁各继承一半

D. 丁继承大部分，丙继承较少部分

7.（多选）下列哪些遗嘱因不符合法律的相关规定而不能发生法律效力？（　　）

A. 甲在弥留之际立下口头遗嘱，其8岁孙女乙与护士丙在场见证

B. 甲遭遇地震，死前立下录音遗嘱，公证员乙在场见证

C. 甲临终前召其子乙、丙、丁至床前，口述遗嘱，由乙代书，丙、丁作见证

D. 甲因患中风卧床多年，死前召其子乙，邻居丙、丁至床前，口述遗嘱，由乙代书，丙、丁作见证。书毕，因甲无法签字，遂由丙代签

8.（多选）甲生有一女乙。乙远嫁外地，长期对甲不闻不问。无奈之下，甲与其侄子丙签订了遗赠扶养协议，约定若丙对甲尽了扶养义务，甲去世后主要遗产归丙所有。甲在去世前曾立有一份遗嘱。遗嘱内容与遗赠扶养协议的绝大多数条款相互冲突。甲去世后，其女乙从外地赶回来，要求继承遗产。下列有关甲遗产继承说法正确的有哪些？（　　　）

A. 甲的主要遗产应当归丙所有

B. 应按遗嘱、遗赠扶养协议、法定继承的顺序进行继承

C. 遗赠扶养协议有效，应先按遗赠扶养协议，接下来按遗嘱，最后按法定继承的顺序进行

D. 应先由女儿乙继承，然后按遗赠扶养协议和遗嘱继承

第七章　侵权责任法

第一节　侵权责任法的基本原理

一、侵权责任法概述

（一）侵权责任法的概念和功能

侵权责任法，是调整有关因侵害他人人身权益、财产权益的行为而产生的有关侵权责任关系的法律规范。[①] 我国侵权责任法律规范不仅包括《民法典》第七编侵权责任的规范，还包括《民法典》其他各编关于侵权责任的规定，例如总则编、物权编、合同编和人格权编等均有侵权责任的规定。除《民法典》的规定外，宪法、民法典外的民事法律、行政法规、司法解释和国家认可的民事习惯也是侵权责任法的渊源。

侵权责任法对于社会生活有多重功能，主要是预防功能和救济功能。国家向社会公布侵权行为的类型及其民事责任，使民事主体知晓哪些行为是侵权行为并预测可能承担的民事责任，从而防止实施侵权行为，发挥预防侵权的功能。没有救济，就没有权利。侵权责任法规定各种侵权行为的民事责任，保障民事主体在其民事权益遭受他人侵害后能制止侵权行为并得到损害赔偿。

（二）侵权行为

侵权行为是指侵害他人权利或利益的行为。侵权行为不仅包括自己实施的加害行为，还包括法律规定应当承担责任的"准侵权行为"。被监护

---

① 杨立新.侵权责任法［M］.北京：法律出版社，2020.

人致人损害的行为、雇员的加害行为、管领下的物件致人损害的行为就属于"准侵权行为"。

根据归责原则的不同，侵权行为可以分为一般侵权行为和特殊侵权行为。一般侵权行为是指行为人因过错侵害他人民事权益并造成损害的行为，主要包括侵害人身权、侵害人格权、侵害物权、侵害债权等侵权行为。特殊侵权行为是特殊情况下推定行为人有过错，甚至行为人没有过错也应当承担侵权责任的行为。例如，动物园的动物致人损害、污染水资源、高速列车出轨、核泄漏、地铁施工事故、易燃易爆物品爆炸等都属于特殊侵权行为。

课堂案例

甲是知名演员，因病去世。某大学生乙为了获取网络流量，在自己的微信公众号上发表文章，谎称甲是因私生活不检点染上性病而死亡的。该文章在网络上广为流传。甲的儿子丙认为，乙的行为侵害了甲的名誉，也导致自己遭受严重精神痛苦。因此，丙向法院起诉，请求法院判决乙登报赔礼道歉，并且赔偿自己的精神损害。

案例解析

乙利用网络，故意捏造事实，侵害了甲的名誉，并造成丙精神痛苦，该行为是侵权行为。根据《民法典》，丙有权请求乙承担精神损害赔偿责任。乙的这种侵权行为是因过错导致他人民事权益损害的行为，属于一般侵权行为。乙作为大学生，具有完全民事行为能力，应当对自己的侵权行为承担侵权责任，这种责任类型属于自己责任。

法条链接

《民法典》

第一千一百八十三条　侵害自然人人身权益造成严重精神损害的，被侵权人有权请求精神损害赔偿。

因故意或者重大过失侵害自然人具有人身意义的特定物造成严重精神损害的，被侵权人有权请求精神损害赔偿。

（三）侵权责任法保护的权益范围

《民法典》第 1164 条确立了侵权责任法保护的权益，即民事权益。《民法典》没有归纳有哪些民事权益，而是在总则编第五章通过多个条款列举了人格权、身份权、物权、债权、知识产权、继承权、股权和其他投资性权利，以及法律规定的其他民事权利和利益。人格权和身份权等由民法以权利冠名的民事权益，我们可以统称为民事权利。未被民法明确规定为权利但又受民法保护的利益我们称为民事利益，包括休息利益、死者名誉、胎儿人格利益和夫妻身份利益等。①

二、侵权责任归责原则

侵权责任归责原则是侵权责任法的根本制度。根据德国学者拉伦茨的理论，归责，根本含义是决定侵权行为所造成的损害赔偿责任的归属。归责原则，根本含义是确定侵权人承担侵权损害赔偿责任的一般准则。侵权行为没有造成损害，但是构成危险或者妨碍，不适用一般侵权责任归责原则确定责任的归属。根据我国《民法典》第 1165 条和第 1166 条的规定，侵权责任归责原则包括过错责任原则和无过错责任原则。过错责任原则是最主要最基本的归责原则，作为例外或者补充，无过错责任原则作为第二个归责原则。

（一）过错责任原则

1. 过错责任原则

过错责任原则是以过错作为价值判断标准，判断行为人对其造成损害应否承担侵权责任的归责原则，也称过失责任。我国《民法典》第 1165条第 1 款规定："行为人因过错侵害他人民事权益造成损害的，应当承担侵权责任。"

过错责任原则在性质上是主观归责原则，以过错作为侵权责任的必备要件，以过错作为责任构成的最终要件。过错责任原则的功能包括确定侵权责任，救济侵权损害；确定民事主体的行为准则；纠正侵权行为，预防

---

① 杨立新. 侵权责任法［M］.北京：法律出版社，2020.

损害发生。

除法律明确规定的特殊侵权之外，一般侵权行为适用过错责任原则，该原则具有兜底性和开放性。故意或者过失侵害人身权，故意或者过失侵害人格权，侵害物权、侵害债权等一般侵权行为都适用过错责任原则。

一般认为，过错责任原则包括四个构成要件，违法行为、损害事实、因果关系和过错。受害人在要求加害人承担侵权责任时，必须证明以上四个构成要件同时成立。

课堂案例

甲生日当天请客吃饭，甲的朋友乙因不胜酒力醉倒。酒宴后，甲和另一个朋友丙将乙送到乙的家门口，就急忙返回甲的家中，招待其他客人。当时正值寒冬，乙因长时间醉卧家门口被冻伤。乙向法院起诉，要求甲和丙承担损害赔偿责任。

案例解析

乙饮酒醉倒，甲和丙对乙有必要的照顾义务。甲和丙将乙送到家门口，就匆匆返回，导致乙被冻伤。甲和丙具有过错，应对乙的损害承担侵权责任。

法条链接

《民法典》

第一千一百六十五条　行为人因过错侵害他人民事权益造成损害的，应当承担侵权责任。

2. 过错推定责任原则

过错推定责任原则是指在法律有特别规定的场合，从损害事实的本身，推定加害人有过错，并据此确定造成他人损害的行为人承担赔偿责任的归责原则。我国《民法典》第 1165 条第 2 款规定："依照法律规定推定行为人有过错，其不能证明自己没有过错的，应当承担侵权责任。"

过错推定责任原则使受害人处于有利的诉讼地位。受害人在要求加害人承担侵权责任时，只要证明违法行为、损害事实和因果关系三个构成要件即可。法律推定加害人有过错，除非加害人证明自己没有过错，否则就要承担侵权损害责任。在过错责任原则下，受害人有证明加害人有过错的根本义务。而在过错推定责任原则下，加害人有证明自己没有过错的根本义务。

过错推定责任原则仅仅适用于法律明确规定的情形，如《民法典》第1199条规定，在无民事行为能力人受到人身损害的案件中，幼儿园、学校或者其他教育机构被推定有错；《民法典》第1248条规定，动物园饲养的动物致人损害的，推定动物园有过错，推定其未尽到管理职责；在《民法典》之侵权责任编第十章的相关规定中，在建筑物和物件致人损害的案件中，推定所有人、管理人等有过错。

（二）无过错责任原则

无过错责任原则是在法律有特别规定的情况下，以已经发生的损害结果为价值判断标准，由与该损害结果有因果关系的行为人，不问其有无过错，承担侵权赔偿责任的归责原则，又称为严格责任。我国《民法典》第1166条规定："行为人造成他人民事权益损害，不论行为人有无过错，法律规定应当承担侵权责任的，依照其规定。"

超出常态的危险是承担无过错责任的基础。如果某种行为对他人的人身和财产有着潜在的高度危险，这样的危险，即使行为人尽到理性人的注意义务也不可避免，而该行为又是社会生活不可或缺的，则法律就要采取过错责任之外的对策。

无过错责任原则的构成要件只有三个，即侵权行为、损害事实和二者的因果关系。对行为人进行归责时，不以行为人过错为基础，过错不是责任的构成要件。根据我国《民法典》的规定，主要有以下几种侵权案件或者准侵权案件适用无过错责任原则：产品责任案件；机动车交通事故责任中，机动车一方对行人、非机动车造成损害的案件；污染环境和破坏生态责任案件；高度危险责任案件；饲养动物致人损害案件（动物园除外）；监护人对无民事行为能力、限制民事行为能力的被监护人造成他人损害案件；雇主（用人单位、接受劳务的个人）对雇员（工作人员、提供劳务的个人）在执行雇佣事务（工作任务、提供劳务）中造成他人损害案件。

三、侵权责任的构成要件

侵权责任构成，是指具备哪些条件才能构成行为人因侵权行为所承担的民事责任。侵权责任构成要件由适用的侵权责任归责原则决定。对一般侵权行为，适用过错责任原则，侵权责任构成要件是违法行为、损害事实、因果关系和过错四个要件，这也称为一般构成要件。对特殊侵权行为，适用过错推定责任原则时，侵权责任构成要件是违法行为、损害事实和因果关系三个要件，除非行为人证明自己没有过错。适用无过错责任原则时，侵权责任构成要件是违法行为、损失事实和因果关系，这称为特殊构成要件。法律对于特殊侵权行为的构成要件有特别规定。

（一）违法行为

违法行为，是行为人违反法律实施的作为或者不作为。它包含行为和违法两个要素。行为是人受意志支配，并以其自身或者控制、管理物件或他人的动作、活动，表现为客观上的作为或者不作为。负有不作为义务而为之，就是作为，例如伤害他人健康、语言诽谤他人、损害他人财产。负有特定作为义务而未履行，属于不作为，例如父母未管教未成年子女、救生员未抢救落水者、带领朋友未成年子女外出未予救助。特定的作为义务来源于法律的直接规定、业务或者职务上的要求、行为人的先前行为。违法是指行为人在客观上与法律规定相悖，包括违反法定义务、违反保护他人的法律和违背善良风俗。违法行为，不限于自己行为，还包括监护、管理下的人实施的行为，如员工执行工作任务时致人损害的行为，以及对物件管理不当的行为，如建筑物致人损害。

（二）损害事实

损害事实指一定行为致使权利主体的人身权利、财产权利以及其他利益受到侵害，造成财产利益和非财产利益的减少或灭失的客观事实。损害是侵权行为的结果。根据损害对象的不同，损害分为财产损害和精神损害。财产损害是指因侵害权利人财产或者人身权益而造成受害人经济上的损失。精神损害主要是权利人因人身权益受到侵害而遭受精神上的恐惧、悲伤、怨愤、绝望和羞辱等痛苦。财产损害又分为直接损失和间接损失，前者是受害人现有财产的减少，例如财物被损毁，后者是受害人可得利益的损失，如受损出租车停运期间可得收益的损失。

（三）因果关系

因果关系是以违法行为作为原因，损害事实作为结果，它们之间存在的前者引起后者及后者被前者引起的客观联系。因果关系是最为复杂且常常产生争议的要件。侵权责任法上的因果关系比哲学上的因果关系范围要小。确定侵权责任法上的因果关系，主要有直接因果关系规则、相当因果关系规则和推定因果关系规则。

根据直接因果关系规则，行为与结果之间具有直接因果关系的，直接确定具有因果关系。常见的一因一果因果关系，就是直接因果关系。

行为与结果之间有介入条件时，应当适用相当因果关系规则。"相当"是按照合理的、谨慎的人的标准，判断相关行为是否会导致相关的损害结果。它分为两个步骤，首先是进行事实上因果关系的判断，然后进行法律上因果关系的判断。确认行为是损害结果发生的适当条件时，认定行为与结果之间有因果关系。所谓适当条件是发生该种损害结果不可或缺的条件，是一般发生同种结果的有利条件。例如，甲打伤乙，乙在医院治疗，医院失火，烧死了乙。殴打行为是死亡的条件，不是原因，与死亡结果不具有因果关系。如果乙受伤害后，患破伤风死亡，那么殴打行为是死亡结果发生的适当条件，殴打行为与死亡结果有因果关系。

在法律有特定规定的情况下，适用推定因果关系规则，如环境污染和生态破坏侵权、高科技领域侵权。只要受害人证明达到一定程度，就可推定行为与损害之间存在因果关系。

（四）过错

过错是行为人在实施侵权行为时的主观心理状态，包括故意和过失。故意是指行为人预见自己行为的结果，仍然希望或者听任结果发生的主观心理状态。过失包括疏忽和懈怠，前者指行为人应当预见或者能够预见自己行为的结果，但是由于疏忽大意没有预见；后者是已经预见自己的行为可能会导致这样的结果，却轻信能够避免。行为人严重违反了一般的注意义务，不具有一般人所具有的起码的谨慎和注意，是重大过失。行为人没有尽到法律法规要求和一个谨慎的人所要求的注意义务，属一般过失。

课堂案例

红山村景区为国家 AAA 级旅游景区，不设门票。红山村村民委员会系景区内杨梅树的所有人，其未向村民或游客提供免费采摘杨梅的活动。2017 年 5 月 19 日下午，红山村村民吴某私自上树采摘杨梅不慎从树上跌落受伤。红山村村民李某自行开车送吴某到镇医院治疗，吴某后因抢救无效于当天死亡。吴某的丈夫及三个子女向法院提起诉讼，要求红山村村民委员会赔偿 63 万余元。法院作出判决，驳回原告的诉讼请求。①

案例解析

公共场所经营管理者的安全保障义务，应限于合理限度范围内，与其管理和控制能力相适应。完全民事行为能力人因私自攀爬景区内果树采摘果实而不慎跌落致其自身损害，主张经营管理者承担赔偿责任的，人民法院不予支持。首先，红山村村民委员会对吴某私自爬树坠亡的后果不存在过错。其次，红山村村民委员会没有违反安全保障义务。最后，吴某的坠亡系其私自爬树采摘杨梅所致，与红山村村民委员会不具有法律上的因果关系。

法条链接

《民法典》

第一千一百九十八条 宾馆、商场、银行、车站、机场、体育场馆、娱乐场所等经营场所、公共场所的经营者、管理者或者群众性活动的组织者，未尽到安全保障义务，造成他人损害的，应当承担侵权责任。

因第三人的行为造成他人损害的，由第三人承担侵权责任；经营者、管理者或者组织者未尽到安全保障义务的，承担相应的补充责任。经营者、管理者或者组织者承担补充责任后，可以向第三人追偿。

---

① 最高人民法院. 指导案例 140 号：李秋月等诉广州市花都区梯面镇红山村村民委员会违反安全保障义务责任纠纷案 ［EB/OL］. http：//www. court. gov. cn/shenpan - xiangqing - 263571. html.

四、侵权责任的免除或减轻责任事由

在广义上，免责事由是指被告针对原告的诉讼请求而提出的证明原告的诉讼请求不成立或者不完全成立的事实，其包括免除责任事由和减轻责任事由，具有如下特点：第一，免责事由是免除或者减轻责任的事由。免除责任或者减轻责任是指初步符合责任构成要件，但是又具备了法定的事由，从而导致责任被免除或者责任被减轻。第二，免责事由主要由法律规定。当事人能够约定的有效免责事由很少。

我国《民法典》总则编规定的免责事由有：不可抗力、正当防卫、紧急避险、紧急救助，这四种免责事由也适用于侵权责任。我国《民法典》侵权责任编规定的免责事由有：被侵权人过错、受害人故意、第三人原因造成损害、受害人自甘风险、自助行为。上述都可以成为一般侵权责任中的免责事由，特殊侵权责任的免责事由取决于法律的相应明确规定。

课堂案例

篮球爱好者吴某自愿报名参加市区举办的篮球挑战赛。比赛中，吴某与对方球员李某抢篮板时发生碰撞，吴某摔倒受伤。后经医院诊断，吴某脚踝处粉碎性骨折，经专业机构鉴定，其为十级伤残。吴某随即起诉，要求依法判决李某赔偿其医药费、伤残赔偿金等各项经济损失共8万余元。①

案例解析

篮球赛是具有对抗性和危险性的体育竞赛，是一种激烈的竞技性运动。比赛过程中存在潜在的人身危险，可能会出现人身伤害后果。吴某作为篮球爱好者，完全能够判断篮球运动的风险，但仍自愿参加篮球比赛，且李某系正常行为，不存在故意或重大过失情形，这属于受害人自甘风险行为。因此，吴某不得请求李某承担侵权责任。

---

① 自愿参加有风险的文体活动受到伤害，责任谁来承担？[EB/OL]. https://www.thepaper.cn/newsDetail_forward_11172827.

法条链接

《民法典》

第一千一百七十六条　自愿参加具有一定风险的文体活动，因其他参加者的行为受到损害的，受害人不得请求其他参加者承担侵权责任；但是，其他参加者对损害的发生有故意或者重大过失的除外。

五、侵权责任的主体

常言道"一人做事一人当"。在侵权责任法中，原则上由侵权行为人对自己造成他人民事权益的损害承担侵权责任。在这种情况下，侵权责任主体就是行为人。但是，在一些特殊情况下，责任人与行为人不是同一人，责任人须为他人的行为负责。我国《民法典》第七编第三章是责任主体的特殊规定，它规定了监护人责任、暂时丧失意识侵权责任、用人者责任、网络侵权责任、安全保障义务责任和教育机构责任。责任人为他人行为负责，往往是因为责任人与行为人之间具有特殊关系。

（一）监护人责任

所谓监护人责任，指监护人就无民事行为能力人或者限制民事行为能力人造成他人损害依法承担的责任，无民事行为能力人或限制民事行为能力人没有或者没有充分的认识能力，他们对自己造成他人的损害不能承担赔偿责任，而监护人有对他们进行监管和保护的义务。因此，法律规定监护人应当对无民事行为能力人或限制民事行为能力人造成他人损害承担侵权责任。这有利于保障受害人得到救济，同时也促使监护人履行自己的监护义务。当然，监护人尽到监护义务的，可以减轻其侵权责任。被监护人有财产的，从其财产中支付赔偿费用，不足部分由监护人赔偿。

（二）用人者责任

用人者责任指用人单位的工作人员、劳务派遣人员、个人劳务关系中提供劳务一方或者承揽人，因执行工作任务造成他人损害，用人单位、劳务派遣单位、接受劳务一方或者定作人应当承担替代赔偿的责任类型。《民法典》第 1191 条至第 1193 条规定了用人单位责任、劳务派遣责任、个人劳务责任和定作人指示过失责任。

⚖ 课堂案例

张某到某购物中心所有的一家超市进行购物。当张某要离开时，超市的保安人员怀疑张某拿了超市的东西未付款，要求张某留下。随后，保安人员对张某进行盘问并搜身，结果一无所获。张某认为自己遭受了保安的侮辱。为讨回公道，张某向当地人民法院起诉，要求该购物中心赔礼道歉，消除影响，并赔偿损失。

法院经审理认为，消费者的人格尊严受法律保护，购物中心作为经营者，应当维护消费者的人格尊严，保安人员对张某的搜身行为既是对张某人格尊严的严重侵犯，也是对购物中心应当承担的维护消费者人格尊严义务的违反，故判决购物中心向张某赔礼道歉，消除影响，并赔偿张某损失1 000 元。[1]

📄 案例解析

本案中，保安人员是实施搜身的行为人，但是由于该保安人员执行的是该购物中心安排的工作任务，其侵害张某的赔偿责任应由该购物中心承担，该购物中心承担的是替代责任。

---

① 北京市房山区人民法院. 超市保安强行对消费者搜身经营者应否担责 [EB/OL]. http://www.cca.org.cn/tsdh/detail/11949.html.

法条链接

《民法典》

第一千一百九十一条 用人单位的工作人员因执行工作任务造成他人损害的，由用人单位承担侵权责任。用人单位承担侵权责任后，可以向有故意或者重大过失的工作人员追偿。

劳务派遣期间，被派遣的工作人员因执行工作任务造成他人损害的，由接受劳务派遣的用工单位承担侵权责任；劳务派遣单位有过错的，承担相应的责任。

六、数人侵权责任

加害人只有一人的，由该加害人或者替代人单独承担责任。加害人为二人以上的，就产生数人侵权责任。数个行为人实施，造成同一损害后果，各侵权人对同一损害后果承担不同形态的责任。数人侵权责任包括连带责任和按份责任。共同侵权行为是数人侵权行为中最典型、最重要的类型，它是指数人基于主观或者客观的关联共同实施侵权行为，造成他人损害，应当承担连带责任。数个行为人分别实施侵权行为，没有共同过错，只是由于各自行为客观的联系，造成同一损害结果，我们称为分别侵权。分别侵权一般承担按份责任，法律有特殊规定的情况下承担连带责任。

二人以上依法承担连带责任的，权利人有权请求部分或者全部连带责任人承担责任。实际承担责任超过自己责任份额的连带责任人，有权向其他连带责任人追偿。根据我国《民法典》的规定，承担连带责任的情形包括：共同侵权行为；教唆、帮助他人的侵权行为；共同危险行为；网络服务提供者经通知而未采取必要措施；网络服务提供者明知侵权内容而未采取必要措施；非法买卖拼装或者报废机动车；挂靠机动车发生交通事故；盗抢机动车交通事故；遗失、抛弃高度危险物；非法占有高度危险物；建筑物等倒塌、塌陷造成他人损害等。

课堂案例

季某权与案外人陈某明合伙经营彩钢厂。陈某明为达个人目的，教唆王某云向季某权虚构订货事实，通过王某云两次协助从季某权处套取资金19万元。季某权认为王某云与陈某明合伙骗取其钱财，向王某云索款未果后诉至法院。法院判决，王某云与陈某明承担连带赔偿责任。①

案例解析

王某云明知陈某明对季某权存在欺骗行为，仍选择帮助陈某明虚构订货事实套取资金，导致季某权遭受财产损失。王某云与陈某明的行为系共同侵权行为。王某云帮助陈某明实施侵权行为，应当与陈某明承担连带责任。

法条链接

《民法典》

第一千一百六十九条　教唆、帮助他人实施侵权行为的，应当与行为人承担连带责任。

教唆、帮助无民事行为能力人、限制民事行为能力人实施侵权行为的，应当承担侵权责任；该无民事行为能力人、限制民事行为能力人的监护人未尽到监护职责的，应当承担相应的责任。

七、侵权损害赔偿

民事权益受到侵害的，被侵权人有权请求侵权人承担侵权责任。侵权行为危及他人人身、财产安全的，被侵权人有权请求侵权人承担停止侵害、排除妨碍、消除危险等侵权责任，这是《民法典》规定的预防性侵权责任方式。侵权行为造成他人财产损害和精神损害的，侵权人应当承当损

---

① 江苏省淮安市中级人民法院（2017）苏08民终3417号民事判决书.

害赔偿责任，损害赔偿是救济性侵权责任方式。

（一）侵权损害赔偿规则

侵权损害赔偿应遵守全部赔偿、过失相抵、损益相抵等规则。全部赔偿是基本的损害赔偿规则，指侵权人应当以行为所造成的实际财产损失的大小为依据，全部予以赔偿。全部赔偿的范围包括直接损失和间接损失。间接损失，也就是可得利益，应当是当事人已经预见或者能够预见的利益，并且是可以期待、必然得到的利益。过失相抵是指比较过失和原因力，根据比例确定双方当事人各自的责任比例，从而减轻加害人的责任。损益相抵是指受害人基于损失发生的同一原因而获得利益，则在其应得的损害赔偿中，扣除其所获得的利益部分。

（二）人身损害赔偿

自然人的生命权、健康权、身体权受到不法侵害，造成伤害、残疾或者死亡的后果以及其他损害时，侵权人应当承担损害赔偿责任。人身损害赔偿的范围如下：

（1）常规赔偿：①医疗费；②误工费；③护理费；④转院治疗的交通费；⑤住宿费；⑥住院伙食补助费；⑦营养费。

（2）丧失劳动能力的赔偿：①残疾赔偿金；②辅助器具费。

（3）造成死亡的赔偿：①丧葬费；②死亡赔偿金。

（4）精神损害赔偿。

（5）间接受害人的扶养损害赔偿，如被扶养人的生活费。

（三）财产损害赔偿

财产损害赔偿是对侵害财产权造成的财产损失的赔偿责任。财产权包括物权、债权、知识产权、继承权、股权及其他投资性权利。财产损失的赔偿金额按照损失发生时的市场价格或者其他合理方式计算。

课堂案例

1999 年 6 月 21 日凌晨 2 时许，沈阳故宫博物院门外路边的下马碑被沈阳市福满楼餐饮有限公司司机卢某某驾驶的奔驰轿车撞倒，卢某某当场死亡。次年，沈阳故宫博物院将肇事车的车主沈阳市福满楼餐饮有限公司董事长于某某告到法院，要求其赔偿 2 700 万元的损失。

辽宁省高级人民法院终审认为，肇事司机卢某某本应承担 80% 的责任，但因其已死亡，故其民事责任归于消灭；于某某作为肇事车的车主，承担 5% 的责任；沈阳故宫博物院没有对下马碑采取妥善的防护措施，也要承担 15% 的责任。根据本案具体情况，下马碑应以 2 000 万元为基数进行分担责任。于某某应赔偿沈阳故宫博物院 100 万元，承担对下马碑的修复费用。①

案例解析

下马碑是昔日皇家设立的谕令碑，要求人们在下马碑前下马，以表示对皇帝、圣贤、先王的恭敬，并接受锦衣卫士的安全检查。专家根据其历史价值、艺术价值和科学价值，并比照山东青州龙兴寺石造像的保险价格，鉴定该下马碑的价值为 2 700 万元。法院根据具体情况，作出下马碑以 2 000 万元为基数，在侵权责任人之间分担损害赔偿责任的判决。

法条链接

《民法典》

第一千一百八十四条　侵害他人财产的，财产损失按照损失发生时的市场价格或者其他合理方式计算。

（四）精神损害赔偿

侵害自然人人身权益造成严重精神损害的，被侵权人有权请求精神损害赔偿。因故意或者重大过失侵害自然人具有人身意义的特定物造成严重精神损害的，被侵权人有权请求精神损害赔偿。因当事人一方的违约行为，损害对方人格权并造成严重精神损害，受损害方选择请求其承担违约

---

① 范春生. 沈阳故宫"下马碑案"肇事车主被判赔百万 [EB/OL]. https：//www.chinacourt.org/article/detail/2005/06/id/168322.shtml.

责任的，不影响受损害方请求精神损害赔偿。

（五）惩罚性赔偿

损害赔偿责任原则上是填平责任，权利人损失多少，侵权人就赔偿多少。但是，为了保护某种特定的权利，从严惩治侵权行为人，《民法典》规定了惩罚性赔偿，以实现补偿、惩罚及遏制等功能。《民法典》有三个条文规定了惩罚性赔偿，分别涉及侵害知识产权责任、产品责任和污染环境责任。《民法典》第1185条规定，故意侵害他人知识产权，情节严重的，被侵权人有权请求相应的惩罚性赔偿。第1207条规定，明知产品存在缺陷仍然生产、销售，或者没有依据前条规定采取有效补救措施，造成他人死亡或者健康严重损害的，被侵权人有权请求相应的惩罚性赔偿。第1232条规定，侵权人违反法律规定故意污染环境、破坏生态造成严重后果的，被侵权人有权请求相应的惩罚性赔偿。此外，《消费者权益保护法》第55条和《食品安全法》第148条也设定了惩罚性赔偿。

⚖ 课堂案例

广州天赐公司、九江天赐公司主张华某、刘某、安徽纽曼公司、吴某某、胡某某、朱某某、彭某侵害其"卡波"制造工艺技术秘密，向广州知识产权法院提起诉讼，请求判令停止侵权、赔偿损失、赔礼道歉。广州知识产权法院认定被诉侵权行为构成对涉案技术秘密的侵害，考虑侵权故意和侵权情节，适用了2.5倍的惩罚性赔偿。

最高人民法院二审认为，被诉侵权行为构成对涉案技术秘密的侵害，但一审判决在确定侵权赔偿数额时未充分考虑涉案技术秘密的贡献程度，确定惩罚性赔偿时未充分考虑侵权行为人的主观恶意程度和以侵权为业、侵权规模大、持续时间长、存在举证妨碍行为等严重情节，遂在维持一审判决关于停止侵权判项基础上，以顶格5倍计算适用惩罚性赔偿，改判安徽纽曼公司赔偿广州天赐公司、九江天赐公司经济损失3 000万元以及合理开支40万元，华某、刘某、胡某某、朱某某对前述赔偿数额分别在500万元、3 000万元、100万元、100万元范围内承担连带责任。根据在案证据，吴某某、彭某不构成侵权。①

案例解析

该案系最高人民法院判决的首例知识产权侵权惩罚性赔偿案。《民法典》没有具体规定惩罚性赔偿的倍数，《反不正当竞争法》具体规定了一倍以上五倍以下的确定赔偿数额。该案判决充分考虑了被诉侵权人的主观恶意、以侵权为业、举证妨碍行为以及被诉侵权行为的持续时间、侵权规模等因素，适用了惩罚性赔偿，最终确定了法定的惩罚性赔偿最高倍数（五倍）的赔偿数额，明确传递了加强知识产权司法保护力度的强烈信号。

法条链接

《民法典》

第一千一百八十五条　故意侵害他人知识产权，情节严重的，被侵权人有权请求相应的惩罚性赔偿。

《反不正当竞争法》

第十七条　因不正当竞争行为受到损害的经营者的赔偿数额，按照其因被侵权所受到的实际损失确定；实际损失难以计算的，按照侵权人因侵权所获得的利益确定。经营者恶意实施侵犯商业秘密行为，情节严重的，可以在按照上述方法确定数额的一倍以上五倍以下确定赔偿数额。赔偿数额还应当包括经营者为制止侵权行为所支付的合理开支。

---

① 最高人民法院. 侵害知识产权民事案件适用惩罚性赔偿典型案例［EB/OL］. http：//www. court. gov. cn/zixun－xiangqing－290651. html.

第二节　特殊侵权责任

特殊侵权责任，是指由法律直接规定的侵权责任，它在侵权责任的主体、构成要件、举证责任分配等方面不同于一般侵权责任。特殊侵权行为大部分情形下适用无过错责任原则，也有部分情形下适用过错责任原则。

一、产品责任

（一）产品责任概述

产品是指经过加工、制作，用于销售的物品，主要指动产，不包括不动产、建筑工程，也不包括未经加工的初级农产品。

针对产品责任，我国采取了二元归责原则，既适用无过错责任原则，也适用过错责任原则。首先，因为使用、消费缺陷产品而受到损害的损害者有权向产品的生产者或销售者主张赔偿，生产者、销售者不能以自己没有过错作为抗辩拒绝赔偿，此为产品生产者、销售者的无过错责任。其次，对于无过错的销售者而言，其在向受害者承担责任后，可以向有过错的生产者追偿。同样地，因销售者过错导致损害发生的，生产者在承担责任后也可以向有过错的销售者追偿。由此可见，从最终的责任承担来看，在生产者和销售者之间的责任分配上适用的是过错责任原则，无过错一方均可以在承担责任后向有过错的一方追偿。最后，若产品责任是运输者、仓储者、中间供货人等第三人的过错造成的，生产者、销售者在承担责任后，均可以向有过错的第三人进行追偿。因此，对于第三人而言，其承担的是过错责任。

（二）产品责任的构成要件

1. 生产或销售的产品有缺陷

《民法典》并没有规定何谓"产品缺陷"。根据《产品质量法》第46条的规定，本法所称缺陷，是指产品存在危及人身、他人财产安全的不合理的危险；产品有保障人体健康和人身、财产安全的国家标准、行业标准的，是指不符合该标准。

2. 损害

《产品责任法》第 41 条第 1 款规定，因产品存在缺陷造成人身、缺陷产品以外的其他财产损害的，生产者应当承担赔偿责任。该条规定表明，产品责任的损害包括人身损害，以及缺陷产品以外的其他财产损害。缺陷产品本身的财产损害不可以主张产品损害赔偿，但可以通过产品买卖合同的违约责任请求赔偿。另外，《产品责任法》第 44 条第 2 款还规定，受害人因此遭受其他重大损失的，侵害人应当赔偿。此处的"其他重大损失"可以理解为包括严重精神损害。

3. 产品缺陷与损害之间存在因果关系

在产品责任中，受害人的人身、财产损害必须是由产品缺陷而非其他原因造成的，生产者、销售者才需要承担侵权责任。

（三）责任承担方式

《民法典》规定，缺陷产品的侵权人承担停止侵害、排除妨碍、消除危险、赔偿损失等侵权责任。此外，《民法典》还规定了生产者、销售者承担产品跟踪义务，发现产品存在缺陷，应当采取停止销售、警示、召回等补救措施。

（四）惩罚性赔偿

《民法典》第 1207 条规定，明知产品存在缺陷仍然生产、销售，或者没有依据前条规定采取有效补救措施，造成他人死亡或者健康严重损害的，被侵权人有权请求相应的惩罚性赔偿。该条规定了产品责任的惩罚性赔偿原则，在适用上与一般产品责任具有以下不同：

1. 主观条件

适用惩罚性赔偿需要生产者、销售者在主观上"明知"产品存在缺陷。从过错程度上看，应当理解为生产者、销售者存在故意或重大过失，一般过失和轻微过失排除在外。并且，惩罚性赔偿适用的是过错责任原则，需要受到损害一方证明生产者、销售者存在过错。

2. 客观条件

适用惩罚性赔偿的客观条件是产品造成他人死亡或者健康严重损害的后果，但《民法典》并没有对"健康严重损害"作出规定。有学者认为，

"健康严重损害"应当理解为残疾、完全丧失或者大部分丧失劳动能力以及永久病痛等情况。①

⚖ 课堂案例

杨某系能巧机械制造有限公司（以下简称能巧公司）职工，2013 年 3 月 20 日下午，杨某在经过能巧公司车间时，安装在打磨机上的砂页盘发生爆裂，碎片飞出致杨某左眼受伤。事故发生后，杨某立即被送往医院治疗。经法院确认，砂页盘系姜某销售，生产者为上海赛亚公司。经鉴定，杨某左眼球缺失构成人体损伤七级伤残。杨某要求上海赛亚公司与姜某赔偿医疗费、住院伙食补助费、伤残赔偿金、误工费、护理费、营养费和鉴定费用，并请求惩罚性赔偿金。法院判决，姜某和上海赛亚公司需赔偿杨某各项损失合计 32 万余元，含 2 万元惩罚性赔偿，二者对上述赔偿承担连带赔偿责任，上海赛亚公司对杨某的损失承担最终赔偿责任。若姜某实际向杨某进行赔偿，相应赔偿数额可向上海赛亚公司追偿。②

📄 案例解析

生产者应当保证其产品符合国家规定的标准，并应在生产时进行相应的检测，其对自己产品明显达不到国家规定质量标准，存在严重缺陷，应当是知情的。因产品缺陷导致受害人七级伤残的严重健康损害，受害人有权请求生产者承担惩罚性损害赔偿责任。

如何确定惩罚性赔偿的数额是司法实践中的难点。惩罚性赔偿应当实现"惩罚"与"威慑"的效果。总结法院的裁判经验，确定惩罚性赔偿的数额应考虑以下因素：侵权人的主观过错程度；侵权行为的具体细节；侵权行为所造成的后果；侵权人的获利情况；侵权人承担责任的经济能力；侵权人不法行为发生后的态度；原告或者潜在原告的数量；侵权人因其行为已经承担和将要承担的其他财产性责任等。

---

① 王利明. 民法：下册［M］. 北京：中国人民大学出版社，2020.
② 南京市中级人民法院（2015）宁民终字第 991 号.

法条链接

《民法典》

第一千二百零七条　明知产品存在缺陷仍然生产、销售，或者没有依据前条规定采取有效补救措施，造成他人死亡或者健康严重损害的，被侵权人有权请求相应的惩罚性赔偿。

二、机动车交通事故责任

（一）机动车交通事故责任概述

针对机动车交通事故责任，我国也采取了二元归责原则。第一，机动车与非机动车、行人之间的交通事故责任适用无过错责任原则。在机动车与非机动车、行人之间发生交通事故时，非机动车驾驶人、行人没有过错的，由机动车一方承担责任；在非机动车驾驶人、行人存在过失或者故意时，可以适当减轻或者免除机动车一方的责任。第二，机动车之间的交通事故责任适用过错责任原则。双方都有过错时，过错相抵，双方按照过错比例分担责任。

我国建立了机动车道路交通事故强制责任保险制度，此外，机动车所有人一般还会购买商业第三者责任险。因此，《民法典》第 1213 条规定了赔付顺序，机动车发生交通事故造成损害，属于该机动车一方责任的，先由承保机动车强制保险的保险人在强制保险责任限额范围内予以赔偿；不足部分，由承保机动车商业保险的保险人按照保险合同的约定予以赔偿；仍然不足或者没有投保机动车商业保险的，由侵权人赔偿。

（二）机动车一方致非机动车、行人损害的责任

构成要件：①机动车一方存在肇事行为，即实施了违反道路交通安全法规的不法行为，如闯红灯、不按车道行驶、超速行驶等；②非机动车、行人一方遭受损害，包括人身伤亡和财产损失两方面；③肇事行为与损害

之间存在因果关系。

由于机动车一方承担的是无过错责任，其责任承担的比例主要视非机动车、行人的主观状态而有所区别：①非机动车驾驶人、行人没有过错的，机动车一方承担全部赔偿责任；②非机动车驾驶人、行人有过错的，根据过错程度适当减轻机动车一方的赔偿责任；③机动车一方没有过错的，机动车一方承担不超过10%的赔偿责任；④非机动车交通事故的损失是由非机动车驾驶人、行人故意碰撞机动车造成的，机动车一方不承担赔偿责任。这种情况主要指受害人自杀、自残或者"碰瓷"等情形。

课堂案例

醉酒的李某在夜里步行横穿长安街，先是被鲍某驾车撞倒，继而又被司机赵某驾车从身上轧过。经此事故，李某构成十级伤残，鲍某的车辆损坏，赵某则在事发后逃逸。

交通队认定，醉酒的李某负事故主要责任，两位司机均负次要责任。随后，李某诉至法院。法院审理认为，李某在醉酒状态下，违反交通法规，贸然进入封闭机动车道是发生此次交通事故的主要原因，应承担60%的责任。鲍某未尽到足够注意义务，赵某在发生碾轧行为后未停车保护现场，二人也存在过错，均等分担40%的责任。①

案例解析

虽然醉行者在事故中受到重创，但在认定责任时，饮酒不能成为"免责"理由。本案中，行人李某违反交通法规，在醉酒的状态下闯入机动车道，导致机动车避让不及。李某的行为存在过错，根据交通队的事故认定，应当根据过错程度适当减轻机动车一方的赔偿责任。

---

① 孙莹. "醉行"交通事故典型案例通报：八起醉行者都承担事故责任 [N]. 北京日报，2020 - 09 - 22.

法条链接

《民法典》

第一千二百零八条　机动车发生交通事故造成损害的，依照道路交通安全法律和本法的有关规定承担赔偿责任。

《道路交通安全法》

第七十六条　机动车发生交通事故造成人身伤亡、财产损失的，由保险公司在机动车第三者责任强制保险责任限额范围内予以赔偿；不足的部分，按照下列规定承担赔偿责任：

（一）机动车之间发生交通事故的，由过错的一方承担赔偿责任；双方都有过错的，按照各自过错的比例分担责任。

（二）机动车与非机动车驾驶人、行人之间发生交通事故，非机动车驾驶人、行人没有过错的，由机动车一方承担赔偿责任；有证据证明非机动车驾驶人、行人有过错的，根据过错程度适当减轻机动车一方的赔偿责任；机动车一方没有过错的，承担不超过百分之十的赔偿责任。交通事故的损失是由非机动车驾驶人，行人故意碰撞机动车造成的，机动车方不承担赔偿责任。

（三）机动车之间的交通事故责任

机动车之间的交通事故责任，由有过错的一方承担。因此，受害方除需要证明前述构成要件外，还需要证明行为人存在过错。双方均有过错的，按照各自的过错比例分担责任，难以确定过错程度的，双方平均承担赔偿责任。

（四）机动车一方侵权责任主体的确定

多数情况下，机动车的所有人、管理人同时是机动车的使用人，但是，也存在机动车所有、管理与使用权分离的情形。不同情形下，机动车交通事故责任的承担主体也不一样。

1. 租赁、借用机动车

无论租赁抑或借用，均属于合法使用机动车的情形。《民法典》第1209条规定，因租赁、借用等情形机动车所有人、管理人与使用人不是同一人时，发生交通事故造成损害，属于该机动车一方责任的，由机动车使用人承担赔偿责任；机动车所有人、管理人对损害的发生有过错的，承担相应的赔偿责任。可见，机动车使用人承担的仍然是无过错责任，而所有人、管理人承担的是相应比例的过错责任。

2. 转让而未过户

机动车的所有权及转让实行登记制度，未经登记不能对抗善意第三人，但这并不影响所有权的转移。当机动车登记在册的所有人与实际所有人不一致时，应当如何认定侵权责任主体？《民法典》第1210条规定，当事人之间已经以买卖或者其他方式转让并交付机动车但是未办理登记，发生交通事故造成损害，属于该机动车一方责任的，由受让人承担赔偿责任。

3. 挂靠经营

机动车挂靠经营一般是指个人或企业出资购买机动车，经具有运输经营资质的运输企业同意，将车辆登记在该企业名下，以该企业名义从事运输经营的行为。挂靠经营情况下，机动车登记在册的所有人与实际使用人也存在分离的情形。《民法典》第1211条规定，以挂靠形式从事道路运输经营活动的机动车，发生交通事故造成损害，属于该机动车一方责任的，由挂靠人和被挂靠人承担连带责任，这更有利于维护受害人的利益。

4. 机动车被盗窃、抢劫或抢夺，盗开他人机动车

《民法典》第1212条规定，未经允许驾驶他人机动车，发生交通事故造成损害，属于该机动车一方责任的，由机动车使用人承担赔偿责任；机动车所有人、管理人对损害的发生有过错的，承担相应的赔偿责任，但是本章另有规定的除外。第1215条规定，盗窃、抢劫或者抢夺的机动车发生交通事故造成损害的，由盗窃人、抢劫人或者抢夺人承担赔偿责任。盗窃人、抢劫人或者抢夺人与机动车使用人不是同一人，发生交通事故造成损害，属于该机动车一方责任的，由盗窃人、抢劫人或者抢夺人与机动车使用人承担连带责任。

课堂案例

2019 年 12 月 6 日，被告邓某系某维修店的负责人，简某所有的轿车停放在该维修店修车期间，邓某未经简某同意，擅自驾驶轿车与张某相撞，发生造成张某受伤，构成十级伤残的交通事故。经交警大队认定，邓某承担事故的全部责任，伤者张某无责任。被告简某所有的轿车在保险公司投保了交强险，投保人与被保险人均为简某，事故发生在保险期间内。张某因涉案交通事故造成的各项经济损失达 26 万元。①

案例解析

在车辆的维修期间，所有人丧失对车辆的运行支配力和运行利益，维修人直接对车辆享有运行支配力，因此，在此期间，维修人擅自驾驶车辆发生交通事故，应该由维修人承担赔偿责任。类似情况还包括车辆在保管、出质期间发生交通事故的，如果保管人、质权人未经所有人同意擅自驾驶车辆发生交通事故，也应该由保管人、质权人承担赔偿责任。被告简某所有的轿车在保险公司投保了交强险，事故发生在保险期间内，保险公司应当在交强险责任限额范围内赔偿 12 万元。邓某在车辆修车期间，未经车主简某同意，擅自用车发生涉案交通事故造成他人损害，应当承担剩余赔偿责任。

法条链接

《民法典》

第一千二百一十二条　未经允许驾驶他人机动车，发生交通事故造成损害，属于该机动车一方责任的，由机动车使用人承担赔偿责任；机动车所有人、管理人对损害的发生有过错的，承担相应的赔偿责任，但是本章另有规定的除外。

---

① 未经允许驾驶他人机动车，发生交通事故由谁担责？［EB/OL］. https：//www.thepaper. cn/newsDetail_forward_10127059.

5. 转让拼装车、报废车

《民法典》第 1214 条规定，以买卖或者其他方式转让拼装或者已经达到报废标准的机动车，发生交通事故造成损害的，由转让人和受让人承担连带责任。

三、医疗损害责任

（一）医疗损害责任概述

患者在诊疗活动中受到损害，医疗机构或者其医务人员有过错的，由医疗机构承担赔偿责任。可见，医疗损害责任是过错责任而非无过错责任。虽然医疗损害责任中，实施侵权行为的主体可能是医疗机构及其医务人员，但是通常由医疗机构承担损害赔偿责任，医务人员一般无须承担责任，这可以用雇主责任或者"代表人责任"来解释。

（二）违反告知同意义务的责任

告知同意义务，是指医务人员在诊疗活动中应当向患者或其近亲属说明病情和可能采取的医疗措施，并在取得患者或其近亲属同意的情况下实施此等医疗措施。① 如果医疗措施为医疗实践中普遍采取的措施，没有风险和副作用，医务人员只需要向患者说明病情和准备采取的医疗措施，不必取得患者的明确同意。但是，需要实施手术、特殊检查、特殊治疗的，医务人员应当及时向患者具体说明医疗风险、替代医疗方案等情况，并取得其书面同意。不能或者不宜向患者说明的，医务人员应当向患者的近亲属说明，并取得其明确同意。医务人员若未尽到前款义务，造成患者损害的，医疗机构应当承担赔偿责任。

同时，法律还规定，因抢救生命垂危的患者等紧急情况，不能取得患者或者其近亲属意见的，经医疗机构负责人或者授权的负责人批准，医务人员可以立即实施相应的医疗措施。

---

① 王利明. 民法：下册［M］. 北京：中国人民大学出版社，2020.

⚖️ 课堂案例

2013 年 4 月 10 日，徐某在工作中因吸入煤炭粉尘后出现重症肺炎和呼吸困难症状，后转至三〇九医院治疗。5 月 27 日，三〇九医院认为徐某有行体外膜肺氧合（ECMO）治疗的指征，故在家属在《体外膜肺氧合（ECMO）请求和同意书》签字同意的情况下，对徐某进行 ECMO 维持呼吸治疗。但是，医院并未告知家属如需要更换 ECMO，医院没有备用的机器和配件，及其在中国市场上也可能购置不到该种机器和配件。治疗过程中，患者 ECMO 机器出现故障，经反复调整 ECMO 管路仍无效，ECMO 治疗被迫中止，患者病亡。①

📄 案例解析

医疗机构虽然让原告方在案涉《体外膜肺氧合（ECMO）请求和同意书》中签字，并做了相应告知，但并未告知患者及家属其使用的设备系从其他医院借来，且没有备用的 ECMO 机器和配件以供更换，以及在中国市场上也可能购置不到该种机器和配件的具体情况，最终对患者停止使用 ECMO 设备系因该 ECMO 设备无法正常工作而又无法更换配件。仅根据《体外膜肺氧合（ECMO）请求和同意书》载明的内容，患者及家属不会预见到此次使用 ECMO 设备只能维持膜的一个使用周期，即如果患者在此期间机体恢复，则 ECMO 就发挥了作用；如果患者无法恢复，则会发生死亡的后果。鉴定意见认定医疗机构在对被鉴定人诊疗过程中未尽到必要的注意义务，对患者家属告知不到位，存在医疗过失。因此，法院判决医院承担部分赔偿责任。

---

① 北京市第一中级人民法院（2016）京 01 民终 602 号.

> **法条链接**
>
> ### 《民法典》
>
> 第一千二百一十九条　医务人员在诊疗活动中应当向患者说明病情和医疗措施。需要实施手术、特殊检查、特殊治疗的，医务人员应当及时向患者具体说明医疗风险、替代医疗方案等情况，并取得其明确同意；不能或者不宜向患者说明的，应当向患者的近亲属说明，并取得其明确同意。
>
> 医务人员未尽到前款义务，造成患者损害的，医疗机构应当承担赔偿责任。

（三）未尽到与当时的医疗水平相应的诊疗义务造成损害的责任

不同时期、不同地区、不同等级医疗机构的医务人员，其诊疗水平千差万别。法律用"当时的"医疗水平作为是否存在过错的判断标准，类似于"理性人"的判断，即医务人员如果没有达到同行医务人员"平均"或"一般"的医疗水平，则认为其存在过错，造成损害的，应当承担赔偿责任。

（四）过错推定

《民法典》第 1222 条规定，患者在诊疗活动中受到损害，有下列情形之一的，推定医疗机构有过错：①违反法律、行政法规、规章以及其他有关诊疗规范的规定；②隐匿或者拒绝提供与纠纷有关的病历资料；③遗失、伪造、篡改或者违法销毁病历资料。也就是说，只要出现上述三种情形之一，即可认定医疗机构存在过错。医疗机构不得以其他方式或途径证明自己无过错。

（五）医疗损害责任的特别抗辩事由

诊疗活动面对的是人的生命健康，甚至直接涉及人的生死。但是，医疗机构及医务人员的诊疗行为并不负有保证治愈的义务。况且，限于人类的认识水平和诊疗技术，并非所有的疾病在当下都能获得有效的诊疗。有的患者或其家属过分感情用事，不能完全理解医疗机构及医务人员已全力救治的实际，导致医患关系紧张，"医闹"、暴力伤医等现象频发，严重影响了正常的医疗秩序，也严重打击了医务人员的职业荣誉感。因此，《民法典》第1224条规定了医疗损害责任的特别抗辩事由。患者在诊疗活动中受到损害，有下列情形之一的，医疗机构不承担赔偿责任：①患者或者其近亲属不配合医疗机构进行符合诊疗规范的诊疗；②医务人员在抢救生命垂危的患者等紧急情况下已经尽到合理诊疗义务；③限于当时的医疗水平难以诊疗。这就明确了医疗机构及医务人员的责任边界，有利于化解医患矛盾。

（六）医疗产品责任

《民法典》第1223条规定，因药品、消毒产品、医疗器械的缺陷，或者输入不合格的血液造成患者损害的，患者可以向药品上市许可持有人、生产者、血液提供机构请求赔偿，也可以向医疗机构请求赔偿。患者向医疗机构请求赔偿的，医疗机构赔偿后，有权向负有责任的药品上市许可持有人、生产者、血液提供机构追偿。

⚖ 课堂案例

老张是某医院急诊室的医生，他接收了一名生命垂危的患者，但该患者身份不明，老张本着救死扶伤的精神立即实施急救，最终由于患者伤情过重没能抢救成功。随后，患者的家属找上医院并要求赔偿，理由是抢救未经家属同意，而且没有成功救活患者。老张很委屈："难道未经家属同意我就不该救人吗？"

▤ 案例解析

即便没有家属同意，经医疗机构负责人或者授权的负责人批准，医务人员可以立即实施相应的医疗措施。《民法典》赋予医务人员的"紧急救治权"，既免除了医护人员在紧急情况下左右为难的尴尬，又体现了对公民生命健康权的尊重和保护。同时，只要医疗机构在抢救生命垂危的患者等紧急情况下已经尽到合理诊疗义务，即便患者在诊疗活动中受到损害，医疗机构也无需承担赔偿责任。

法条链接

《民法典》

第一千二百二十四条　患者在诊疗活动中受到损害，有下列情形之一的，医疗机构不承担赔偿责任：

（一）患者或者其近亲属不配合医疗机构进行符合诊疗规范的诊疗；

（二）医务人员在抢救生命垂危的患者等紧急情况下已经尽到合理诊疗义务；

（三）限于当时的医疗水平难以诊疗。

前款第一项情形中，医疗机构或者其医务人员也有过错的，应当承担相应的赔偿责任。

四、环境污染和生态破坏责任

（一）污染环境、破坏生态的侵权责任概述

1. 环境侵权行为

《侵权责任法》仅规定了污染环境致人损害的侵权责任。党的十八大提出了建设生态文明的目标，对环境保护提出了更高的要求。《环境保护法》增加了破坏生态的侵权行为。因此，《民法典》扩大了环境侵权行为的范围，既包括污染环境行为，也包括破坏生态行为。

2. 归责原则

污染环境造成他人损害的，侵权人承担无过错责任，这是国际公认的法律责任原则。破坏生态行为"难度"更大，诉讼双方的地位失衡更为明显，因此也适用无过错原则。

3. 构成要件

环境污染和（或）生态破坏侵权责任需要符合三个要件：①侵权人实施了污染环境或者破坏生态的行为；②存在损害；③污染环境或者破坏生

态的行为与损害之间存在因果关系。

4. 举证责任

环境侵权行为适用的是无过错责任，因此，行为人应当就法律规定的免除或者减轻责任情形及其行为与损害之间不存在因果关系承担举证责任。

（二）二个以上污染者的侵权责任承担

1. 按份责任

《民法典》第1231条规定，两个以上侵权人污染环境、破坏生态的，承担责任的大小，根据污染物的种类、浓度、排放量，破坏生态的方式、范围、程度，以及行为对损害后果所起的作用等因素确定。这规定了确定不同侵权人责任份额的考虑因素，其中，最关键的因素是行为对损害后果所起的作用。在污染物的浓度、排放量等不相同的情况下，可以通过换算、折算等方式认定各侵权人的行为对损害发生的原因力，进而确定他们各自应当承担的责任比例或者份额。

2. 连带责任

除按份责任外，根据《民法典》侵权责任编的司法解释，在以下情形中，二人以上的环境侵权行为适用连带责任：①两个以上污染者共同实施污染行为造成损害，污染者应当承担连带责任，其法律依据是"共同实施侵权行为"；②两个以上污染者分别实施污染行为造成同一损害，每一个污染者的污染行为都足以造成全部损害，污染者应当承担连带责任，其法律依据是数人侵权行为的"原因聚合"；③两个以上污染者分别实施污染行为造成同一损害，部分污染者的污染行为足以造成全部损害，部分污染者的污染行为只造成部分损害，被侵权人可以请求足以造成全部损害的污染者与其他污染者就共同造成的损害部分承担连带责任，并对全部损害承担责任，其法律依据是"共同危险行为"。

（三）环境侵权惩罚性赔偿

1. 侵权人故意的主观要件

惩罚性赔偿责任适用的是过错责任原则，并且必须是主观故意的过错。本条规定的故意，是指侵权人"故意违反国家规定"。"国家规定"

既包括国家法律、行政法规、部门规章，也包括地方性法规和地方规范性文件的规定，其外延应大于"法律规定"。

2. 损害后果严重的客观要件

损害后果的严重性可以从人身和财产两方面进行判断。人身方面，指出现被侵权人一方严重人身损害，如死亡、严重伤残等；财产方面，指数额巨大的财产损失。

课堂案例

2018 年 3 月至 7 月期间，某公司生产部经理吴某民将公司生产的硫酸钠废液交由无危险废物处置资质的吴某处理，吴某雇请李某将硫酸钠废液运输到浮梁县寿安镇八角井湘湖镇洞口村的山上倾倒，造成附近的土壤和地表水受到污染，妨碍了当地 1 000 余名村民饮水、用水，对社会公共利益造成了严重损害。经鉴定，两处受污染地块的生态环境修复费用等达 284 万余元。

在江西省检察院的指导下，浮梁县检察院对该公司提起民事公益诉讼，请求法院依法判令该公司承担环境损害赔偿相关费用，同时结合本案造成的生态环境损害后果、被告主观悔过状态以及前期承担损害赔偿修复责任的现实表现等，请求法院判令该公司承担污染环境的惩罚性赔偿。[①]

案例解析

为彰显对环境公共利益的司法保护，法院在审理中坚持全面赔偿原则，依照《民法典》规定的保护生态环境"绿色"原则和环境污染、生态破坏责任条款，明示生态文明建设关系到人民群众的生命健康，关系到中华民族永续发展，必须以最严格的法治保护生态环境，依法判处被告公司承担相应的惩罚性赔偿。

---

① 全国首例适用《民法典》污染环境惩罚性赔偿条款案件今日当庭宣判［EB/OL］. https：//jxfy. chinacourt. gov. cn/article/detail/2021/01/id/5690592. shtml.

法条链接

《民法典》

第一千二百二十九条　因污染环境、破坏生态造成他人损害的，侵权人应当承担侵权责任。

第一千二百三十二条　侵权人违反法律规定故意污染环境、破坏生态造成严重后果的，被侵权人有权请求相应的惩罚性赔偿。

（四）第三人过错情形下的责任承担

《民法典》第 1233 条规定，因第三人的过错污染环境、破坏生态的，被侵权人可以向侵权人请求赔偿，也可以向第三人请求赔偿。侵权人赔偿后，有权向第三人追偿。可见，第三人承担责任是以存在过错为前提的。

被侵权人享有损害赔偿的选择权，但是，不同于"按份责任"和"连带责任"，被侵权人的选择权是"二选一"的，他要么向侵权人请求赔偿，要么向第三人请求赔偿。对于完全是第三人的过错造成的损害，如果被侵权人选择请求侵权人赔偿，侵权人不得以"损害是第三人造成的"作为抗辩，主张不承担责任或减轻责任。侵权人只能在赔偿被侵权人后，再向有过错的第三人追偿。同时，法律仅规定了单向的追偿权，即侵权人承担赔偿责任后可以向有过错的第三人追偿，有过错的第三人承担赔偿责任后不得向侵权人追偿。

（五）生态环境修复

《民法典》第 1234 条规定，违反国家规定造成生态环境损害，生态环境能够修复的，国家规定的机关或者法律规定的组织有权请求侵权人在合理期限内承担修复责任。侵权人在期限内未完成修复的，国家规定的机关或者法律规定的组织可以自行或者委托他人进行修复，所需费用由侵权人负担。

1. 构成要件

除一般环境侵权行为的构成要件外，该条规定强调的是"违反国家规定造成生态环境损害"，这是生态环境修复责任与一般环境侵权责任的区别。同时，生态环境修复责任只适用于"能够修复"的情形，即可以通过修复手段使得环境恢复原状或大致恢复原状。

只有"国家规定的机关或者法律规定的组织"有权提起环境修复的诉讼请求。根据相关司法解释的规定，它们主要指有权提起环境公益诉讼和生态环境损害赔偿诉讼的国家机关和公益组织，如国家检察机关和行政机关。

2. 请求权的实现

首先，侵权人应当在合理限度内承担修复责任。所谓"合理限度"是指：①达到或者基本达到污染前的环境质量或者破坏前的生态功能水平，即基本达到"恢复原状"的效果；②技术上可行；③经济上具有合理性、成本上划算。这是为了防止被侵权人不计较经济上、技术上的可行性，提出过度修复的不合理要求。①

其次，生态环境损害修复具有很强的专业性，往往需委托专业机构进行修复。如果侵权人在规定期限内未修复，国家规定的机关或者法律规定的组织可以自行或者委托他人进行修复，由侵权人承担相关费用。但是，修复机构如何选择，修复方案如何制订、实施和验收，修复费用如何计算等，是侵权人和被侵权人共同面对的难题。

最后，生态环境修复不同于赔偿损失、停止侵害等侵权责任形式，无法在短期内完成。法院判决被告承担修复义务或承担修复费用后，如何确定修复的合理期限，如何确保修复目标得以实现，一直是极具挑战的难题。

（六）生态环境损害赔偿

《民法典》第 1235 条首次明确了生态环境损害赔偿的范围，规定违反国家规定造成生态环境损害的，国家规定的机关或者法律规定的组织有权请求侵权人赔偿下列损失和费用：①生态环境受到损害至修复完成期间服务功能丧失导致的损失；②生态环境功能永久性损害造成的损失；③生态环境损害调查、鉴定评估等费用；④清除污染、修复生态环境的费用；

---

① 王利明．民法：下册［M］．北京：中国人民大学出版社，2020．

⑤防止损害的发生和扩大所支出的合理费用。

该条同样强调"违反国家规定造成生态环境损害"是适用生态环境损害赔偿的前提，同样地，也只有"国家规定的机关或法律规定的组织"有权提起生态环境损害赔偿的诉讼请求。

五、饲养动物损害责任

（一）一般规则

区别于野生动物，"饲养的动物"是指出于人的饲养、管束之下的动物。饲养的动物造成他人损害的，由饲养人或者管理人承担无过错责任。

其构成要件包括：①饲养的动物独立实施了某种致害举动；②损害的存在，包括人身和财产损害；③致害举动与损害之间存在因果关系。

法律规定，能够证明损害是因被侵权人故意或者重大过失造成的，侵权人可以不承担或者减轻责任。这些情形常常表现为盗窃饲养人、管理人的动物，殴打动物，投喂或者挑逗动物等行为。

（二）违反管理规定，未对动物采取安全措施情形下饲养动物造成他人损害的责任

由于动物具有一定的攻击性和危险性，许多地区均规定了养犬管理办法，要求动物饲养人或管理人采取必要的安全措施，如拴狗绳，戴嘴套或者将犬只装入犬笼、犬袋或紧身牵引等。饲养人、管理人违反管理规定的要求，没有采取安全措施而造成他人损害的，应当承担赔偿责任。

课堂案例

2020年3月23日，原告田某在济宁市汽车南站广场遛狗期间将拴狗绳解开，田某的狗与张某所牵的狗相遇后发生争斗，后原告在抱狗的过程中被张某所牵的狗咬伤腿部。法院查明原告田某饲养的狗未办理养犬登记，也未牵引狗绳，被告张某办理了养犬登记且牵了狗绳。

本案从双方提供的证据无法看出原告存在故意挑逗被告的狗故而被狗咬的行为，起因系两狗之争，故无法认定为原告存在故意。原告在遛狗时未牵狗绳，违反了相关管理办法的规定并已受到了行政处罚，而正是由于

原告的该种行为导致两狗争斗在一起，发生了原告前去抱狗的过程中被张某所牵的狗咬伤的事件。原告对于事故的发生存在一定的过失，法院判决由被告张某赔偿原告合理损失的 80%，其余 20% 的损失由原告田某自负。①

案例解析

饲养动物损害责任属于特殊侵权责任，饲养的动物造成他人损害的，动物饲养人或者管理人应当承担侵权责任。在责任构成上不以行为人存在过错为要件，只要存在饲养动物致人损害的事实，动物的饲养人或管理人就要承担侵权责任。如果能够证明损害是因被侵权人故意或者重大过失造成的，动物的饲养人或者管理人才可以不承担或者减轻责任。

由此可见，违反管理规定饲养动物且不采取安全措施，造成赔偿的责任很重，仅在被侵权人故意造成损害或重大过失的情况下，饲养人或管理人才可以免除或者减轻责任。本案中因田某违反管理规定，没有用拴狗绳，张某只能适当减轻责任，不能完全免责。这表明法律对违规饲养动物，未对动物采取安全措施行为的严苛态度。因此，再次提醒大家，养犬要合法合规，遛狗要文明。

法条链接

《民法典》

第一千二百四十五条　饲养的动物造成他人损害的，动物饲养人或者管理人应当承担侵权责任；但是，能够证明损害是因被侵权人故意或者重大过失造成的，可以不承担或者减轻责任。

---

① 李胜男．宠物狗闹纠纷，济宁首例适用《民法典》案来了［N］.济宁晚报，2021－01－19.

（三）饲养的烈性犬等危险动物造成他人损害的责任

《民法典》第 1247 条规定，禁止饲养的烈性犬等危险动物造成他人损害的，动物饲养人或者管理人应当承担侵权责任。由于烈性犬具有很强的攻击性和较高的危险性，因此，各地均规定了禁止饲养的烈性犬范围。若违反相关管理规定，饲养禁止饲养的烈性犬等危险动物造成他人损害的，饲养人或管理人承担的是无过错责任。此处的无过错责任为严格的无过错责任，饲养人或管理人不得以受害人存在过错为抗辩，要求减轻或免除自身的责任。也就是说，即使损害是因为被侵权人的故意或重大过失，如挑逗等造成的，也不会影响饲养人或管理人的赔偿责任。

（四）动物园的动物造成他人损害的责任

《民法典》规定，动物园饲养的动物造成他人损害的，动物园承担的是过错推定责任，即受害人不需要举证动物园存在过错，法律先推定动物园存在过错，动物园如果能够证明自己尽到管理职责的（即证明自己无过错），不承担责任。

⚖ 课堂案例

2016 年 7 月 23 日，赵女士一家三口和母亲周女士自驾来到北京八达岭野生动物园游玩。车子进入东北虎园区后，赵女士突然下车，遭到老虎袭击。其母周女士见状便下车营救，也被老虎拖曳及撕咬。事故最终造成周女士身故、赵女士被鉴定为九级伤残。赵女士认为该动物园未履行管理职责，向法院提起诉讼，要求赔偿 218 万元的损失。

📋 案例解析

这是当年引起网络热议的一起案件。有观点认为，动物园除了与游客签责任书外，园内有安全提示，并有巡逻车巡视，还有广播反复提醒，说明动物园已经尽到管理职责。北京市延庆区政府的调查报告也认为，此起事故并非生产安全责任事故。但是，也有观点认为，动物园未设置安全防护栏，自驾游游客可以随意下车，说明在管理上存在漏洞。

近年来，随着动物园数量的增加，各地动物园动物致人损害事件常有发生。这类案件发生的原因，一是动物园安全管理存在漏洞，二是游客本身违反管理规定进入动物园危险区域，或者对动物进行了违反游览须知的行为，与动物发生接触。在最高人民法院公布的一起公报案例中，未成年人谢某违反园区管理规定，穿过安全防护栏给猴子喂食，右手中指被猴子咬伤。法院判决监护人未尽到监护职责，承担 60% 的责任，园方的安全设施未充分考虑到未成年人的特殊安全需要，承担 40% 的责任。

LAW　法条链接

《民法典》

第一千二百四十八条　动物园的动物造成他人损害的，动物园应当承担侵权责任；但是，能够证明尽到管理职责的，不承担侵权责任。

（五）遗弃、逃逸的动物造成他人损害的责任

《民法典》第 1249 条规定，遗弃、逃逸的动物在遗弃、逃逸期间造成他人损害的，由动物原饲养人或者管理人承担侵权责任。这里的动物指的是饲养人或管理人曾经饲养、管理的动物，而不是一直处于野生状态的动物。由于饲养人或管理人的遗弃或疏忽，造成动物处于脱离饲养人或管理人管束的非控制状态，这本身就存在过错，应当承担相应的责任。

（六）第三人过错与责任承担

《民法典》第 1250 条规定，因第三人的过错致使动物造成他人损害的，被侵权人可以向动物饲养人或者管理人请求赔偿，也可以向第三人请求赔偿。动物饲养人或者管理人赔偿后，有权向第三人追偿。实践中，第三人投喂、挑逗动物，是常见的第三人过错的表现形式。

被侵权人享有损害赔偿的选择权，但是，因第三人过错导致的动物侵权责任并不是共同侵权责任，也不是按份侵权责任。这两个选择是相互排斥的，即被侵权人选择了向动物饲养人或管理人请求赔偿后，就不可以向有过错的第三人请求赔偿了。

若损害是第三人的过错造成的，在动物饲养人或管理人向被侵权人赔偿后，其享有向第三人追偿全部赔偿金额（全部过错）或部分赔偿金额（部分过错）的权利。但是，该追偿权是单向的，第三人无权向动物饲养人或管理人追偿。因为损害是第三人的过错引发的，其承担的应当为最终责任，不存在责任分担问题。

六、高度危险责任

（一）高度危险责任概述

高度危险责任，是指因从事高度危险作业致人损害或者保有高度危险物品致人损害而承担的侵权责任。侵权人承担的是无过错责任。

但是，侵权人享有特别抗辩权。《民法典》第 1243 条规定，未经许可进入高度危险活动区域或者高度危险物存放区域受到损害，管理人能够证明已经采取足够安全措施并尽到充分警示义务的，可以减轻或者不承担责任。不仅如此，侵权人还受到赔偿限额的限制。《民法典》第 1244 条规定，承担高度危险责任，法律规定赔偿限额的，依照其规定，但是行为人有故意或者重大过失的除外。

课堂案例

杨某持票在某高铁站 23 站台西端下车后，沿第 22 站台向东行至换乘电梯附近并在周围徘徊。随后杨某在列车驶近时，由 22 站台跃下并进入轨道线路，后迅速横穿线路向 21 站台方向奔跑，杨某越过站台间立柱，于列车车头前横穿线路。列车值乘司机发现有人跃下站台，立即采取紧急制动措施并鸣笛示警。杨某横向穿越轨道，在列车车头前努力向 21 站台攀爬，但未能成功爬上站台。后列车将杨某腰部以下挤压于车体与站台之间，最终杨某死亡。事故发生后，杨某父母与铁路集团公司、高铁站交涉赔偿问题未果，遂向某铁路运输法院提起诉讼，法院判决驳回原告的诉讼请求。[①]

---

① 李敏杰. 高度危险致害，如何担责？ ［EB/0L］. http：//www. rmzxB. com. cn/c/ 2021 - 07 - 05/2896447. shtml.

案例解析

高铁站作为人流量较大的公共场所，在地面有警示标识、站台有广播提示等情况下，高铁站履行了安全保障与警示义务；且列车值乘司机发现有人跃下站台，立即采取紧急制动措施并鸣笛示警，履行警示义务非常充分。高铁站内的轨道属于高度危险活动区域，杨某未经许可，在高铁站设有安全通道的情况下，横穿线路，造成损害，显然系自身原因引起本次事故发生，杨某依法应负本起事故的全部责任。

法条链接

《民法典》

第一千二百四十三条 未经许可进入高度危险活动区域或者高度危险物存放区域受到损害，管理人能够证明已经采取足够安全措施并尽到充分警示义务的，可以减轻或者不承担责任。

（二）高度危险作业致人损害的责任

1. 民用核设施致人损害责任

《民法典》第 1237 条规定，民用核设施或者运入运出核设施的核材料发生核事故造成他人损害的，民用核设施的营运单位应当承担侵权责任；但是，能够证明损害是因战争、武装冲突、暴乱等情形或者受害人故意造成的，不承担责任。

2. 民用航空器事故责任

《民法典》第 1238 条规定，民用航空器造成他人损害的，民用航空器的经营者应当承担侵权责任；但是，能够证明损害是因受害人故意造成的，不承担责任。根据《民用航空法》第 5 条，民用航空器是指除用于执行军事、海关、警察飞行任务外的航空器。民用航空器致人损害侵权责任的责任主体是经营者，包括损害时使用民用航空器的人、民用航空器登记的所有人。

3. 从事高空、高压、地下挖掘作业或者经营高速轨道运输工具造成损害的责任

《民法典》第 1240 条规定，从事高空、高压、地下挖掘活动或者使用高速轨道运输工具造成他人损害的，经营者应当承担侵权责任；但是，能够证明损害是因受害人故意或者不可抗力造成的，不承担责任。被侵权人对损害的发生有重大过失的，可以减轻经营者的责任。在承揽、承包关系中，实际经营的承揽人、承包人是经营者，发包人通常不被认为是"经营者"。经营者承担无过错责任，其抗辩事由包括受害人故意和不可抗力，被侵权人的重大过失只能作为减轻经营者责任的事由，不能免除其侵权责任。

（三）高度危险物造成他人损害的责任

《民法典》第 1239 条规定，占有或者使用易燃、易爆、剧毒、高放射性、强腐蚀性、高致病性等高度危险物造成他人损害的，占有人或者使用人应当承担侵权责任；但是，能够证明损害是因受害人故意或者不可抗力造成的，不承担责任。被侵权人对损害的发生有重大过失的，可以减轻占有人或者使用人的责任。

1. 占有人或使用人的责任

由于物的所有权可以分离，占有人、使用人是直接的风险控制人，也是最终享受利益的人，因此，由其承担侵权责任更为合理。对于高度危险物造成损害的侵权责任，适用的是无过错责任原则，占有人、使用人在受害人故意或者不可抗力的情况下可以免责，被侵权人存在重大过失的可以减轻责任。

2. 遗弃、抛弃高度危险物造成他人损害的责任

《民法典》第 1241 条规定，遗失、抛弃高度危险物造成他人损害的，由所有人承担侵权责任。所有人将高度危险物交由他人管理的，由管理人承担侵权责任；所有人有过错的，与管理人承担连带责任。

3. 非法占有高度危险物造成他人损害的责任

非法占有的情形包括盗窃、抢劫、抢夺等行为下对物的占有，由于高度危险物已经脱离所有人的控制，且非法占有人存在过错，因此非法占有人应承担相应的侵权责任。由于高度危险物的致害风险高于其他有体物，

法律规定了所有人、管理人的高度注意义务，如果其不能证明对防止非法占有尽到高度注意义务的，则应当与非法占有人一起承担连带责任。

七、建筑物和物件损害责任

建筑物和物件损害责任是指建筑物、构筑物、其他设施倒塌或者其上的搁置物、悬挂物等物件发生脱落、坠落等造成他人损害时，建筑物和物件的建设单位、施工单位、所有人、管理人、使用人、第三人等应承担侵权责任。建筑物和物件造成他人损害的，主要适用过错推定责任原则。

建筑物、构筑物或者其他设施倒塌、塌陷造成他人损害的，由建设单位与施工单位承担连带责任，但是建设单位与施工单位能够证明不存在质量缺陷的除外。建设单位、施工单位赔偿后，有其他责任人的，有权向其他责任人追偿。因所有人、管理人、使用人或者第三人的原因，建筑物、构筑物或者其他设施倒塌、塌陷造成他人损害的，由所有人、管理人、使用人或者第三人承担侵权责任。

（1）建筑物、构筑物或者其他设施及其搁置物、悬挂物发生脱落、坠落造成他人损害，所有人、管理人或者使用人不能证明自己没有过错的，应当承担侵权责任。所有人、管理人或者使用人赔偿后，有其他责任人的，有权向其他责任人追偿。

（2）禁止从建筑物中抛掷物品。从建筑物中抛掷物品或者从建筑物上坠落的物品造成他人损害的，由侵权人依法承担侵权责任；经调查难以确定具体侵权人的，除能够证明自己不是侵权人的外，由可能加害的建筑物使用人给予补偿。可能加害的建筑物使用人补偿后，有权向侵权人追偿。物业服务企业等建筑物管理人应当采取必要的安全保障措施防止前款规定情形的发生；未采取必要的安全保障措施的，应当依法承担未履行安全保障义务的侵权责任。公安等机关应当依法及时调查，查清责任人。

⚖ 课堂案例

2019 年 5 月 26 日下午，年近七旬的庚某在自家小区花园内散步，经过黄某楼下时，黄某家小孩在自家 35 楼房屋阳台抛下一瓶矿泉水，水瓶掉落到庚某身旁，导致其惊吓、摔倒。庚某右侧股骨转子间粉碎性骨折、高血压病Ⅲ级（极高危组）、右侧眼眶骨折。经法医鉴定，庚某伤情构成十级伤残。庾某向法院起诉，要求黄某赔偿医疗费、护理费、精神损害抚慰金等合计 10 万余元。①

案例解析

本案是一起典型的高空抛物致人损害的侵权案件。高空抛下的矿泉水瓶虽未直接砸中原告，但由于具有极强的危险性，导致原告受惊吓倒地受伤致残，该后果与高空抛物具有直接因果关系，应由侵权人承担赔偿责任。原告受伤造成医疗费、护理费等支出，被告应予以赔偿。原告因受伤造成残疾，确对其造成精神损害，其要求精神损害抚慰金赔偿符合法律规定，法院应予以支持。原告后两次住院既包括治疗受伤骨折造成的伤害，也包括治疗其本身疾病的费用，法院根据原告的年龄及伤情，酌情扣除部分费用。最终，法院判决被告黄某赔偿庾某医疗费、护理费等合计 8 万余元，赔偿原告精神损害抚慰金 1 万元。

近年来，全国各地陆续发生高空抛物、坠物伤人事件，这成为"城市上空之痛"。《民法典》吸收侵权责任法和最高人民法院 2019 年发布的《关于依法妥善审理高空抛物、坠物案件的意见》精神，明确禁止从建筑物中抛掷物品，对高空抛物、高空坠物人损害的民事责任进行了厘定，也对物业服务企业的安全保障责任和公安机关的调查责任作出了规定。《民法典》的施行对遏制高空抛物行为发生、保护人民群众生命财产安全具有重要作用。除了民事责任外，如果故意从高空抛掷物品，情节严重的，还有可能构成犯罪，责任人需要付出更高的法律代价。

本案依法适用《民法典》判决被告承担赔偿责任，旨在通过公正裁判树立行为规则，旗帜鲜明地向高空抛物等不文明行为说"不"，通过以案释法明理，倡导公众讲文明、讲公德，牢固树立文明、和谐的社会主义核心价值观。

---

① 章程.民法典施行后广州首例高空抛物侵权纠纷案宣判，判赔 9 万余元 [N].广州日报，2021－01－04.

法条链接

《民法典》

第一千二百五十四条　禁止从建筑物中抛掷物品。从建筑物中抛掷物品或者从建筑物上坠落的物品造成他人损害的，由侵权人依法承担侵权责任；经调查难以确定具体侵权人的，除能够证明自己不是侵权人的外，由可能加害的建筑物使用人给予补偿。可能加害的建筑物使用人补偿后，有权向侵权人追偿。

物业服务企业等建筑物管理人应当采取必要的安全保障措施防止前款规定情形的发生；未采取必要的安全保障措施的，应当依法承担未履行安全保障义务的侵权责任。

发生本条第一款规定的情形的，公安等机关应当依法及时调查，查清责任人。

第一千二百五十五条　堆放物倒塌、滚落或者滑落造成他人损害，堆放人不能证明自己没有过错的，应当承担侵权责任。

第一千二百五十六条　在公共道路上堆放、倾倒、遗撒妨碍通行的物品造成他人损害的，由行为人承担侵权责任。公共道路管理人不能证明已经尽到清理、防护、警示等义务的，应当承担相应的责任。

第一千二百五十七条　因林木折断、倾倒或者果实坠落等造成他人损害，林木的所有人或者管理人不能证明自己没有过错的，应当承担侵权责任。

第一千二百五十八条　在公共场所或者道路上挖掘、修缮安装地下设施等造成他人损害，施工人不能证明已经设置明显标志和采取安全措施的，应当承担侵权责任。

窨井等地下设施造成他人损害，管理人不能证明尽到管理职责的，应当承担侵权责任。

课后习题

1. 下列权利中，受侵权责任法保护的有(   )。

A. 股权

B. 监护权

C. 债权

D. 继承权

2. 赵某在唐山大地震中成了孤儿，将仅有一张的和父母的合照视为珍宝，为更好地保存照片，赵某将照片送到照相馆翻拍。几日后，照相馆雇员乱丢烟头引起火灾，照片被烧毁，赵某为此十分愤恨和痛苦。根据《民法典》，下列选项正确的是(   )。

A. 赵某可以要求照相馆承担违约责任

B. 照相馆侵犯了赵某的健康权

C. 照相馆侵犯了赵某的肖像权

D. 赵某有权请求照相馆赔偿精神损失

3. 丁某在自家后院种植了葡萄，并垒起围墙。谭某（12 岁）和马某（10 岁）爬上围墙攀摘葡萄，在争抢中谭某将马某挤下围墙，围墙上松动的石头将马某砸伤。下列选项正确的是(   )。

A. 谭某的监护人应当承担民事责任

B. 丁某应当承担赔偿责任

C. 马某自己有过失，应当减轻赔偿人的赔偿责任

D. 本案应适用特殊侵权规则

4. 侵权责任的归责原则有(   )。

A. 过错责任原则

B. 公平责任原则

C. 无过错责任原则

D. 过错推定责任原则

5. 明知产品存在缺陷仍然生产、销售，造成他人死亡或者健康严重损害的，被侵权人有权请求相应的 (   ) 赔偿。

A. 补偿性

B. 赔偿性

C. 惩罚性

D. 惩戒性

6. 患者因疾病需要实施手术、特殊检查、特殊治疗的，医务人员应当及时向患者说明 (   )。

A. 医疗风险、替代医疗方案

B. 取得其书面同意

C. 说明病情和医疗措施

D. 治疗费用

7. 某化工厂排放的废水流入某湖后，发生大量鱼类死亡事件。在是否承担赔偿责任问题上，该化工厂的哪些抗辩理由即使有证据支持也不能成立？（　　）

A. 其排放的废水完全符合规定排放标准

B. 另一工厂排放的废水足以导致湖中鱼类死亡

C. 该化工厂主观上没有任何过错

D. 原告的赔偿请求已经过了诉讼时效

8. 关于动物致害侵权责任的说法，下列选项正确的是（　　）。

A. 甲 8 周岁的儿子翻墙进入邻居院中玩耍，被院内藏獒咬伤，邻居应承担侵权责任

B. 小学生乙和丙放学途经养狗的丁家，丙故意逗狗，狗被激怒咬伤乙，只能由狗的监护人对乙承担侵权责任

C. 丁下夜班回家途经邻居家门时，因未看到邻居饲养的小猪趴在路上而绊倒摔伤，邻居应承担侵权责任

D. 戊带女儿到动物园游玩时，动物园饲养的老虎从破损的虎笼蹿出，将戊的女儿咬伤，动物园应承担侵权责任

9. 小林邀请小雨来家中做客，小雨进入小林所住小区后，小区的高楼内突然抛出一个充电宝，将小雨砸伤。关于砸伤小雨的责任承担，下列说法正确的是（　　）。

A. 小林违反安全保障义务，应承担侵权责任

B. 顶层业主通过证明家中无人，可以免责

C. 小区物业违反安全保障义务，应承担侵权责任

D. 如查明充电宝系从 10 层抛出，10 层以上业主仍应承担补充责任

后　记

徒法不足以自行，良法善治的生命在于实施。习近平总书记强调，《民法典》要实施好，就必须让《民法典》走到群众身边、走进群众心里。始终贯穿"以人为本""以人民为中心"的《民法典》，根植于社会生活的深厚土壤，已成为人民群众追求美好生活的宣言书和保障书。因此，如何让《民法典》更好地回应人民普遍关心的热点和痛点问题，让人民真正读懂《民法典》、信仰《民法典》、遵从《民法典》，让人民获得满满的幸福感，成为本书撰写的最大愿望。

本书围绕《民法典》的核心要义和重点问题，依据《民法典》的篇章体例，分为民法总则、物权法、合同法、人格权、婚姻家庭法、继承法、侵权责任法七章，每章以民法基础知识、课堂案例、案例解析、法条链接为基本框架，结合《民法典》实施以来最新的典型案例，深入浅出地阐释了老百姓生活中切身相关的民事法律问题。

本书从立意、调研、撰写到付梓，历时近一年。在此期间，数易其稿，不断打磨修改，力求最大限度地反映时代特色、贴近百姓生活、回应热点关切、展现民法要义。至今还记得筹备本书的初心：《民法典》以民为名，以典命名，既是人民社会生活的百科全书，也是人民的权利宣言书。作为一名高校法学教师，在课堂上讲好《民法典》，让不同专业学生都养成遵法守法意识与遇事找法习惯；通过本职工作切实推动《民法典》的实施，使《民法典》从"纸面上的法律"转化为莘莘学子心中的法治信仰，应当是每一位法学教育工作者义不容辞的责任。

本书的顺利完成，首先应特别感谢四位副主编朱玛副教授（负责撰写第二章"物权法"）、莫然副教授（负责撰写第五章"婚姻家庭法"）、向凌副教授（负责撰写第六章"继承法"）、高菲博士（负责撰写第七章第二节"特殊侵权责任"）的辛勤付出。她们不但每人都承担了专门章节的写作，还要分工负责校对、统稿等烦琐的文字工作，十分辛苦。此外，陈小燕博士（负责撰写第一章"民法总则"部分内容）、陈叶茂老师（负责撰写第三章"合同法"）、涂缦缦副教授（负责撰写第四章"人格权"）、杨志敏老师（负责撰写第五章"婚姻家庭法"部分内容）、谢光旗副教授（负责撰写第七章第一节"侵权责任法的基本原理"）也都从繁忙的教学和科研工作中抽出时间来整理文献、搜集案例，积极投入各自章节的撰写工作中，在此一并对他们表示深深感谢！我想，正是因为每一位参与者认真勤勉的工作、彼此信任的协作，才能最终呈现不负初心、不负时代的良心之作！

　　同时感谢暨南大学出版社的曾鑫华编辑，本书能够在短时间内顺利出版，得到了曾编辑的鼎力支持与帮助。最后还要感谢广东金融学院法学院民商法教学创新团队所有成员，是大家的共同艰辛努力，团队才会结出累累硕果。

　　《民法典》从人民群众的生活中来，更要回到人民群众的生活中去。它将浸润每个人的日常生活，将守护每个人的美好生活。谨以本书的面世，为《民法典》的实施，为法治中国的建设，为人民群众的幸福生活，贡献我们的绵薄之力！

张雅萍

2022 年 1 月 17 日于广州